KB136681

오바마2.0

오바마의
철학
정책
사람들

오바마 2.0

오바마의
철학
정책
사람들

김홍국 지음

나무와숲

'변화와 희망'의 검은 혁명 버락 오바마

1961년생인 47세의 흑인 정치인 버락 오바마. 그는 2008년 11월 4일 열린 대통령선거를 통해 제44대 미국 대통령에 당선되면서 미국 역사뿐 아니라 세계 역사를 새로 써나갔고, 그 과정에서 '변화와 희망'의 역사를 만들어냈다. 노예로 끌려간 수많은 흑인들이 투표권도 없는 인간 이하의 비참한 인종차별에 200여 년을 시달려야 했고, 1950~1960년대 마틴 루터 킹 목사 등이 저항운동에 나서야 했던 모순의 땅 미국에서 오바마가 쓴 드라마인 셈이다. 무수한 인종차별에 시달려 왔던 흑인이 마침내 대통령이라는 권력의 최정점에 올라선 것이다.

아직도 뉴욕의 할렘이나 미국 대도시의 슬럼가에서 헤아릴 수 없는 흑인들이 복지와 교육의 혜택을 받지 못한 채 고통으로 신음하는 가운데 오바마는 11월 4일 구약의 선지자 모세가 지팡이를 쳐들고 그를 따르는 무리들을 홍해로 이끄는 장면처럼, 눈물을 흘리는 동료 흑인들의 뜨거운 박수를 받으며 미국 권력의 심장부에 입성했다.

필자는 그런 오바마의 모습을 2000년 초부터 관심을 갖고 지켜봐 왔다. 특히 한국 사회를 사실상 좌지우지해 온 미국 정치의 현실과 국제 정치의 역학 관계에 깊은 관심을 갖고 있던 필자는 외신을 통해 날마다 새롭게 성장하는 오바마 상원의원을 단편적으로나마 이해하고 있었다.

그러나 2004~2005년 뉴욕 연수 과정에서 목격하게 된 오바마의 모습은 놀라움 그 자체였다. 특히 2004년 민주당 전당대회에서 당시 존 케리 후보를 선출하는 역사의 현장에 나왔던 무명의 보조연설자 오바마의 연설은 사람들에게 진한 감동을 안겨 주며 미국 사회를 뒤흔들었다. 한국에서는 오직 부시 대통령의 재선 여부와 이에 도전한 존 케리 민주당 후보의 대결에만 관심을 쏟고 있었으나 미국 뉴욕·뉴저지, 워싱턴을 오가며 미국 정치를 관찰하고 기록해 나가던 필자에게는 대선 못지않은 관심과 열기를 불러일으키며 연방 상원의원에 도전하는 오바마의 행보가 또 하나의 주목 대상이었다.

당시 필자는 가족들에게 큰 놀림감이었다. 이왕 미국으로 연수 왔으면 편하게 남들 하는 골프나 치고 여행이나 하다 가면 될 것이지, 왜 미국 정치와 외교 현장으로 싸돌아다니냐는 것이 가족들의 불만과 놀림의 요지였다. 그러나 필자는 한국 역사와 정치를 제멋대로 조정하고 규정하는 미국 정치와 경제의 실상을 가능한 적나라하게 알고 싶었고, 가능하면 그 해법을 모색하겠다는 열망으로 가득 차 있었다.

그래서 매주 한반도 관련 행사와 미국인 전문가 참여 행사가 열리곤하는 코리아 소사이어티와 아시아 소사이어티에 빠지지 않고 참석했으며, 뉴욕 해외특파원협회(FPA in New York)에도 가입해 미국 정치인과 최고경영자(CEO)들을 취재하는가 하면, 방문학자(Visiting Scholar)로 재직했던 페어리디킨슨대학에서 열리는 해외 대사 초청 대담 행사와 각종 학내 행사도 빠지지 않고 찾아다녔다.

특히 세계 정치나 경제를 좌지우지하는 이들을 만나는 계기가 주어지면 인터뷰를 하면서 국제정치와 경제에 대한 필자의 궁금증을 해소하곤 했다. 또 일본 위안부 결의안과 비자 면제 프로그램 등을 통과시키면서 국제적 관심을 모았던 김동석 소장이 이끄는 뉴욕·뉴저지 한인유권자센터에서 자원봉사와 함께 유권자운동을 신장시키는 일을 미력이나마 도우면서 미국 정치와 한국인, 그리고 한반도와의 관계를 파악하고 해법을 찾으려 애썼다.

2004년 대선 당시 미국은 민주당을 지지하는 블루 스테이트와 공화당을 지지하는 레드 스테이트로 나뉘어 남북전쟁 못지않은 이념적 갈등으로 국가 분열의 양상마저 보였다. 당시 선거전에 빠져든 미국은 이념과 종교로 완전히 갈라지고 분열된 나라였다. 지역감정과 계층으로 갈린 한국보다 더한 양상을 보였다. 특히 열악한 사회적 환경에 놓인 흑인들과 미국 사회의 주도 세력인 WASP(앵글로색슨계 백인 신교도)을 포함한 백인과의 화해는 불가능한 것처럼 보였다. 그러나 혜성처럼 등장한 오바마가 불과 4년 만에 미국 사회를 완전히 바꿔 놓았다.

2004년 11월 2일 당시 부시-케리 간 대선 개표 장면을 생중계한 뉴저지주 페어리디킨슨대학 학생회관 카페에 수백 명의 교수와 대학생들이 모여들었다. 이들은 축제 분위기 속에 개표 상황을 대형 TV를 통해 집단 시청했다. 필자도 아들 수로를 데리고 대학 교수 및 학생들과 맥주를 마시며 이러저러한 선거 이야기를 나누는 가운데 자연스럽게 선거 열기에 빠져들었다.

　　그런데 이들의 화제는 당시 공화당의 부시와 민주당의 케리 두 후보만이 아니었다. 그들의 대화는 대선 민주당 전당대회를 통해 이름이 알려진 흑인 상원의원 후보 오바마에 집중돼 있었다. 부시가 케리에 크게 앞서면서 시큰둥하던, 카페에 모인 수백 명의 대학생들은 오바마가 화면에 나타나자 순간 축제 분위기로 돌변했고, 흑인 학생들은 여기저기서 춤을 추며 오바마를 연호했다. 오바마는 이미 2004년에 미국 사회에 거대한 허리케인을 불러올 태풍의 핵으로 떠올랐던 것이다. 단지 한국 사회만이 오바마에 무지했던 것이다.

이후 필자는 오바마의 행보를 계속 추적했다. 오바마의 홈페이지를 찾아 회원으로 가입했고, 오바마 팬클럽 모임을 찾아 그들과 이야기를 나누기도 했다. 귀국 후에도 필자는 날마다 거인 정치인으로 성장하고 있는 오바마를 인터넷과 CNN과 신문을 통해 대할 수 있었다.

마침내 2007년 2월 대선 출마를 선언한 오바마는 돌풍을 일으키며 사실상 대통령을 따놓은 당상이라고 여겼던 힐러리 클린턴 상원의원을 좌초시키더니, 무서운 기세로 존 매케인 공화당 상원의원도 격파하고 백악관 주인으로 입성했다. 1776년 미국 건국 후 일어난 최대 사건이었다. 압박받고 찌든 가난으로 고통받는 소수 인종이 교육과 노력을 통해 세계의 통치자가 될 수도 있음을 오바마는 몸으로 입증했다. 참으로 놀라운 기적을 체현한 셈이다.

이 책은 그렇게 미국 대선 현장 곳곳에서 벌어진 일들을 지켜보고 4년여에 걸쳐 기록해 온 한국의 한 언론인이 오바마의 삶과 정치철학,

정책 등에 대해 적어내려간 것이다. 오바마의 삶과 발언과 철학에 매료된 뒤 오바마에 대해 알아야 할 모든 것을 어설프게나마 정리했다. 한국에서 인터넷과 해외 언론을 통해 추적하고, 오바마와 관계된 이들을 만나면서 알게 된 오바마의 삶, 그리고 그가 극복해야 했던 47년 인생의 고비고비는 정말 감동적이었다.

케냐인 아버지, 인도네시아인 새아버지, 마약에 빠져드는 등 정체성을 놓고 고민하던 젊은 시절, 옥시덴탈대학과 컬럼비아대학에서 세상을 바라보는 방법을 익히고 정체성을 확립하던 모습, 뛰어난 문학성과 시적 상상력, 하버드대 로스쿨 시절의 비범한 모습, 아내 미셸과의 사랑과 두 딸에 대한 지극한 애정, 시카고 빈민을 위한 봉사 활동, 시민공동체 활동, 일리노이주 상원의원 시절 다양한 정치활동과 냉혹한 정치세계에 적응하는 과정, 약자와 소수자를 위한 다양한 입법 활동, 2004년 전당대회를 통해 스타 정치인으로 급부상한 일, 연방 상원의원으로서의 활동, 2007년 대선 출마 선언과 2008년 코커스와 프라이머리 등

예비선거에서의 혈전, 힐러리와의 경쟁, 매케인과의 경쟁 등 온갖 극적인 드라마들이 휘감은 그의 인생은 그야말로 지켜보고 기록할 가치가 있었다.

더 감동적이고 더 가치 있는 것은 더 빛나고 편안한 자리가 있음에도 약자를 위한 시민운동에 뛰어들고, 어려운 이들을 위하고 사회의 모순과 잘못된 제도를 고치려 노력한 그의 입법 활동이다. 오바마의 47년에 걸친 삶은 굽이굽이 굴곡도 있었지만, 그야말로 세상에 대해 변화와 희망의 메시지를 전달하는 보석과도 같은 삶이었다.

그러나 오바마가 그렇게 멋진 삶을 살았더라도 오바마에 대한 지나친 희망은 금물이다. 오바마가 변화와 희망을 이야기하고, 또 소수인종의 대표로서 기적과도 같은 변화를 이끌어냈지만, 그는 한국이나 세계의 정치인이 아니라 미국의 국익을 추구하는 미국의 정치인이다. 그는 세계와 협력하겠지만, 미국의 이익이 필요할 때는 휴머니즘과 세계와의 협력을 포기하고 미국의 국익을 좇아야 하는 미국인이다. 그가 미국의 지도자로 등장함으로써 한국은 통상마찰이 격화되고, 양국간 정부의 이념과 가치가 충돌하면서 갈등과 협력을 반복해야 하는 상황에 놓이게 됐다. 한국의 보수진영이나 진보진영이나 모두 편안치 않은 상황이 된 것이다.

또 오바마가 대통령으로서 할 일도 첩첩산중이다. 월가발 금융위기와 천문학적인 재정 및 무역수지 '쌍둥이 적자'를 해소시키면서 갈수록 쇠락해지는 미국 경제를 살려야 한다. 또 이라크와 아프가니스탄 전쟁을 수습해야 하고, 세계 각지에서 높아지는 반미 감정을 누그러뜨리고 유일 제국의 리더십을 확립해야 한다. 갑자기 굴러온 40대의 흑인 정치인에게 미국 워싱턴 정치권이 쉽게 기득권을 내놓고 협조할지도 의문이다. 오바마는 이 같은 가시밭길을 자신이 주창한 '변화와 희망' 이라는 화두로 하나씩 극복해야 하는 어려움에 맞닥뜨리게 될 것이다.

한국인들은 이와는 별개로 이제 오바마의 변화와 희망 가득한 삶에서 배우고, 동시에 오바마의 미국과 협력하고 경쟁하고 갈등하면서 오바마의 미국보다 더 멋지고 아름다운 대한민국을 열기 위한 관용과 배려, 타협과 민주주의 정신, 통일과 세계 평화에 기여하기 위한 큰 걸음을 걸어야 할 것이다. 오바마 현상은 한국인들이 더 큰 성취와 지구촌에 대한 헌신과 봉사를 해야 할 도덕적 의무와 책임을 느끼게 한다.

오바마의 생애와 정책을 추적한 작은 성과를 담은 이 책을 한없는 사랑과 애정으로 필자를 키워 주시고 2007년 7월 세상을 뜨신 사랑하는 어머니 고 안해덕 님과 저를 사랑해 주는 가족 모두에게 바친다.

2008년 12월

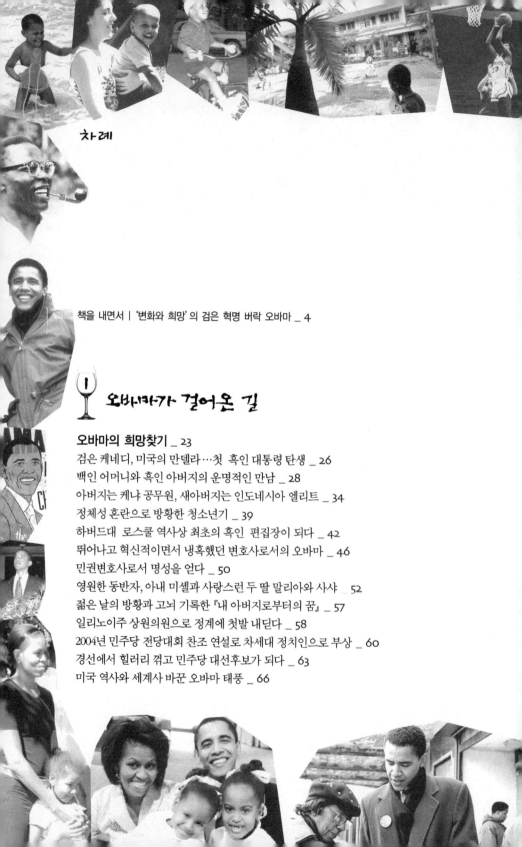

차례

오바마가 걸어온 길

오바마의 정치철학

오바마를 만든 사람들

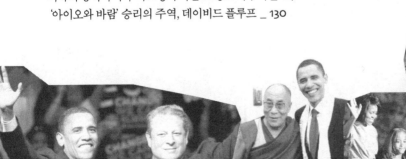

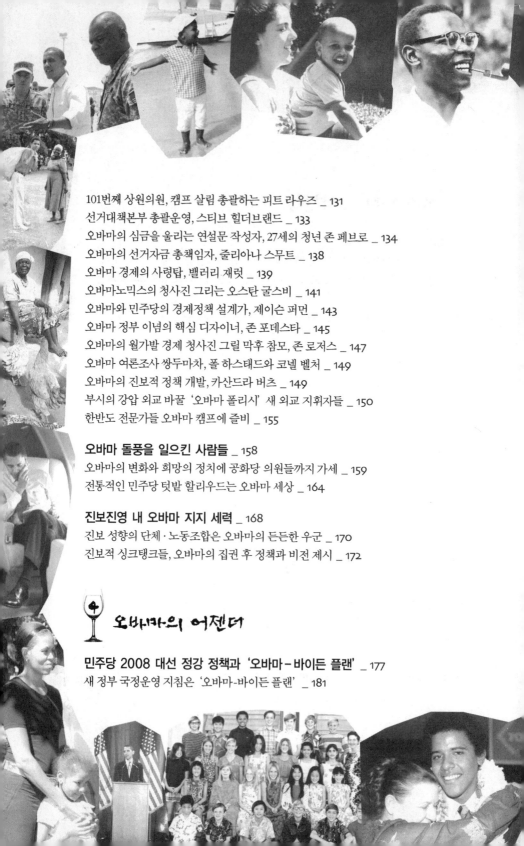

오바마의 어젠더

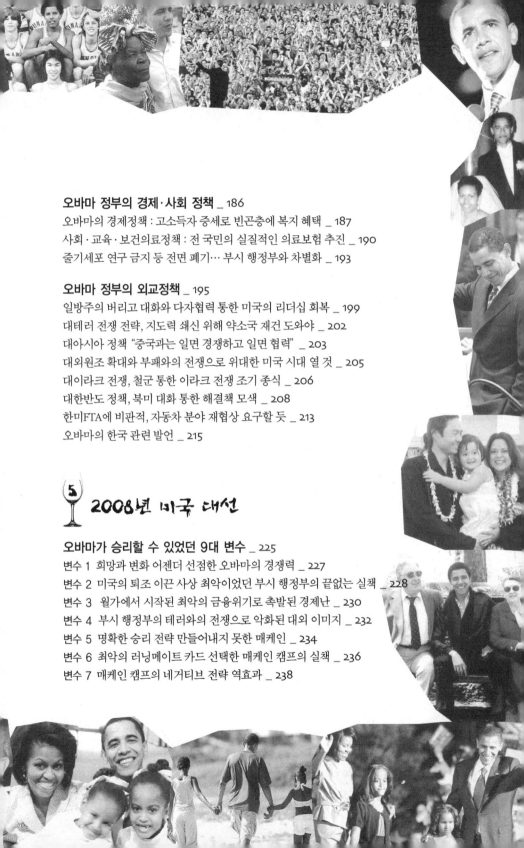

5 2008년 미국 대선

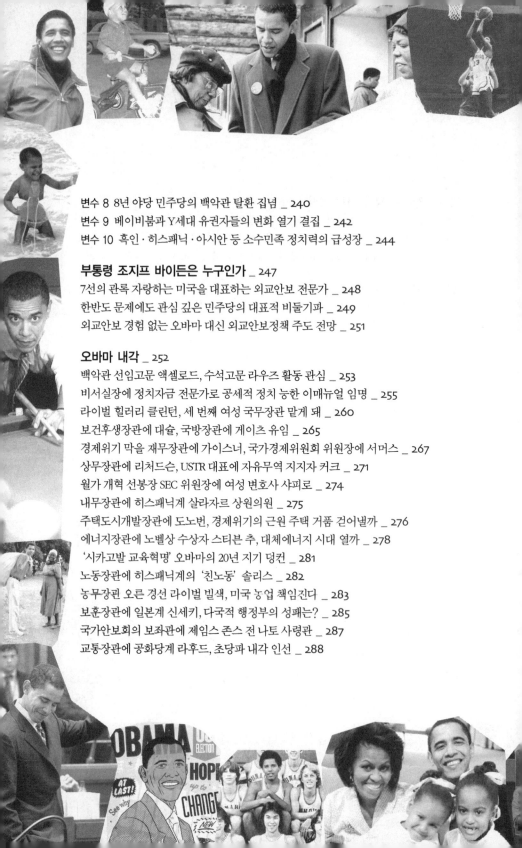

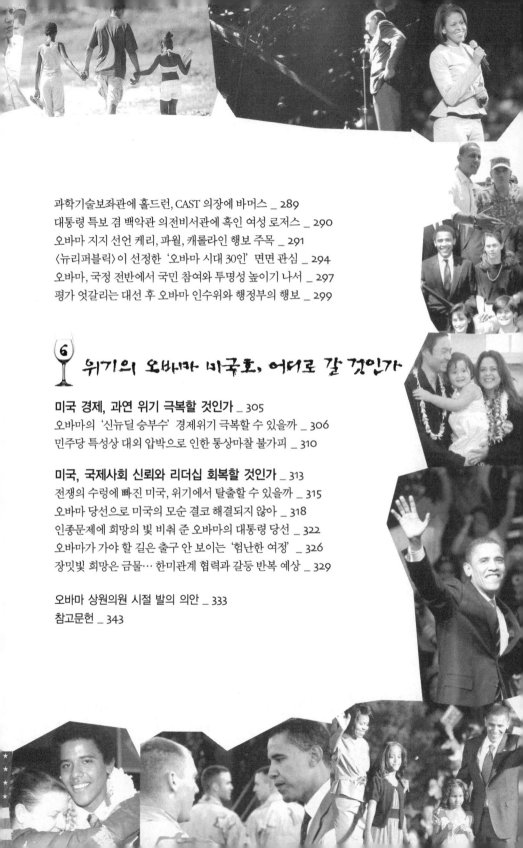

6 위기의 오바마 미국호, 어디로 갈 것인가

2004년 7월 미국 매사추세츠주 보스턴에서 열린 민주당 전당대회장. 보기 좋게 대통령 후보인 존 케리 상원의원과 민주당의 대부인 빌 클린턴 전 대통령 흑인 정치인은 이 무대에서 찬조 연설을 담당한 무명인사였다. 아프리카 # 정치인인 그에게 관심을 두는 이들은 별로 없었다.

오바마가 걸어온 길

...한 몸매에 가벼운 미소를 띤 쾌활한 **43세의 젊은 흑인**이 무대에 올랐다. ...후보로 꼽히던 **힐러리 클린턴** 상원의원에 모두의 시선이 집중된 가운데 등장한 이 **아버지**, 아시아 인도네시아 출신의 **의붓아버지**를 둔 워싱턴 정가의 **비주류**

미국의 정치 명문가가 운집한 이 자리에

오바마의 희망찾기

...2004년 7월 미국 매사추세츠주 보스턴에서 열린 민주당 전당대회장. 보기 좋게 쭉 빠진 날씬한 몸매에 가벼운 미소를 띤 쾌활한 43세의 젊은 흑인이 무대에 올랐다. 대통령 후보인 존 케리 상원의원과 민주당의 대부인 빌 클린턴 전 대통령, 차기 대선후보로 꼽히던 힐러리 클린턴 상원의원에 모두의 시선이 집중된 가운데 등장한 이 흑인 정치인은 이 무대에서 찬조 연설을 담당한 무명인사였다. 아프리카 케냐 출신의 아버지, 아시아 인도네시아 출신의 의붓아버지를 둔 워싱턴 정가의 비주류 정치인인 그에게 관심을 두는 이들은 별로 없었다. 미국의 정치 명문가가 운집한 이 자리에 웬만하면 주눅이 들 것 같았지만 이 흑인 정치인은 다소 긴장되지만 당당한 모습으로 연단에 올라섰다. 모두 케리 후보와 차기 후보로 꼽히는 힐러리의 연설을 기다리면서, 의아스러운 눈길로 그를 주시했다.

그러나 그가 연설을 시작하면서 전당대회장에 모인 민주당원들과 TV 화면을 통해 연설을 지켜본 이들은 하나같이 그의 매력에 한없이 빨려들어갔다. 새로운 스타가 탄생하는 순간이었다.

전당대회에 운집한 민주당원 중 그를 아는 사람이 거의 드물었을 만큼 중앙정치 무대의 문외한이었던 이 흑인 정치인은 순식간에 민주당 최고의 희망이자 기린아로 떠올랐다. 바로 4년 후 미국 대통령 선거 사상 처음으로 흑인으로서 대통령 후보에 오르고, 마침내 흑인 대통령이라는 전인미답의 역사를 쓴 민주당의 일리노이주 상원의원 오바마였다. 그는 이 자리에서 '미국인은 모두 하나'라는 17분짜리 기조연설을 통해 전국적 지명도를 얻으며 한순간에 미국의 정치 중심 무대로 뛰어올랐다. 그날로 그의 일거수일투족에 언론의 관심이 쏠렸고, 실제 대선과 함께 치러진 연방 상원의원 선거에서 당선된 그에게 모든 관심이 집중됐다.

그로부터 4년 뒤인 2008년 8월 로키산맥 동쪽 기슭에 위치한 서부개척 도시 덴버에 있는 미식축구 경기장인 인베스코에서 8만 5천여 명의 민주당원들이 모인 가운데 열린 민주당 전당대회.

이날은 미국에 흑인의 존재를 알리고 흑인과 백인이 어우러진 편견 없는 세상을 부르짖었던 마틴 루터 킹 목사의 그 유명한 연설이 있던 날이었다. 4년 전 민주당과 미국인의 꿈에 대해 열정적으로 연설했던 바로 그 오바마가 민주당 대통령 후보 수락 연설을 하기 위해 단상으로 나왔다.

오바마는 이 자리에서 자신과 미국의 꿈과 희망에 대해 이야기했다. 그는 "우리는 미국을 너무 사랑하기 때문에 향후 4년이 지난 8년과 같아지는 것을 방치할 수 없다. 지금 이 순간, 이 선거는 21세기 미국의 약속을 살려 나가는 기회"라며 "위협받고 있는 미국의 꿈을 되살리겠다"고 외쳤다. 그리고 채 3개월도 되지 않은 11월 4일 사상 최초의 흑인 대통령에 당선돼 미국과 세계사에 새로운 이정표를 세웠다.

검은 케네디, 미국의 만델라 …
첫 흑인 대통령 탄생

미국 중앙정치 무대에 혜성처럼 떠올라 마침내 대통령이 된 오바마에 대한 찬사가 세계 각국에서 쏟아지고 있다. 검은 케네디, 새로 부활한 에이브러햄 링컨, 미국의 만델라, 아메리카 대륙의 달라이 라마, 미국판 젊은 토니 블레어 등 호칭도 다양하게 불리고 있다. 또한 오바마 마니아, 오바마 모멘텀, 오바마 열풍, 오바마 매직, 오바마 신드롬, 오바마 허리케인 등의 사회 현상을 불러일으키며 세계 곳곳에서 오바마 바람을 불러일으키고 있다.

오바마의 시대는 그렇게 뜨거운 열기 속에 열리고 있고, 변화와 희망의 메시지를 담은 21세기 아메리칸 드림은 그런 놀람과 경악의 순간 속에서 시작됐다. 흑백 혼혈 출신으로는 최초로 미국 민주당 대선후보로 지명된 뒤 대통령 자리에까지 오른 오바마의 삶은 미국뿐 아니라 전 세계에 새로운 역사가 진행되고 있음을 알렸다.

흑인 대통령 탄생은 미국이 독립선언을 통해 건국한 1776년 이후 232년 만에 처음으로, 특히 아프리카에서 노예선을 타고 쇠사슬에 묶

지난 7월 24일 독일 베를린 티어가르텐 공원에서 연설하는 오바마. 이날 20만 명이 넘는 독일인들이 몰려들어 오바마에 대한 뜨거운 관심과 기대를 보여 주었다.

여 채찍을 맞으며 미국에 강제로 끌려왔던 흑인들이 1863년 1월 1일 노예에서 해방된 지 145년 만이었다. 또 흑인 남성이 투표권을 부여받은 1869년부터 따지면 139년 만에 처음 있는 역사적인 대사건이다. 또 오바마가 민주당 후보로 선출된 날은 백인 인종차별주의자에게 암살된 흑인 인권운동가 마틴 루터 킹 목사가 '나는 꿈이 있습니다(I have a dream)'라는 제목의 연설을 한 지 45주년을 맞는 기념일이었다.

마틴 루터 킹 목사의 위업을 이어받고 백인 유권자들의 기대까지 한 몸에 받고 있는 오바마의 앞길에는 최근 퇴락하는 슈퍼파워 미국의 운명이 걸려 있고, 그 길이 결코 밝아 보이지 않는다는 점에서 세계인들은 오바마의 일거수일투족을 지켜보고 있다.

백인 어머니와 흑인 아버지의 운명적인 만남

오바마는 1961년 8월 4일 하와이 호놀룰루에서 당시 하와이대학으로 유학온 케냐 출신의 흑인 버락 오바마 시니어와 캔사스 출신의 백인 스탠리 앤 던햄 사이에서 태어났다. 그의 정식 이름은 '버락 후세인 오바마'다. 두 사람은 하와이대학에서 만나 사랑에 빠져 결혼했으나 오바마가 두 살 때 헤어졌다. 하버드대학으로 공부하기 위해 떠난 아버지는 이후 이혼 절차를 밟아 남이 됐다. 하버드대학 경제학부를 졸업한 아버지는 그후 조국 케냐로 돌아가면서 오바마는 아버지가 1982년 교통사고로 숨질 때까지 단 한 번만 만날 수 있었다.

1 오바마의 아버지. 케냐인 아버지는 하와이대학 재학중
  어머니 던햄을 만나 결혼했다. 그러나 하버드대학으로
  공부하기 위해 떠나면서 두 사람은 헤어졌다.
2 아기 오바마가 엄마 품에 안겨 환하게 웃고 있다.
3 자전거를 타고 있는 꼬마 오바마.
4 하와이 해변에서 물놀이를 하고 있는 오바마.

오바마는 어렸을 때 '배리 오바마'로 불렸다. 그는 정계에 입문하기 전에 이미 원래 이름인 버락으로 바꾸었지만, 그렇다고 해서 중간 이름인 '후세인'을 숨긴 적은 없었다. 하지만 그는 테러와의 전쟁에서 이슬람 문명과 대결해 온 미국 내의 정서 탓에 이름으로 인한 어려움을 겪기도 했다. 후세인이라는 이름으로 인해 이슬람 종교를 가진 무슬림이라는 공화당측의 네거티브 공세에 시달렸던 것이다.

그가 쓰는 버락이란 이름은 발음하기도 쉽지 않고 미국인들에게도 익숙지 않아 오바마가 유명 인사가 되기 전에는 버락, 바락, 배럭, 버랙 등으로 다양하게 발음됐다. 버락은 아랍어로 '축복받은'이란 뜻이고, 케냐와 탄자니아에서 쓰이는 스와힐리어로는 '하느님으로부터 축복받은 이'라는 뜻을 지니고 있다.

아버지와 헤어진 후 어머니는 인도네시아 출신의 롤로 소에토로와 재혼했다. 이에 따라 오바마는 1967년 어머니와 새아버지를 따라 인도네시아로 건너가 어린 시절을 보냈다. 오바마는 열 살 때까지 그곳에서 보내며 자카르타의 현지 학교를 다녔다.

그러나 어머니의 두 번째 결혼도 파경을 맞아 1971년 다시 외조부모가 살고 있던 호놀룰루로 돌아와 하와이 명문 사립학교인 푸나후 고등학교에 들어갔다.

당시 지독한 인종차별에 고민하던 오바마에게 위안이 됐던 것은 농구였다. 푸나후 고등학교에서 농구부 선수가 된 오바마는 흑인 선수들을 보며 열등감을 털어 버릴 수 있었고, 이를 통해 자신의 정체성을 하나씩 확인해 나갈 수 있었던 것이다. 그는 훗날 농구장에서 자신들의 삶을 다져 나가는 흑인 선수들을 만나고 이들과 함께 농구를 하면서

"존경심은 자기가 무엇을 하느냐에 따라 받을 수 있는 것이지 아버지가 누구인가는 전혀 중요하지 않다는 사실을 배웠다"고 말하며, 어린 시절의 방황에 대해 고백했다.

어린 시절 오바마를 키운 사람은 바로 외할아버지였다. 아버지는 케냐로 떠났고, 어머니는 인류학을 연구한다며 전 세계를 돌아다니는 바람에 집에 있는 기간이 거의 없었기 때문이다. 오바마는 태어난 뒤 인도네시아에 살았던 4년을 제외하면 하와이의 명문 푸나후 고등학교를 졸업하던 1979년까지 14년 동안을 외할아버지의 사랑과 보살핌 속에서 성장했다. 케냐인과 미국인 사이에서 태어난 흑백 혼혈이자 자카르타에서 어린 시절을 보냈던 오바마는 미국의 백인 중산층 가정의 언어와 문화, 세계관을 가르쳐 준 외할아버지 덕에 정체성의 혼란을 딛고 미국인으로서의 자부심을 가질 수 있었고, 또 아시아와 아프리카 등 여러 문화의 장점만을 받아들인 인물로 성장할 수 있었다.

캔사스 남부 위치타에서 태어난 외할아버지는 대공황을 겪은 후 1941년 일본의 진주만 공격이 시작되자 입대해 유럽에서 군복무를 한 뒤 1959년 사업을 위해 하와이 호놀룰루에 정착했다. 당시 미국 50개 주 중 절반이 흑인과 백인과의 결혼을 중죄로 여기던 사회 분위기에서 딸과 케냐인의 결혼을 승낙했던 그는 오바마가 태어나자 하와이에 완전히 정착해 손자를 뒷바라지했다. 소년 오바마를 혼란스럽게 했던 흑인 콤플렉스를 극복하는 데 결정적 역할을 했던 외할아버지는 1992년 세상을 떠났다.

그 뒤 외할머니만이 외손자 오바마의 정치적 성공을 자랑스러워하며 가끔 유세장에도 나와 오바마를 응원했으나, 안타깝게도 대선을 하

1 할아버지와 하와이 해변에서.
2 오바마는 태어나 고등학교를 졸업할 때까지 인도네시아에서 살았던 4년을 제외하면 외조부
　모의 사랑과 보살핌 속에서 성장했다.
3 할아버지와 어머니, 그리고 여동생 마야와 즐거운 시간을 보내고 있는 오바마.

루 앞둔 11월 3일 외손자의 대통령 당선을 보지 못하고 향년 86세의 나이로 영면했다. 앞서 오바마는 대선 투표를 불과 10여 일 앞두고 병상의 할머니를 찾아 세계의 화제를 모으기도 했다.

한편 오바마의 어머니 스탠리 앤 던햄은 2차 세계대전 중인 1942년 하와이 미군기지에서 태어났다. 외할아버지는 아들을 원했기 때문에 막 태어난 딸에게 '스탠리'라는 이름을 붙여 주었다. 그녀의 가족은 1960년 하와이 호놀룰루에 정착하기 전까지 보다 나은 돈벌이를 위해 캘리포니아, 캔사스, 텍사스, 워싱턴을 전전해야 했다. 그러다가 스탠리가 고등학교를 졸업할 무렵, 안정되면서도 새로운 생활을 찾아 하와이로 이주했다. 평소 마틴 루터 킹 목사의 연설을 좋아하고, 흑인 가수 해리 벨라폰테가 지구에서 가장 잘생긴 남자라고 생각했던 던햄은 케냐에서 온 오바마 시니어를 보고 첫눈에 반하는 등 일반적인 백인 여성과는 삶의 방식이나 가치관이 다른 독특한 여성이었다.

그들이 결혼할 당시만 해도 미국 50개 주의 거의 절반에서 다른 인종 간에 결혼하는 것이 불법이었을 뿐만 아니라 흑인을 노골적으로 멸시하는 등 흑백 갈등이 심각하던 시절이었다. 어머니 던햄은 1961년 하와이대학 인류학과 1학년 때 버락 후세인 오바마 1세와 만나 그해 곧바로 결혼했다. 당시 18세였던 던햄은 결혼 당시 임신 3개월째로 하객 없이 가족들끼리 결혼식을 조촐하게 올린 뒤 한 학기 만에 학교를 중퇴하고 8월 미래의 미국 대통령이 될 오바마를 낳았다. 이들의 기구한 운명이 결국 미국 역사를 뒤바꾼 대사건의 실마리가 된 셈이다.

인류학을 전공한 던햄은 오바마와 두 번째 남편에게서 낳은 딸 마야를 키우면서 대학원에 들어가 800쪽짜리 박사학위 논문을 썼다. 그녀는 뉴욕에 있는 여성세계은행과 인도네시아 자카르타의 포드재단 등에서 근무하며 여성과 빈민 지원 활동에 참여했고, 파키스탄에서 관련 컨설팅 업무를 맡는 등 사회활동에 헌신했다. 또 자카르타에서 영어를 가르치며 현지의 불우한 이들을 도왔다. 오바마에 대한 교육과 보살핌에도 헌신적이어서 자신은 새벽 4시에 일어나 공부하면서도 담담하게 아들에 대한 사랑을 표현하곤 했다.

오바마는 자서전에서 "어머니는 피부색은 달라도 모든 사람은 동등하고 같으며 모든 사람은 각각 독특하고 소중한 존재이므로 존중해야 한다고 항상 강조했으며, 아시아 빈민 여성들의 삶에 깊은 관심을 기울인 인류학자였다"며 "이제까지 내가 알고 있는 가장 마음씨 곱고 관대했던 분"이라고 어머니를 회상했다.

아버지는 케냐 공무원, 새아버지는 인도네시아 엘리트

아버지 오바마는 아프리카 케냐의 염소 목동 출신으로, 서부 빅토리아 호숫가의 가난한 마을에서 성장했다. 무슬림인 오바마의 할아버지는 영국인 지주의 집에서 요리사 생활을 했고, 아버지는 어려서부터 염소를 몰며 집안일을 도왔다. 나이로비에서 장학금을 받고 대학을 다닌 아버지 오바마는 국가 건설에 나설 지도자가 되기 위해 미국 유학을 떠나, 1959년 하와이대학교 최초의 아프리카계 학생으로 기록됐다. 그는 장학생으로 선발돼 미국 땅을 밟은 대표적인 '아메리칸 드림'의 상

1 1971년 아버지를 처음이자 마지막으로 만났을 때, 교통사고로 다리를 절뚝거리는 아버지를 보고 처음엔 실망했으나 이내 두 사람은 친근한 사이가 됐다.
2 1988년 아버지의 조국 케냐를 방문했을 때 오바마는 처음으로 친할머니를 만났다.

징으로, 오바마는 연설할 때마다 아버지에 대한 추억과 아버지의 성공을 가능케 한 미국의 자유와 열린 사회 정신을 강조하곤 했다.

오바마의 아버지는 하버드대학 경제학부를 졸업한 후 케냐로 돌아가 대통령과 직접 면담할 수 있을 정도의 고위직에 올랐다. 케냐에서 재혼한 아버지는 영국으로부터 독립한 새 조국 케냐의 건설을 주도한 전도유망한 공무원이었다.

그러나 케냐의 최대 난적은 바로 내부의 부족 갈등으로, 이 같은 부족 갈등은 21세기 들어서도 수십 년째 이어지고 있다. 1960년대 말 케냐 내 최대 부족인 키쿠유족과 제2의 부족인 루오족의 갈등이 불거지면서, 루오족 출신인 아버지 오바마는 같은 루오족 출신인 부통령 라일라 오딩가와 함께 저항운동에 나섰다. 케냐의 정치가들이 독립을 위해 싸운 사람들을 제대로 대우하지 않고 케냐를 식민지로 지배했던 제국주의자들이 두고 간 재산을 차지하는 데만 혈안이 되어 있다고 비판하는 등 저항운동의 전면에 나섰던 것이다.

아버지 오바마는 동료들이 속속 투항하고 자신을 총애하던 대통령까지 만류했으나, 끝까지 초심을 잃지 않고 강력히 저항했다. 대통령의 말조차 듣지 않는 아버지 오바마에 대해 정부는 강도 높은 탄압 세례를 퍼부었다. 결국 아버지는 공직에서 쫓겨나고 정부가 감시하는 불온 인사 명단에까지 올랐다. 이 같은 상황에 절망하며 술로 나날을 달래던 오바마는 결국 1982년 교통사고로 인생을 마감하는 비운을 맞이했다.

오바마는 아버지를 당시 아프리카에서 신비한 힘을 가진 부족의 추장으로 알고 환상을 키웠다. 흑인이라고 멸시의 눈길을 던지는 친구들에게도 아버지가 수천 명의 부족을 거느린 추장이라며 자랑하곤 했다.

1 인도네시아인인 새아버지 롤로 소에토로와 어
  머니, 그리고 동생인 마야.
2 여동생 마야 소에트로와 함께, 마야는 지금 하
  와이에서 교사로 일하고 있다.
3 자카르타 초등학교 시절의 오바마.

그런 아버지가 1971년 평생 처음이자 마지막으로 하와이를 방문해 오바마랑 한 달을 같이 지내게 되었다. 드디어 모습을 드러낸 아버지는 그의 환상 속 멋진 추장과는 너무나 거리가 멀었다. 얼마 전 케냐에서 당한 교통사고 후유증으로 지팡이를 짚고 절뚝거리며 나타난 것이다. 오바마는 크게 실망해 아버지를 멀리하려 했다. 부자간에는 어색한 침묵이 흘렀다.

그러나 학교 선생님의 부탁으로 학교에서 강연을 한 아버지가 선생님과 친구들로부터 호평을 받으면서 오바마는 아버지에 대한 자부심과 신뢰를 되찾을 수 있었다. 두 사람은 결국 함께 콘서트를 가는 등 친근한 부자 사이가 됐다. 당초 오바마를 케냐로 데려가기 위해 하와이를 찾았던 아버지는 미국 사회에 적응해 살고 있는 오바마를 데려가는 것을 포기하고 홀로 귀국했다. 오바마는 그후 아버지와 편지를 교환하며 아버지의 꿈을 꾸기도 했으나 1982년 교통사고로 아버지가 돌아가시기까지 더 이상 만나지는 못했다. 아버지와의 만남은 그가 쓴 자서전 『내 아버지로부터의 꿈』으로 다시 세상에 태어났다.

새아버지 롤로 역시 하와이대학 동서문화센터 유학생으로 와 있을 때 어머니 던햄을 만났다. 오바마는 1967년 어머니와 그를 따라 인도네시아 자카르타로 갔다. 롤로는 오바마를 친아들처럼 아꼈다.

1967년은 수하르토가 공산주의자 쿠데타를 무력으로 진압한 뒤 수카르노로부터 권력을 찬탈해 독재자로 변모하기 시작한 해였다. 롤로는 당시 가장 급진적인 제3세계 지도자로 꼽혔던 수카르노 대통령에게 장학생으로 뽑혀 유학을 갔으나, 수하르토가 쿠데타로 권력을 잡은 후 여권이 취소되어 귀국한 뒤 1년간 강제징집돼 군복무를 해야 했다.

롤로는 군부정권과 타협하지 않으면 살기 어려웠던 현실에 순응하여 체제에 협조하는 전형적인 엘리트로 변모해 갔다. 제대한 뒤 수하르토 정권에 적응한 롤로에 대해 오바마는 자서전에서 "아무런 위장도 하지 않은 채 벌거벗은 몸뚱어리 그대로 늘 생경하게 존재하고 있는 권력에 의해 길들여졌고, 권력과 손을 잡고 망각의 지혜를 배웠다"고 매우 비판적으로 썼다. 이후 롤로와 오바마의 어머니가 불화를 겪으면서 그들은 이별을 준비해야 했다.

정체성 혼란으로 방황한 청소년기

고교 시절 오바마는 정치적 성향을 전혀 드러내지 않은 평범한 학생이었다. 그는 자서전 『내 아버지로부터의 꿈』과 이후 각종 행사와 방송 인터뷰 때마다 털어놓았던 것처럼 청소년 시절에 인종문제로 정체성 갈등을 심하게 겪었다. 그가 CNN의 〈래리 킹 라이브〉와의 인터뷰에서 마약까지 접했다고 고백한 사실은 당시 흑인으로서 미국 사회를 살아간다는 게 얼마나 힘든 것이었는지를 잘 보여준다.

하와이는 세계 각국의 관광객과 휴양을 위해 오래 체류하는 외국인들로 인해 사상과 피부 색깔, 인종을 가리지 않고 삶을 누릴 수 있는 자유가 보장되어 있는 곳이었다. 특히 원주민과 외국인, 미국인들이 모여 가정을 이루고 살아가는 자유분방한 삶의 에너지가 충만한 곳이었음에도 흑백 혼혈로 태어난 오바마는 주변의 눈길을 의식하며 심각한 정

1 하와이 푸나후 고등학교 농구부 선수로 활동했던 오바마.
  농구는 그에게 커다란 위안이 됐다.
2 푸나후 고등학교 친구들.
3 4 푸나후 고등학교 졸업식 때. 외할아버지·외할머니와 함께.

체성의 혼란을 겪어야만 했던 것이다.

그가 마약까지 접하는 청소년 시절을 보낸 것은 겉보기에는 평범해 보이지만 도저히 잠재울 수 없는 폭풍과도 같은 갈등이 내적으로 얼마나 심했는지를 보여준다. 오바마는 2008년 한 시민포럼에서 자신의 대통령 출마에 대해 설명하면서 이 시절 마리화나와 코카인, 술을 복용했던 것이 자신의 가장 큰 도덕적 실패였다고 고백할 정도로 당시의 기억은 그에게 고통스러운 것이었다.

그러나 순탄치 않은 어린 시절의 경험과 청소년기의 내적 갈등과 방황은 그를 미국 최초의 흑인 대통령 자리에까지 오르게 만든 담금질이었고 토양이 됐다. 그는 기독교 신자지만 이슬람교가 지배적 종교인 인도네시아에서 유년기를, 그리고 다양한 문화 배경을 지닌 인종들이 섞여 살고 있어 '동서양의 접점'으로 불리는 하와이에서 청소년기를 보내면서 관용과 화합의 정신을 배웠다. 특히 오바마가 하와이에서 보낸 청소년기는 문화적 이해와 관용, 상대방을 인정하는 태도를 익히는 중요한 시간이 됐다.

하와이에서 안녕이라는 뜻의 인사말인 '알로하'는 매사에 통하는 단어다. '알로하 정신'은 하와이인들이 다른 사람을 대할 때 마음속에서 우러나오는 친절을 베풀 것을 자연스럽게 몸에 익히도록 하는 관습적 전통이다. 하와이인들은 알로하 정신에 따라 언제나 외지 사람들에게 관대해야 하며, 부드럽고 환한 미소를 지어야 하고, 하와이의 아름다움을 함께 나눌 마음의 여유를 지녀야 한다고 배운다. 오바마가 하와이 생활을 통해 '알로하 정신'을 체득한 것은 이후 변호사와 정치인 생활을 통해 인종과 계층, 성별을 가리지 않고 모든 계층에서 폭넓은 지지를 얻을 수 있는 바탕이 됐다.

　2차 세계대전 참전군인 출신인 외할아버지와 외할머니에게서 사랑을 듬뿍 받으며 자라고, 또 따뜻한 기후와 풍성한 인심 속에서 자유로운 교육을 받은 것도 희망의 싹을 키우며 자랄 수 있는 든든한 버팀목이 됐다. 게다가 그의 가족은 여러 인종이 뒤섞여 있다. 오프라 윈프리가 언급했듯이 그들이 한번 모이면 '미니 UN'이 된다. 오바마는 이런 다문화적 배경을 바탕으로 좀처럼 하기 힘든 경험을 통해 문화의 충돌로 불리는 세계의 문제를 통합의 가치로 새롭게 풀어낼 수 있는 21세기의 새로운 지도자가 될 수 있는 자질을 키워 온 셈이다.

하버드대 로스쿨 역사상
최초의 흑인 편집장이 되다

오바마는 이 같은 정신적 방황과 고통 속에 하와이에서 고등학교를 마친 뒤 로스앤젤레스에 있는 옥시덴탈대학에 들어갔다. 그는 이때부터 고등학교까지 사용하던 '배리' 대신 '버락'이라는 이름을 사용하기 시작했다. 2년 동안 옥시덴탈대학에서 학업에 전념했으나, 그렇게 큰 만족감을 느끼지는 못했다.

　그러나 그곳에서 반(反)아파르트헤이트(인종차별정책) 집회에 참가하면서 처음으로 정치 활동에 관심을 갖게 됐다. 또한 많은 중상류층 출신의 흑인 친구들과 외국 유학생들, 멕시코계 미국 학생, 마르크스주의 경향의 교수, 구조주의파 여권신장론자, 펑크록 퍼포먼스 시인 등 다양한 지적 동반자들을 사귀었다. 먼델은 『오바마 약속에서 권력으로』에서 오바마가 이 학교에서 "정치적 반란을 주제로 지적 토론을 하고, 신식민지주의, 유럽 중심주의, 식민지 해방, 카리브해 흑인 지도자인 프란츠 파농과 같은 무거운 주제들에 대해 기숙사에서 밤을 새워 가며 열띤 토론을 벌였다"고 당시 오바마의 지적 성장에 대해 주목했다.

오바마는 시야를 넓히기 위해 뉴욕에 있는 컬럼비아대학으로 편입학을 해 정치학을 전공했다. 1981년 옥시덴탈대학 2학년을 마친 후 두 대학 간 협정 프로그램에 따라 컬럼비아대학으로 옮긴 것이다. 오바마는 "옥시덴탈대학은 너무 작았고, 그곳에서 필요한 것은 모두 얻었다고 느꼈기 때문"이라며 "뉴욕을 경험하고 흑인 사회를 찾아보고 싶었다"고 당시를 회상했다. 1983년 컬럼비아대학을 졸업한 그는 이후 비즈니스 인터내셔널 코퍼레이션에서 1년 동안 일한 뒤 뉴욕 공공이익연구그룹에서 일하기도 했다.

4년 동안의 뉴욕 생활을 마친 뒤 오바마는 시카고 흑인 거주 지역에서 도시빈민운동에 투신했다. 시카고 남부 지역의 그레이터 로즈랜드 지역에 있는 8개의 가톨릭 파들이 모여 만든 교회 중심의 공동체 운동인 공동체개발운동 프로젝트(DCP : Developing Communities Project)를 맡아 1985년 6월부터 1988년 5월까지 만 3년 동안 도시빈민운동에 헌신했던 것이다. 오바마가 이 프로젝트를 책임지면서 DCP는 담당 직원이 1명에서 13명으로 늘어나고, 1년 예산도 7만 달러에서 40만 달러로 늘어나는 등 급성장했다. 오바마는 DCP에서 취업교육프로그램 설립, 대학준비교습프로그램, 임대인 권리 조직 등의 다양한 프로그램을 만들어내는 한편, 공동체 조직 연구소인 가말리엘 재단에서 컨설턴트와

1 옥시덴탈대학 재학중 친구와 함께.
2 컬럼비아대학에 다니던 시절.
3 하버드대 로스쿨 시절.
4 하버드내 로스쿨 학회시 〈하버느 보 리뷰〉 역사상 최초의
  흑인 편집장으로 선출된 직후.
5 편집장으로 활동할 당시의 오바마.

강사로 일하기도 했다.

그 과정에서 "갓 뎀 아메리카"라는 발언으로 대선 후보 경선 과정에서 파문을 불러일으켰던 제레미아 라이트 목사와 인연을 맺게 됐다. 라이트 목사는 그의 결혼식 주례를 했을 정도로 가까운 정신적 스승이자 영적 지도자였다. 그러나 선거 유세 과정에서 라이트 목사의 과격한 발언으로 인한 파문이 계속 확산되자, 결국 두 사람은 결별하게 된다. 오바마는 기회가 있을 때마다 시카고에서의 도시빈민운동 경험이 자신에게 가장 훌륭한 교육적 토대가 되었다고 밝혔다.

한편 오바마는 1987년 자신이 존경하던 시카고의 첫 흑인 시장 해럴드 워싱턴이 심장마비로 갑자기 사망한 뒤 법학을 전공하기로 결심했다. 미국 사회의 인종문제를 둘러싼 냉혹한 현실을 깨달았기 때문이었다. 당시 그는 고교 동창생인 바비 티트콤에게 "법대 학위 없이는 여기서 도저히 일들을 해결할 수 없다. 이런 사람들과 일을 하기 위해서는 법대 학위가 필수적이다. 왜냐하면 그들은 여기저기로 빠져나갈 구실을 너무 많이 가지고 있기 때문이다. 법적 자격증이 그 사람들과 맞서 일할 수 있는 유일한 방법"이라고 말하며 로스쿨 진학 결심을 밝혔다. 진정한 변화를 위해서는 지역 환경뿐만 아니라 국가의 법과 정치 체계를 변화시켜야 한다는 것을 깨닫고 뒤늦게 로스쿨에 진학하기로 마음먹은 것이다.

오바마는 재학중 로스쿨 학회지로 최고의 권위를 자랑하는 〈하버드 로 리뷰(*Harvard Law Review*)〉 104년 역사상 처음으로 흑인 편집장이 돼 〈뉴욕타임스〉 등 미국 언론들의 집중 조명을 받았다. 〈하버드 로 리뷰〉는 법학과 사회문제에 대해 많은 교수와 학생들 사이에 논쟁거리를 제공함으로써 공공 대화의 장으로 역할하는 등 법조계에서 가장 많이 읽히는 학술지다.

그는 학창 시절 초기에 주로 도서관에서 열심히 공부하면서 「하버드의 인권-시민의 자유에 대한 법률 검토」라는 논문을 쓰는가 하면, 흑인 법대생 협회 이사를 지내면서 정기 만찬 모임에서의 연설 등을 통해 학생들의 신망을 얻었다.

그는 당초 1990~1991년 학회지 편집장 선거에 나설 생각이 없었다. 그러나 친구들의 종용으로 선거 막바지에 뛰어들어 19명의 후보 중 한 명이 된 데 이어, 보수진영 후보와 접전 끝에 평판과 실력에서 호평을 받았고, 모두의 지지를 받아 마침내 당선됐다.

사회적·경제적 진보주의자였던 오바마는 보수파 학생들을 주요 편집인 자리에 임명하는 등 진보와 보수의 조화를 통한 수준 높은 잡지 만들기에 총력을 기울였다. 그는 편집진들이 동료애를 갖고 공통의 목표를 향해 열심히 일하게 하는 리더십을 발휘해 상당한 수준의 잡지를 만들었다는 평가를 받았다. 시카고 시장이 되는 것이 꿈이었던 오바마가 장래 연방 상원의원이 되고, 마침내 대통령 자리에 오르는 중요한 리더십은 여기서 하나씩 길러진 것이었다.

뛰어나고 혁신적이면서 냉혹했던 변호사로서의 오바마

232년 만에 사상 첫 흑인 대통령이 된 오바마는 자신을 포함한 미국의 역대 대통령 44명 가운데 26번째로 변호사 출신의 행정부 수반이 되면서, 미국을 포함한 세계 법조인들의 관심도 받고 있다. 오바마는 변호사로서 오랜 기간 활동하지 않았으나 민권변호사 활동을 통해 미국 언론과 법조계의 호평을 받았다.

시카고 지역 언론인 〈시카고 선 타임스〉는 오바마에 대해 "뛰어나고 혁신적이면서도 냉혹했으며, 자신이 직접 발언하기보다 대부분 다른 변호사들이 말하도록 하는 경향을 보였다"고 평가했고, 〈로스앤젤레스 타임스〉는 "오바마는 변호사 시절 매우 효과적인 활동을 했으나 기간은 짧았다"고 밝혔다. 전체적으로는 짧은 기간 법조인으로 활동한 반면, 매우 인상적이고 자신의 업무에 충실하면서도 효과적인 변호 활동을 했다는 평가가 주조를 이루고 있다.

시카고 흑인 거주 지역에서 도시빈민운동을 하면서 공권력의 횡포와 인종차별의 참상을 목격하고 법조 자격증의 필요성을 느꼈던 오바마는 진정한 사회 변화를 이루기 위해서는 지역 환경뿐만 아니라 국가의 법과 정치 체계를 변화시켜야 한다는 깨달음에 뒤늦게 로스쿨 진학이라는 결정을 내렸다.

그는 자서전 『내 아버지로부터의 꿈』에서 "진정한 변화를 꾀하기 위해서는 이자율과 기업 합병, 입법 과정, 기업과 은행이 밀착하는 방식에 대해 배워야 했다. 또 부동산 벤처기업들이 성공 또는 실패하는 요인이 무엇인지, 권력이 어떻게 흘러가고 또 작용하는지, 세세하고 미묘한 모든 것들을 배우고 싶었다"고 자신의 로스쿨 학업 목표를 제시하기도 했다. 하버드 로스쿨 졸업 후 거의 1천여 곳에 가까운 로펌들의 스카우트 제의 속에 그는 32세가 되던 1993년 인권과 인종차별 소송 전문인 '마이너, 반힐 & 갤런드(Miner, Barnhill & Galland)' 에 취업했다.

　오바마는 '마이너, 반힐 & 갤런드' 법률회사에 들어간 뒤 주로 민권과 투표권 문제, 잘못된 해고 등의 사례를 놓고 연방항소법원에서 논쟁을 벌였으며, 특히 유권자 등록을 확산시키는 문제에 대한 소송 문건 작성 등에서 뛰어난 능력을 보였다. 당시 '마이너, 반힐 & 갤런드' 는 주로 일반적인 법적 분쟁과 부동산 문제를 전문으로 하는 로펌이었다. 오바마는 신임 변호사로서 근무시간의 70%를 투표권, 시민권, 고용문제 등과 관련된 소송을 다루는 데 할애했다. 그리고 나머지 30%의 시간은 부동산 계약, 법인 서류 정리와 사소한 소송 관련 업무를 처리하는 데 보냈다.

　오바마는 이 시절에 대해 "대부분 교회나 지역 단체들과 함께 일을 했으며, 특히 서민들의 주택문제와 도심에서 야채가게와 병원을 조용히 지어 온 남녀들과 함께 일하는 보람을 즐겼다"고 밝혀, 자신의 신념과 철학에 걸맞은 변호사로서의 활동에 만족했음을 시사했다.

　그가 맡았던 대표적인 소송은 행동주의 그룹이 일리노이주에 대해 제기한 소송이었다. 이들은 일리노이주를 상대로 당시 저조한 투표율을 개선하고 미비한 유권자 등록을 돕기 위해 고안된 연방 법안을 적용하지 않았다고 주정부를 강력하게 비판한 뒤 소송을 제기했다. 오바마는 다른 변호사들과 함께 이 소송에서 행동주의 그룹을 대변해 승리로 이끌었다.

　그는 또 일리노이주 쿡 카운티와 500만 달러의 연방 연구보조금을 관리하는 사립 연구소의 비리를 폭로한 내부 밀고자를 위해 장문의 호소문을 작성하는 업무도 맡았다. 당시 마약을 복용한 임산부의 치료를 연구하는 데 쓰여진 이 보조금의 비용에 대해 의심을 품은 뒤 프로그램에서 해고된 의사가 내부 밀고자였던 사건이었다.

오바마가 맡은 초기 사건 중 하나는 저소득층 주택단지 계획을 추진한 비영리 법인에 대한 변호였다. 자신이 이 법인의 관리 소홀로 인해 대상자에서 빠졌다며 한 개인이 제기한 소송에서 비영리 법인측을 대표했던 오바마는 비영리 법인측의 입장을 설득력 있게 제시해 결국 이 소송은 각하됐다.

오바마는 또 빈곤층을 위해 보건서비스를 제공해 온 비영리 법인을 대리해 사건을 맡았다. 이 소송을 제기한 사람은 매년 8천 달러 이하의 소득을 올리는 여성으로, 오바마의 고객에 대해 유아들을 앉힐 수 있는 시설을 하는 대신 336달러를 지급할 것을 요구했다. 오바마는 이 법인과 협의한 끝에 이 여성이 이 같은 요구를 할 만한 근거가 있다는 결론을 내렸고, 결국 이 법인은 비용을 지불키로 해 소송이 종결됐다.

오바마는 1994년 쿡 카운티 법정에 우드론 보전&투자회사의 대리인으로 출석, 동절기 동안 저소득 임차인들에게 난방을 공급하지 않았다고 이 회사를 고소한 시청측에 맞서 변호를 하기도 했다.

또 오바마는 1994년 미국 제7차 순회항소법원에서 부적절하게 해고됐다며 소송을 제기한 증권거래인의 의뢰를 받아 변호를 하기도 했다. 이 사안에 대해 법원은 오바마측 의뢰인의 손을 들어줘 오바마는 승소했다.

오바마는 또한 1990년 인구조사 후 새롭게 편성된 선거구가 불공평하다며 제소한 시카고의 시의원과 흑인 유권자들의 소송 사건을 다룬 변호인 그룹에 속해 사건을 맡았다. 항소심 재판에서 새로 개편된 지도가 유권자들의 투표할 권리를 위반했다는 판결이 나면서 오바마는 이 소송에서 이겼고, 이후 그 선거구는 합리적인 형태로 다시 개편됐다.

1995년에 오바마는 이와 유사한 소송을 스스로 제기하기도 했다. 1993년 제정된 연방자동차유권자법이 유권자들의 투표를 막는 불합리한 내용이 있다고 지적하고 1995년 법의 개정을 촉구한 것이다. 그 결과 유권자들이 과거에 비해 쉽고 편하게 유권자로 등록할 수 있도록 법이 개정되면서, 오바마는 시민들의 권리를 신장시키는 데 기여하는 변호사라는 평판을 받았다.

그러다 보니 그가 담당한 사건들은 대부분 인권과 민권 분야에 치우쳐 실제 소송에 대한 변호 경험이 크지는 않았다. '마이너, 반힐 & 갤런드'의 대표 변호사인 마이너는 "오바마는 누구나 로펌에 들어온 후 첫해나 둘째 해에 하는 업무를 성실하게 수행했다"며 "명예훼손 분야의 경우 오바마는 기초 조사와 메모를 작성하는 역할을 맡았다. 처음 2년 동안 오바마가 담당한 것은 그다지 중요하지 않은 역할이었다. 그가 아는 것이 적었기 때문에 총괄담당자들로부터 일을 배워야 했다"고 오바마의 초기 변호사 시절을 돌아봤다.

민권변호사로서 명성을 얻다

시카고 지역 언론에 따르면 오바마는 굉장히 글을 잘 쓰고 현안에 대한 분석력이 뛰어난 변호사였으나 상대적으로 적은 사건에 관여했다.

특히 그가 변호사로서 본격적으로 활동했던 기간은 그리 길지 않은 편이다. 왜냐하면 1993년 변호사로서 활동을 시작한 지 불과 4년도 되지 않은 1996년에 주 상원의원에 당선돼 본격적인 정치의 길로 들어섰기 때문이다. 이에 따라 변호사로서 오바마의 활동은 변호사 취업 후 초기 1~2년 동안에 두드러지게 나타난다.

통계조사 결과 오바마는 정계에 입문하기 전 4년 동안 풀타임 변호사로서 30여 건의 사건을 다룬 것으로 집계됐다. 실제 오바마는 1993년부터 '마이너, 반힐 & 갤런드' 소속으로 일하는 동안 모두 3723시간 업무를 담당한 것으로 나타나는데, 대부분의 시간이 초기 4년 동안에 집중돼 있다.

그러나 이 기간은 이후 그의 정치 활동에 실제 업무나 도덕성 측면에서뿐만 아니라 경제적으로도 큰 도움이 됐던 것으로 드러났다. 무엇보다 그가 활동했던 '마이너, 반힐 & 갤런드'는 인권과 저소득층 시민들의 '삶의 질'을 개선하는 데 힘을 쏟는 법률회사였고, 오바마 스스로가 이런 빈민공동체 운동을 한 경험과 함께 저소득층 변호에 힘써 왔다는 점에서 정치인으로서 유권자들의 신뢰를 받고 좋은 활동을 펼치는 데 큰 힘이 됐던 것이다. 오바마의 '장자방'으로 불리는 수석전략가 데이비드 액셀로드는 "오바마가 민권변호사로 활동한 것은 그의 일생 전체를 통해 관통하는 철학과 가치에 따른 것이었다. 그는 하버드 로스쿨 졸업 후 어느 유명 로펌이든 갈 수 있었지만, 민권변호사가 되기를 원했기 때문에 '마이너, 반힐 & 갤런드'를 선택했다. 그것은 결국 정치적으로도 올바른 선택임이 입증됐다"고 평가했다.

이 같은 변호사로서의 활동은 그의 정치 활동 과정에서 소요된 천문학적 선거자금의 큰 몫을 담당해 줬다. 마이너, 데이비스 등 로펌의 파트너들과 업무 과정에서 알게 된 그의 고객들은 그가 정계에 진출한 뒤 매년 10만 달러가 넘는 정치자금을 내면서 훌륭한 정치 활동을 기원했다. 유명 변호사였던 마이너는 오바마가 첫 상원의원 선거에 나서고, 2000년 연방 하원의원 선거, 2004년 연방 상원의원 선거에 출마할 때 오바마의 정치자금 모금 조직책을 맡아 각종 행사를 조직하고 유명인사들을 오바마의 편으로 끌어들이는 한편 정치자금 모집에서도 혁혁한 성과를 보여줬다. 이 같은 경제적 지원은 이후 그가 정의롭고 올곧은 정치 활동을 펴나가는 데 큰 힘이 됐다.

영원한 동반자, 아내 미셸과 사랑스런 두 딸 말리아와 사샤

'검은 케네디'로 불리는 오바마는 하버드대 로스쿨 시절 시카고에 있는 법률회사에 연수를 나갔다가 '검은 재클린'으로 불리는 아내 미셸 로빈슨을 처음 만났다. 미셸은 흑인 노동자 가정에서 태어나 프린스턴 대학과 하버드대 로스쿨을 나온 재원 중의 재원이었다. 프린스턴대학에서 사회학을 전공하며 인종문제를 연구했던 미셸은 1981년 전체 신입생 1100명 중 흑인은 94명밖에 되지 않았던 프린스턴대 입학 당시 잊을 수 없는 흑백 차별을 경험했다. 과거 인종차별이 심했던 남부 지역인 루이지애나주 뉴올리언스 출신 백인 신입생이 룸메이트였는데, 이 학생의 어머니가 몇 개월간 대학본부에 딸의 룸메이트를 백인으로

1 오바마와 미셸의 결혼식
2 미셸과 사랑하는 두 딸 말리아와 사샤.
3 대선 유세 과정에서 가족과 함께 청중들의 환호에 화답하고
  있는 오바마.

바꿔 달라고 탄원했던 것이다. 당시 미셸은 반드시 성공해 이 같은 인종차별 문제를 개선하겠다고 다짐했다.

시카고의 흑인 빈민가로 유명한 '사우스 사이드' 출신인 미셸은 부모와 두 살 위 오빠와 함께 방 두 칸짜리 방갈로 2층에서 살았던 어려운 가정형편에서 하버드대 로스쿨에 진학할 정도로 대단한 집념과 끈기를 가지고 있었다. 시카고 수도국에서 펌프 작동 관련 일을 했던 아버지 프레이저 로빈슨은 민주당의 지역 책임자였으며, 슈피겔 사의 비서였던 어머니 매리언은 학습지를 구해와 아이들을 가르쳤던 머리가 깨인 부모였다.

미셸은 1988년 하버드대 로스쿨을 졸업한 뒤 로펌인 시들리 오스틴에 취직했다. 그곳에서 여름철 합동변호사로 고용돼 일하던 미래의 남편 오바마를 만났던 것이다. 이 로펌에는 흑인 변호사가 두 명뿐이었는데 미셸은 변호사 업무를 익히는 조수 오바마의 멘터 역할을 했다. 미셸을 처음 본 오바마는 그대로 자신의 운명을 결정짓고 말았다. 오바마는 미셸의 아버지 장례식장을 찾았다가, 아버지의 죽음에 오열하는 미셸을 보고 그녀를 꼭 지켜 주겠다고 다짐하며 그녀의 수호천사를 자임했다. 미셸은 오바마가 자신의 출세나 안위를 돌보지 않고 빈민과 지역봉사 활동을 하는 것에 감명받아 오바마의 구애를 받아들였다. 그들이 처음으로 함께 본 영화는 흑인 영화감독 스파이크 리의 〈네 멋대로 해라〉였는데, 이들은 사랑을 키운 끝에 1992년 10월 마침내 결혼식을 올렸다.

미셸은 젊은이들을 훈련시켜 공공기관에 취업시키는 것을 주목적으로 하는 '퍼블릭 앨라이스'라는 훈련 프로그램의 시카고 지부를 출범시켰다. 이후 시카고 시장 자문관 등을 거쳐 시카고대학 의료센터에서 지역업무담당 책임자로 근무했다.

한번은 병원 고위 인사들이 어린이 병동 기공식을 하기 위해 모여들었을 때 흑인들이 확성기를 틀어놓고 일감을 더 많이 달라며 시위를 벌이는 사건이 일어났다. 이때 미셸이 나서서 시위대에 확성기를 끄도록 하고 면담을 제안했다. 미셸은 계약 시스템을 바꾸고 여성과 소수민족들이 운영하는 기업체에 일감을 더 많이 주도록 했다. 그후 시카고대학 병원 대외협력 부원장직을 맡아 일하다가 오바마가 대선에 출마하자 유세 지원을 위해 그만두었다.

미셸은 2005년 〈에센스 매거진〉에 의해 '세계에서 가장 영감 있는 여성 25명'에 선정되는가 하면, 2006년 〈배너티 페어〉에서 '세계에서 가장 옷을 잘 입는 여성 10명'에 선정되기도 했다. 또 매거진 〈02138〉(하버드대학 우편번호)은 그녀를 '가장 영향력 있는 하버드 동문 100인' 가운데 58위에 올려놓았다. 오바마는 4위였다. 미셸의 오빠 역시 프린스턴대학 출신으로, 현재 오리건주립대학의 농구팀 수석코치인 크레이그 로빈슨이다.

미셸은 이번 대선에서 오바마를 지원하는 각종 유세에서 강한 여성의 면모를 과시했으며, 선거 초반 보수와 진보를 오가는 오바마의 정체성에 대해 비판하는 흑인들의 지지표 몰이에 막대한 영향을 미쳤다. 지난 8월 덴버에서 열린 민주당 전당대회 첫날 밤 연사로 등장한 미셸은 어려운 시카고 가정에서 태어나 '아메리칸 드림'을 키워 온 자신과 오바마의 인생을 담담하게 소개함으로써 중산층과 저소득층의 마음을 얻었을 뿐만 아니라, 애국심과 가족의 가치를 강조해 백악관의 퍼스트레이디에 걸맞은 철학과 덕목을 보여줬다는 평가를 받았다.

하지만 지난 2월 남편이 민주당 대선후보 경선에서 승승장구하고 있을 때 "성인이 되고 나서 처음으로 미국에 자부심을 느꼈다"고 말했다가 구설수에 오르는가 하면, 6월 초에 오바마가 경선 승리를 선언하던 무대에서 주먹을 마주치는 '피스트 범프(fist bump)'를 했다가 이슬람 과격분자들의 인사법을 했다는 논란에 휩싸이기도 했다.

그러나 미셸은 왕성하게 활동하는 커리어 우먼으로, 대선후보 남편을 뒷바라지하는 아내로, 두 딸의 어머니로 일인다역을 유감없이 소화해 내면서 힐러리 못지않은 활동력 있는 퍼스트레이디가 될 것으로 전망되고 있다. 미셸이 담배를 제대로 끊지 못하는 오바마에게 대통령 선거에 나가는 것에 동의하는 조건으로 금연 요구를 관철시킨 사실이 알려지면서 이들 부부의 신뢰와 사랑에 미국인들은 호감을 보내고 있다.

이들 부부의 최고 보물은 두 딸 말리아(10)와 사샤(7)다. 미셸은 오바마 캠프의 요구로 선거전의 전면에 나섰으나, 유세를 위해 외박하는 것을 1주일에 이틀로 제한했다. 두 딸의 교육 때문으로, 오바마 부부는 이처럼 아이들의 교육에 신경을 많이 쓰고 있다. 그러나 대선 후반부에 각 지역 방문으로 유세 일정이 길어지자 나중에는 아예 두 딸과 동행했다.

젊은 날의 방황과 고뇌 기록한 『내 아버지로부터의 꿈』

34세가 된 1995년 오바마는 자신의 정체성과 뿌리를 찾아가는 과정을 쓴 자서전 『내 아버지로부터의 꿈』을 출간했다. 옥시덴탈대학, 컬럼비아대학, 하버드대 로스쿨 등 학창 시절 유려한 문장과 감수성 풍부한 문체로 관심을 모았던 문학청년 오바마의 진솔하고 당당한 성품이 잘 녹아 있다는 평가를 받은 이 책은 〈뉴욕타임스〉 베스트셀러 1위에 올랐을 정도로 많은 판매 부수를 기록했다.

'정치인' 오바마 이전의 '인간' 오바마에 대한 가장 진솔하고도 감동적인 기록이라는 평가를 받은 이 책은 위선과 거짓, 비방과 폄훼가 난무하는 워싱턴 정가에 신선한 충격을 던졌다. 정체성의 혼돈을 겪으며 긴 세월 흑백의 세계 그 어디에도 속할 수 없었던 한 '이방인'의 오래된 상처의 치유 과정을 담고 있을 뿐만 아니라 자기 자신과 세상, 그리고 생에 대한 뜨거운 열정과 신념을 회복해 가는 한 인간의 솔직한 이야기라는 평가도 받았다.

조지 매클라우드 영스타운주립대 부총장은 〈뉴욕타임스〉와의 인터뷰에서 "오바마는 시적 감수성을 정치적 언어로 표현하는 능력을 갖고 있다. 미국에서는 1960년대 흑인 인권운동 지도자인 마틴 루터 킹 목사 이후 이런 능력을 갖춘 정치가가 없었다. 그의 연설은 개신교 부흥회같이 청중을 열광시키는 힘이 있다"고 극찬했다.

이 해에 어머니 던햄은 난소암으로 52세를 일기로 세상을 떠났다. 어머니의 사망은 오바마에게 깊은 슬픔을 안겨 줬다. 세상의 모진 냉대와 차별 속에서 방황하던 청소년기를 겪고 시카고 빈민 지역에서 공동체 조직 활동을 하던 아들 오바마를 항상 격려해 주고 자신감을 불어넣어 줬던 어머니는 오바마가 유일하게 기댈 수 있었던 세상의 안식처였기 때문이다. 특히 일이 바빴던 탓에 어머니의 마지막 순간을 함께 하지 못한 것은 두고두고 그를 괴롭혔다.

오바마는 가장 소중하게 간직하고 있는 어머니의 유물이 무엇이냐는 질문에 "어머니의 유해가 뿌려진 하와이 오하우 남쪽 해변의 절벽이 담겨 있는 사진"이라고 답해, 어머니에 대한 깊은 사랑과 추억을 드러냈다.

일리노이주 상원의원으로 정계에 첫발 내딛다

오바마는 35세인 1996년 일리노이주 상원의원에 당선됐다. 이어 37세인 1998년 재선되었으며, 2002년 3선에 성공했다. 정치권 입문은 쉽지 않았다. 교육·시민운동가 출신의 여성 정치인 앨리스 파머가 자신의 후계자로 오바마를 지명했다가 이를 번복하는 바람에 위기를 맞았던 것이다. 그러나 결국 파머를 비롯한 민주당의 다른 후보들과 치열한 갈등을 겪는 우여곡절 끝에 당선됐다.

오바마는 정치권에 진입한 후 보수와 진보를 모두 품어 안는 탁월한 정치력으로 민주당과 공화당 의원들이 모두 좋아하는 대중 정치인이 됐다. 그는 공화당 의원들을 설득해 처음 2년 동안 56개 법안을 상정하

1 2 오바마는 1996년 일리노이주 상원의원에 당선돼 정계에 첫발을 내디뎠다. 그후 3선에 성공했다.
3 당구 치는 오바마. 동료 의원들과 어울리기 위해 이 무렵 골프와 승마도 배웠다.
4 2004년 연방 상원의원에 당선돼 떠날 때의 모습.

거나 제안했고, 그중 14개가 법률로 제정되는 등 성실한 의정 활동으로 인해 차세대 정치인으로 주목받았다.

2000년 연방 하원선거 당내 경선에 도전했다가 참패한 오바마는 이후 당내 유력 정치인들의 신뢰를 한 몸에 받으며 백인 보수층이 많이 사는 주 남부를 돌아다니며 정치적 지지기반을 넓혔다. 이 과정에서 순진한 청년이었던 오바마는 골프와 승마를 하는 등 동료 의원들과 어울리는 법도 배우고, 시민들을 직접 찾아다니며 '다인종 협력망 구축' 등 정치인으로서 갖춰야 할 기본 행동을 하나씩 배워 나갔다.

그 뒤로도 많은 법률안을 성공시키면서 연방의회 선거운동을 도와주게 되는 노조연합 등 민주당 성향 유권자들의 지지를 끌어낼 수 있었다. 이는 그가 이룬 정치적 성공의 든든한 배경이 됐다. 또한 상임위원회인 보건·인간서비스위원회 위원장을 맡아 적극적인 활동을 펼쳐, 연방 상원의원이 될 수 있는 대표적 정치인으로 발판을 구축하며 장래를 기약하게 됐다.

2004년 민주당 전당대회
찬조 연설로 차세대 정치인으로 부상

1996년 일리노이주 상원의원에 당선되면서 정치에 본격적으로 발을 내디딘 오바마는 2004년 여름 보스턴에서 열린 민주당 전당대회에서 존 케리 민주당 대선후보 지지 연설로 일약 미국을 대표하는 차세대 정치인으로 급부상했다. 불과 8년 전인 2000년 민주당 전당대회에 참석할 때만 해도 전당대회를 가까이에서 지켜볼 수 있는 플로어 티켓을 구하지 못해 홀 방청석에서 TV를 통해 대회를 지켜봐야 했고, 전당대회 참관을 마치고 시카고로 돌아가려 할 때 신용카드 잔고가 다 떨어져 고생했다는 일화에서 보듯 당시 그는 지방에서 올라온 촌뜨기 초보 정치인에 불과했다.

그러나 오바마는 2004년 전당대회에서 '미국인은 모두 하나'라는 17분짜리 기조연설을 통해 전국적인 지명도와 함께 민주당의 미래를 책임질 차세대 정치인으로 떠올랐다.

그는 기조연설에서 "이 나라의 가능성에 대해 굳은 신념을 가졌던 내 부모님은 나에게 '신의 은총'이란 뜻의 버락이라는 아프리카식 이름을 지어 주었습니다. 그것은 관대한 나라 미국에서 이름은 성공에 아무런 방해가 되지 않는다는 믿음 때문이었습니다. 부모님은 부유하지 않았지만 내가 좋은 학교에 갈 수 있다고 생각했습니다. 관대한 나라 미국에서는 꼭 부유하지 않아도 잠재력을 꽃피울 수 있다고 여겼기 때문입니다. 부모님은 모두 돌아가셨지만 오늘밤 하늘나라에서 나를 자랑스럽게 지켜보고 있다는 것을 알고 있습니다. 나는 오늘 내가 물려받은 다양성에 대해 감사하고, 내 부모님의 꿈이 내 귀여운 두 딸에게도 이어지고 있다고 생각하며 여기 서 있습니다. 내가 살아온 이야기는 미국이라는 나라가 품고 있는 거대한 이야기의 일부이고, 내가 먼저 살았던 이들에게 빚을 지고 있으며, 내 이야기는 미국이 아니고서는 지구상 어디에서도 불가능하다는 것을 알고 있습니다. 오늘밤 우리는 우리나라의 위대함을 확인하기 위해 여기 모였습니다. 미국은 마천루의 웅장함이나 군사력, 경제규모 때문에 위대한 것이 아닙니다.

200년 전 독립선언문에 나온 대단히 간단한 말은 우리가 가진 자긍심의 기초입니다. 우리는 다음과 같은 것을 자명한 진리라고 생각합니다. 모든 사람은 평등하게 태어났고, 조물주는 몇 개의 양도할 수 없는 권리를 부여했으며, 그 권리 중에는 생명과 자유와 행복의 추구가 있습니다. 이것은 진정한 미국의 정신입니다. 흑인의 미국도, 백인의 미국도, 라틴계의 미국도, 아시아계의 미국도 없습니다. 미국은 오직 미국일 뿐입니다"라고 사자후를 토하며, 분열된 미국의 상처를 치유하고 단합된 모습으로 변화와 희망을 찾자고 역설했다.

오바마는 이 연설을 통해 존 F. 케네디 대통령을 연상시키고 마틴 루터 킹 목사의 분위기를 자아내며, 에이브러햄 링컨 대통령의 젊은 날을 떠올리게 한다는 평가를 받았다. 〈타임〉지는 "전당대회 역사상 최고의 연설 중 하나"라고 극찬하면서 스타의 출현을 환영했다.

당시 연단의 존 케리 후보 옆에 앉아 4년 후 대통령이 돼 백악관에서 어떤 정책을 펼지를 놓고 단꿈을 꾸고 있던 힐러리 클린턴 상원의원으로서는 상상할 수 없는 일이 벌어지고 있었던 것이다. 공화당원들은 오바마가 경험이 부족하기 때문에 케네디 대통령보다는 유약한 이미지의 지미 카터 대통령을 더 생각나게 한다고 헐뜯지만, 오바마는 그런 네거티브 성격의 중상모략을 모두 넘어서며 어쩌면 링컨과 케네디 대통령, 그리고 킹 목사를 넘어서는 리더십을 보일 수 있을 것이라는 기대감까지 주고 있다.

2004년 대선에서 패배했던 케리 상원의원은 "오바마는 소통할 수 있는 능력을 가지고 있는 출중한 정치인"이라며 "내가 문을 열어 주었을 수는 있지만 그 문을 통해 걸어나와 무거운 문을 열어젖힌 것은 오바마 자신이었다"고 말했다. 케리는 당시 지역 유세를 하던 중 찬조 연설을 한 오바마의 모습에 감탄해 대선후보 수락 전당대회 때 보조 연설을 부탁했던 것이다. 아무런 연고와 경험 없이 연설에 나서기로 했던 오바마는 고심에 고심을 거듭하며 연설문을 다듬었다. 최고의 정치참모로 시카고 초년병 정치인 시절부터 함께 해온 데이비드 액셀로드의 격려 속에 밤을 새며 연설문을 다듬었던 오바마의 정치 인생은 불과 4년 만에 세상을 뒤바꾸는 태풍으로 변했다.

경선에서 힐러리 꺾고 민주당 대선후보가 되다

오바마는 한파가 몰아치던 2007년 2월 10일 일리노이 스프링필드에 있는 일리노이주의 옛 주정부 청사 앞 광장에서 "우리 세대가 이제 시대적 소명에 답할 때"라는 화두를 던지며 대권 출사표를 던졌다.

그는 대선 후보 출마 선언 장소로 16대 대통령 에이브러햄 링컨이 지난 1858년 "내부가 갈라진 집은 서 있지 못한다"는 명연설로 흑인 노예해방의 정치투쟁을 시작했던 장소를 택했다. 이 같은 장소 선택에는 그가 부여한 상징적 의미가 있었다.

미국에서 아직도 흑인의 처지는 열악하기 그지없다. 2004년 11월 그가 흑인으로는 미국에서 세 번째 연방 상원의원이 됐고 현재 유일한 흑인 상원의원이라는 점을 생각하면, 오바마가 현재까지 이룬 정치적 성공이 미국 역사에서 얼마나 놀라운 성취인지를 금세 깨달을 수 있

사상 첫 흑인 대통령이 된 오바마와 조지프 바이든 부통령 당선자.

다. 이 같은 사회적·경제적 차별, 그리고 정치적 차별 속에 인종차별이라는 극단적 분열주의가 지배하고 있는 미국 정치와 역사의 부정적인 측면을 종식시키고 자신이 새 역사의 주인공이 되겠다는 강한 각오와 집념으로 그는 무장하고 있었던 것이다. 오바마는 이 장소에서 2008년 8월 민주당 전당대회를 앞두고 러닝메이트인 부통령 후보로 지명한 조지프 바이든 상원의원과 함께 처음으로 합동유세를 벌이면서 흑과 백의 조화, 청년과 장년의 조화를 통한 새 역사의 시작을 알렸다.

이후 오바마의 기세는 그야말로 파죽지세였다. 올해 1월 처음으로 시작된 대선후보 경선인 아이오와 코커스(당원대회)에서 최대 경쟁자였던 힐러리 클린턴 상원의원을 꺾고 세계를 놀라게 한 뒤, 슈퍼화요일과 미니 슈퍼화요일 경선에서도 결정적인 승리를 거두면서 미국 최초의 흑인 대선후보 탄생과 대통령 탄생을 일찌감치 예고했다. 매번 세계를 놀라게 한 승리, 그의 유세장에서 벌어지곤 하던 축제, 유권자들의 눈시울을 적시곤 하는 감동적인 연설, 인터넷을 통해 쇄도하는 소액 정치자금은 오바마라는 이름을 경이로운 존재로 만들곤 했다.

오바마는 2008년 6월 3일 몬태나와 사우스다코타 주를 끝으로 막을 내린 5개월간의 경선 레이스에서 승리하고 상대 후보였던 힐러리의 축하 속에 사상 첫 흑인 대통령 도전권을 자력으로 획득했다. 오바마는 이어 8월 27일 콜로라도주 덴버 펩시센터에서 열린 민주당 전당대회에서 힐러리의 제안으로 대선후보로 공식 지명됐고, 미국은 사상 첫 흑인 대통령 후보에 환호하며 미국의 성공에 대한 기대감을 높였다.

오바마는 8월 27일 민주당의 대선후보로 선출됐고, 이후 여론조사에서 매케인에게 한 차례 역전을 허용한 뒤 시종 두 자릿수 차로 앞서는 일방적인 경주를 펼친 끝에 11월 4일 대선에서 흑백 대결 끝에 첫 흑인 대통령에 올랐다.

오바마는 세 차례에 걸쳐 열린 TV 토론에서 모두 완승했다. 그는 9월 26일 미시시피주 미시시피대학에서 열린 1차 TV 토론에서 매케인의 이라크 전쟁 찬성과 금융위기 등 경제난에 대한 대처 부족을 지적하며 승리했다. 이어 10월 7일 테네시주 내슈빌 벨몬트대학에서 열린 2차 TV 토론에서는 경제와 안보 문제에서 대안을 제시하며 토론의 달인다운 면모를 보였다는 평가를 받았다. 그리고 마지막으로 10월 15일 뉴욕주 헴스테드 호프스트라대에서 열린 3차 TV 토론에서 경제위기의 진단과 해법, 리더십, 네거티브 선거운동 문제 등에서 매케인을 시종 압도하며 세 차례의 토론을 모두 승리로 이끌었다.

오바마는 11월 4일 미국 전역에서 실시된 대통령 선거에서 매케인 후보를 누르고 마침내 승리해 사상 첫 흑인 대통령이 됐고, 민주당은 8년 동안 공화당에게 내주었던 집권 여당 자리를 되찾았다. 오바마는 2008년 대선 승리로 일리노이에서 활동한 정치인으로는 에이브러햄 링컨 이후 두 번째 대통령이 됐다. 일리노이 태생의 대통령으로 로널드 레이건이 있지만, 레이건은 캘리포니아에서 주지사를 역임했다. 그는 또 초선 연방 상원의원으로 1920년 워런 하딩 전 대통령 이후 두 번째로 대선 후보가 된 기록도 세웠다.

오바마는 선거자금 모금 기록에서도 150만 명이 넘는 기부자로부터 선거자금을 받아 최초로 기부자 100만 명 돌파 기록을 작성했다. 오바마는 이 같은 최초의 삶과 도전을 통해 노예의 슬픈 역사를 가진 아프리카계 미국인인 흑인들을 내리누르는 거대한 유리 천장을 단번에 허물면서 미국의 역사를 새로 써나갔다.

1년여의 열전 끝에 11월 4일 열린 대선에서 승리한 버락 오바마 민주당 후보는 2009년 1월 미국의 44대 대통령에 취임해 첫 흑인 대통령으로 미국의 새 역사를 시작하게 된다.

극단적인 보수정치를 해온 부시 행정부의 퇴장과 '진보와 통합', '변
적 보수주의 시대의 종언과 함께 진보진영이 새 정치를 펴는 신진보주의 시대로
특히 와스프(WASP : White Anglo-Saxon Protestant, 백인앵글로색슨신교도)가 지배하면서 일!
미국의 정치 지형에서 흑인을 비롯한 소수인종과 주요 정책 과정에서 배제됐던

오바마의 정치철학

'희망'을 내건 오바마의 승리는 그동안 미국 정치를 지배하던 대중

의미한다는 점에서 세계사적 변화를 이끌 중대한 전환점이 될 가능성이 크다. 그동안 백인,

적 외교정책과 감세와 규제완화 등 신보수주의에 의해 주도되던 유일강국

들이 자기 목소리를 내면서 함께 나누는 시대정신으로의

거센 변화가 몰아치고 있는 것이다.

오바마의 정치철학 7가지

...극단적인 보수정치를 해온 부시 행정부의 퇴장과 '진보와 통합', '변화와 희망'을 내건 오바마의 승리는 그동안 미국 정치를 지배하던 대중적 보수주의 시대의 종언과 함께 진보진영이 새 정치를 펴는 신진보주의 시대로의 이행을 의미한다는 점에서 세계사적 변화를 이끌 중대한 전환점이 될 가능성이 크다. 그동안 백인, 특히 와스프(WASP : White Anglo-Saxon Protestant, 백인앵글로색슨신교도)가 지배하면서 일방주의적 외교정책과 감세와 규제완화 등 신보수주의에 의해 주도되던 유일강국 미국의 정치 지형에서 흑인을 비롯한 소수인종과 주요 정책 과정에서 배제됐던 마이너리티들이 자기 목소리를 내면서 함께 나누는 시대정신으로의 거센 변화가 몰아치고 있는 것이다.

부시 행정부 아래 미국 사회의 민주당과 진보진영은 극단적인 위축기를 통해 또 다른 도약을 준비해 왔다. 그 기본 방침은 개방적이고 장기적인 시야와 근본적 혁신의 자세를 가진 새로운 패러다임으로의 변화를 의미한다. 그동안 민주당을 포함한 진보진영은 9·11 테러 사건과 이라크 전쟁 등 현안에 대해 적극 대처하지 못한 채 방관자적 자세를 보여 왔으나, 워싱턴 정치 특유의 협소한 당파성에 물든 관행, 중산층 삶의 질 악화에 대한 무관심 등으로 인해 받아오던 비판을 오바마라는 새 정치인을 통한 혁명적 변화를 향해 큰 걸음을 내디딘 것이다.

오바마를 둘러싼 역사적 사건의 의미를 담은 신조어들이 쏟아지고 있는 것도 그 같은 변화를 반영한 것이다. 오바마 당선 이후 전 세계 지지자들의 환희를 압축한 '오바마포리아(obamaphoria)'는 오바마의 이름에 '도취감, 행복감'을 뜻하는 영어 단어 '유포리아(euphoria)'를 합성한 것이다. 유토피아(utopia)를 섞어 '오바마가 열어갈 미래'를 뜻하는 '오바마토피아(obamatopia)'나, 오바마의 스타성을 강조한 '버락스타(barackstar)', 즐거울 때 쓰는 감탄사인 '오-바마(oh-bama)', 할렐루야와 결합해 오바마의 팬들이 외칠 때 사용하는 '오바마루야(obamalujah)', 잘생긴 외모의 소유자에게 붙이는 '오바마리시우스(obamalicious)', 오바메리카(obamerica : 오바마와 미국을 합성) 등도 최근 생겨난 신조어로 세계를 놀라게 한 오바마 현상을 대변하고 있다.

물론 그를 비꼬는 신조어들도 생겨났다. 기독교인과 보수층의 오바마에 대한 혐오(abomination)를 의미하는 '오바마네이션(obamanation)', 아널드 슈워제네거 캘리포니아 주지사가 선거 유세 과정에서 오바마의 깡마른 팔다리를 '터미네이터(terminator)'라고 비꼬아 썼던 조어 '오바마네이터(obamanator)'는 이념과 가치로 분열된 미국의 현재 모습을 상징하고 있다.

하지만 오바마의 메시지는 미국민들이 이야기한 애국주의와 같은 담론에 무관심하고 극단적인 당파성만을 보였던 일부 진보진영 인사들의 발언과 다르며, 또 다른 국제사회 세력이나 세계사적 변환에는 무관심한 채 인종주의적 양상까지 보이는 극단적 애국주의로만 뭉친 보수진영 인사들의 발언과도 확연히 구별된다. 오바마가 주장하는 애국심과 국가주의는 미국의 잘못된 과거 역사에 대해 비판적이면서 '건국의 아버지들'이 제창했던 미국의 이상과 미래 약속에 근거한 애국주의다.

이는 미국의 민주 헌법이 가지는 원칙에 대한 자긍심에서 나오는 애국심이라는 점에서 보수세력의 '닫힌 자세'와 달리 국제사회나 다른 정치세력들에 대해 '열린 자세'로 대화에 나선다. 특히 오바마는 아시아와 아프리카 부친을 둔 자신의 이력을 통해 입증하듯 미국의 과거의 불완전함을 인식하면서도 이를 긍정하고, 미국의 삶과 이상을 공유하는 시민들을 사랑하는 '공화주의적 애국주의'라는 점에서 그의 인식은 미국에 머물지 않고 국제주의자이자 세계인과 교류하고 호흡할 수 있는 힘을 갖고 있다는 평가를 할 만하다.

그러나 그가 후보로 대두하고 승리를 따내는 과정에서 무수한 인터넷 지지자를 통한 정치자금 모금과 풀뿌리 시민단체들의 지지를 획득해 나가는 모습은 중산층과 서민들의 삶의 기반이 고스란히 해체되고 있는 미국과 한국 자본주의의 문제점을 적나라하게 보여준다고 할 수 있다. 유태 금융자본과 기존 보수정치 세력이 결합한 월가 금융 파워나 여의도 증권가와 강남을 배경으로 한 대기업과 졸부, 재벌의 왜곡된 자본주의는 민주주의를 열망하는 많은 이들의 열망에도 불구하고 철옹성 같은 기득권 세력의 막강한 자본의 힘이 여전하다는 것을 거듭 증명했기 때문이다.

그 해결 과정에서 오바마가 희망과 변화가 아닌 절망과 현실에 대한 안주에 그칠 수밖에 없도록 하려는 무수한 압력과 기득권 세력의 방어 노력이 치열하게 펼쳐질 것이다. 그런 면에서 오바마의 정치철학이 현실에서 힘을 얻고 실현되기 위해서는 무수한 변화와 시련을 불굴의 의지로 극복하고, 스스로가 정한 '변화와 희망', '담대한 희망'을 실현하기 위한 치밀한 전략과 용기가 있어야만 할 것이다.

오바마의 정치 이력은 50도 채 되지 않은 그의 나이와 중앙정치 무대에서 불과 4년밖에 활동하지 않은 것에서 알 수 있듯이 매우 짧다. 그러나 그는 이 짧은 기간에 다양한 정치철학을 배우고 해석하고, 미국의 이익과 다양한 민주주의의 가치를 동시에 실현하기 위해 노력해 왔다. 이는 그가 서명한 법안과 그가 처리하기 위해 노력했던 법안들의 성격 및 다양한 장소에서 나온 그의 발언들을 보면 명확하다.

오바마의 변화와 희망을 추구하는 일관된 삶은 ■ 저소득층과 소수 인종을 배려하는 따뜻한 정치철학 ■ 미국 사회를 뒤흔든 오바마발 메시지-희망 가득한 세상으로의 변화 ■ 적과도 협상하는 '타협의 정신' ■ 균형감 있는 애국주의와 사회 분열을 치유하는 정치 ■ 동맹국과의 협조를 통한 전 지구적 문제 대응 ■ 흑인의 아픈 역사를 긍정적인 힘으로 승화시키는 저력 ■ 기독교 근본주의와는 거리를 두지만 가족 가치 등에서는 보수적인 성향 등으로 나타난다.

그는 이를 통해 민주당과 공화당, 진보와 보수로 갈라진 미국의 상처를 치유하고 통합의 정치를 실현하겠다는 의욕을 보이고 있다.

시민운동가로 활동하며 풀뿌리 민주주의 현장에서 어려운 이들의 대변자 역할을 하면서 자연스럽게 몸에 밴 건강하고 따뜻한 시선이 정치권에 들어선 뒤에도 권위주의적이거나 배타적으로 변하지 않고 살아 있음을 입증하고 있다. 미국인들은 '건국의 아버지들'이 설파한 그런 철학을 정서와 논리로 함께 보여주고 있는 오바마에 주목하면서, 1776년 건국 이후 232년 만에 처음 배출된 흑인 대통령 오바마가 설파한 대로 변화와 희망으로 미국의 새로운 역사를 열어 주길 기대하고 있다.

정치철학 1
저소득층과 소수인종을 배려하는 따뜻한 정치철학

오바마가 자신의 정치철학에서 가장 중시하는 것은 사회에서 소외된 이들을 위한 활동으로, 그 속에는 관용과 배려의 시선이 따뜻하게 녹아 있다. 이는 오바마가 변호사와 정치인으로 활동한 기간 내내 관통하는 관심과 비전이다. 그는 시민단체 활동과 변호사 시절을 통해 이같은 철학을 실천해 온 데 이어 진보진영인 민주당의 정치인이 됐고, 세 번의 주 상원의원과 한 번의 연방 상원의원 활동을 통해 이를 구체적으로 실천하기 위해 노력해 왔다.

오바마는 변호사 시절 흑인이나 이민자 등 소외된 이들의 권리를 보장하고 보호하는 데 힘을 기울였다. 사립 연구소의 비리를 폭로한 내

부고발자를 위해 장문의 호소문을 직접 작성했는가 하면, 1990년 인구조사 후 새롭게 편성된 선거구가 불공평하다며 제소한 시카고 시의원을 대신해 고소한 변호인 그룹에 속해 변호에 나섰다. 또한 항소심 재판에서 새로 개편된 지도가 투표권을 위반했다는 판결을 받아내면서 선거구를 개편하는 결과를 이끌어내기도 했다. 그런가 하면 일리노이 주 상원의원으로 활동하면서 저소득층 노동자들의 조세 부담을 줄여주고 복지를 향상시키는 내용의 법안을 비롯해 정치윤리 개혁에 초점을 맞춘 입법 활동을 했다. 그 덕분에 세 차례나 주 상원의원을 지냈을 정도로 유권자들로부터 열띤 호응을 얻었다.

오바마는 주 상원의원이 된 뒤 대기업을 중심으로 한 공화당의 감세법안에 저소득층 가정의 감세를 포함시키도록 공화당 의원들을 설득해 마침내 수정하는 데 성공하기도 했다. 또 선거자금 개혁법안을 통해 과도한 선거자금을 줄이는 데 기여했으며, 조기 교육 프로그램 확장 법안을 통과시켰고, 고리대금업자들이 저소득층 주택 소유자들에게 지나치게 높은 주택 담보 이자율을 부과하지 못하도록 하는 안을 통과시켜 지역구의 정치와 시민사회계의 주목을 받았다.

오바마는 〈하퍼스〉와의 인터뷰에서 "법안을 통과시키는 데 대부분 공화당원들과 힘을 합쳐 해냈다"고 밝히며, 저소득층이나 서민들의 삶에 도움이 되는 정책들을 입안하고 법안으로 통과시킨 일을 매우 자랑스러워했다. 오바마가 대통령이 됨에 따라 그동안 공화당 정권에서 소외돼 온 중산층 이하 서민, 흑인, 히스패닉과 아시안 등 이민자들이 주류 사회에 진입하는 일이 늘어나면서 더불어 함께 살아가는 사회 분위기가 확산될 전망이다.

그는 특히 다인종 사회인 미국 사회가 안고 있는 심각한 인종차별 문제에 대해 깊이 고민해 왔다. 높은 범죄율과 사생아 출산율이 보여 주듯, 오랜 세월에 걸친 노예 생활과 굴욕의 경험이 흑인들의 정신과 문화를 피폐하게 만들었지만 흑인 스스로 떨치고 일어나 올바른 가정 문화를 일구어 내야 하며, 정치와 제도는 이를 위한 적극적인 지원과 보조에 나서야 한다는 것이 그의 시각이다.

특정 인종에게 보상을 해주기보다 저소득층 지원, 일자리 확보, 사회안전망 확충, 교육 투자 등 약자를 지원하는 일반적인 정책들이 실질적인 도움을 주고 인종 간 갈등을 줄일 수 있다고 지적하는 그에게서 우리는 따뜻한 관용과 절제된 배려의 철학을 느낄 수 있다.

이민 문제에 대해서는 원칙적으로 미국 시민으로 받아들여야 한다는 입장이지만, 미국 노동자의 보호, 국경의 수호라는 측면에서 신중하게 접근하고 있다. 우리는 그런 그에게서 현실 정치인이 가질 수밖에 없는 고민과 현실 정치와의 타협도 읽어낼 수 있다.

가족에 대한 그의 시각에서도 마찬가지로 따뜻한 관용과 배려의 가치가 두드러진다. 오바마는 비전통적인 가족 형태를 인정하긴 하지만, 전통적인 핵가족 형태가 사회 안정에 기여하는 만큼 세제상으로나 제도상으로 이를 지원해야 한다고 주장한다.

그는 여성들이 가정으로 돌아가야 한다고 이야기하는 보수주의자들의 주장에 맞서 미국 노동자들의 실질 임금이 계속 감소해 온 상황을 볼 때 그것은 불가능하며, 맞벌이 부부를 지원하기 위해 다른 선진국에 비해 취약하기 짝이 없는 보육 시스템을 확충하고, 직장 내에서도 여러 지원 체계를 마련해야 한다고 강조한다.

이 과정에서 자신도 맞벌이 부부로서 힘겹게 가정을 지탱해 왔고, 남성 중심 사회에서 부인 미셸의 희생에 힘입어 자녀를 제대로 양육할 수 있었음을 고백하며, 당면한 모든 문제를 정부가 해결할 수는 없다는 점에서 약간의 우선순위 조정을 통해 모든 어린이가 인생을 개척해 나가도록 뒷받침하고 국가적으로 당면한 여러 난제에 대처할 수 있을 것이라는 의견을 피력했다.

오바마는 사람들이 자기 직업이나 사업, 학교 문제, 또 부시에 분노하고 민주당에 분개하는 이야기들을 주의 깊게 들었다면서, 대부분의 사람들은 자신의 일이나 자녀 문제에 너무 골몰한 나머지 정치에 별로 관심이 없는 데 반해 폐쇄된 공장이나 승진, 비싼 난방비, 요양소에 있는 부모님처럼 눈에 보이는 가까운 일이나 문제에 관심이 많다며 그들의 생각을 정책에 적극 반영하겠다는 입장을 밝혔다.

또 일하려고 하는 사람이라면 누구나 생계를 꾸려갈 만한 급여를 지급하는 일자리를 찾을 수 있어야 하며, 병이 들었다고 해서 파산하는 일이 있어서는 안 되고, 모든 어린이가 진정한 의미에서 충실한 교육을 받아야 하며, 부모가 넉넉지 않더라도 자녀가 대학 교육까지 받을 수 있어야 한다고 말했다. 아울러 범죄와 테러의 피해를 입지 않고 맑은 공기와 물을 마시며, 자녀와 함께 시간을 보내길 원하는 사람들의 바람이 충족될 수 있도록 그 해법을 깊이 고민하고 있다고 말했다.

오바마는 대체로 자신이 밝힌 정부의 우선순위 조정을 통한 당면 해결책 마련에 대해 사람들이 고개를 끄덕이며 참여할 수 있는 방법에 대해 묻곤 했으며, 이런 만남을 마친 후 자동차 뒷좌석에서 지도를 펴 들고 다음 행선지로 향할 때면 내가 무엇 때문에 정치활동에 뛰어들었는지를 다시 한 번 되새긴다고 말했다. 그런 순간이야말로 오바마는 자신의 인생에서 그 어느 때보다도 열심히 뛰고 있다는 느낌이 든다고 『담대한 희망』을 통해 고백했다.

정치철학 2 미국 사회를 뒤흔든 오바마발 메시지
─희망 가득한 세상으로의 변화

오바마에게서 찾을 수 있는 두 번째 정치철학은 세계와 함께 하는 희망과 변화의 정신이다. 오바마는 줄곧 변화를 통한 희망 가득한 세상을 만들기 위한 노력과 헌신을 강조해 왔다.

오바마는 희망을 고난과 고민 속에서 살아야 했던 자신의 삶 속에서 찾았다. 그는 "부모는 내게 '버락'이란 아프리카식 이름을 붙여 줬다. 미국에서 성공하는 데 장애가 되지 않을 것으로 봤기 때문이다. 우스꽝스러운 이름의 이 야윈 소년은 이곳에 자리잡을 수 있다는 믿음과 희망을 품었다. (미국이 아니라면) 지구상 어떤 나라에서 내 이야기가 가능하겠는가. 역경에 맞서는 대담한 희망, 그건 신이 준 가장 위대한 선물이자 미국의 근본이다"라고 희망을 노래했다.

〈뉴욕타임스〉는 오바마를 지지한 사설에서 "오바마는 수많은 도전과 응전을 거듭하면서 변화와 희망에 관해 자신이 제시한 약속들을 구체화시킬 수 있는 지도자로 성장해 왔다. 그는 냉철한 판단력과 이성을 겸비했다. 우리는 그가 국가적 문제를 해결할 수 있는 보다 광범위한 정치적 합의를 도출해 낼 수 있는 능력이 있음을 확신케 되었다"며 오바마가 제44대 대통령에 걸맞은 지도력과 비전을 갖고 있다고 찬사를 보냈다.

오바마의 정치 대부로서 오바마 행정부의 보건후생장관을 맡은 정치 거물 톰 대슐 전 민주당 상원 원내대표는 "오바마는 정말 거물이다. 그는 짧은 시간 동안에 너무나 다양한 방식으로 발전해서 사람들 앞에 섰다. 그는 사회 다른 분야의 많은 사람들처럼 떠오르는 스타다. 우리는 그들을 '하룻밤 사이의 센세이션'이라고 부른다. 하지만 그는 이 자리에 오기까지 일했다. 버락 오바마에게 '하룻밤 사이'인 것은 아무것도 없다"고 끊임없이 '희망의 메시지'를 발신하는 오바마의 카리스마에 대해 칭찬했다.

자신에 대한 이 같은 기대를 오바마는 실제 행동으로 옮기면서 이를 구체화하고, 실제 연설을 통해 메시지를 던진다.

그는 2004년 민주당 전당대회에서 '미국인은 모두 하나'라는 17분짜리 기조연설을 통해 자신이 지닌 희망의 가치와 원대한 비전을 설파했다. 그는 "진보적 미국과 보수적 미국이란 없다. 흑인의 미국과 백인의 미국이란 없다. 미합중국이 있을 뿐이다"라는 호소와 선언을 통해 갈라지고 분열된 미국이 아닌, 희망을 품고 마음과 몸이 하나 되고 통일된 미국을 역설했다. 그는 "권력자들은 우리나라를 공화당의 주와 민주당의 주로 나누는 것을 좋아한다. 그러나 이 기나긴 정치적 어둠을 지나 밝은 날이 올 것"이라며 갈등과 분열에 지친 미국인들에게 희망의 소리를 전했다.

이 같은 희망의 메시지는 미국 사회뿐만 아니라 오바마 자신에게도 더 큰 희망과 변화를 가져오는 원동력이었다. 그는 이렇게 발언한 이후 연방 상원의원으로서 기대에 걸맞은 활동을 계속해 왔으며, 마침내 누구나 불가능할 것이라고 믿었던 대통령 선거에서 힐러리와 매케인을 꺾고 대통령 자리에 올랐다.

그런 오바마에 대해 공화당마저 그의 진정성을 인정하는 것이 현실이다. 그는 아는 척하지 않고, 특정인이나 집단을 비난하지 않으며, 늘 솔직하고 편안한 모습을 보여준다. 그의 삶은 평균적인 미국인 그 자체다. 맞벌이 부부로서 아이들을 키우느라 아내와 신경전을 벌이는가 하면, 지금도 집안의 개미를 박멸하기 위해 개미약을 사들고 귀가하고, 학자금 융자는 최근에야 다 갚았을 정도로 평범하다.

그는 아메리칸 드림 그 자체지만, 보통 사람들의 희망과 절망, 고통과 분노, 기쁨과 사랑을 잊지 않았다는 평가를 받는다. 원색적인 주장을 내세워 눈길을 끌려고 하지 않으며, 진정한 개혁은 서서히 진행된다는 것을 알고 있다. 그는 선거자금 모금 과정에서 수십만 미국인들로부터 소액 헌금을 받아 정치가 달라질 수 있다는 유권자들의 희망을 대변하는 정치인으로 거듭났다.

정치철학 3
적과도 협상하는 '타협의 정신'

오바마의 세 번째 정치철학은 대화하고 타협하는 '협력의 철학'이다. 오바마는 어린 시절과 청년 시절을 통해 인종과 삶에 대한 고민을 토대로 그의 좌표를 철저하게 대화와 협력을 통한 공동체 선(善)의 구현에 두었으며, 대학 시절부터는 이 같은 타협의 정신을 행동으로 실천해 왔다.

그는 공화당과 민주당이라는 현재의 양당 구도를 인정하는 바탕 위에서 상대 당과 후보에 대한 흑색선전과 네거티브 공세가 극심한 현재와 같은 당파성의 근원을 파헤치는 한편, 1960~1970년대 이후 진보와 보수의 이념 대립이 심화되고 미국의 압도적인 경제적 우위가 무너지면서 양당 협력 구도가 깨지고 갈등과 분열로 치닫게 되었다며 이를 극복해 나갈 방법으로 '성숙한 정치'를 제시한다.

그는 이상주의와 현실주의 사이에서 균형을 잡고, 타협할 수 있는 것과 없는 것을 구별하며, 상대방에게도 가끔은 귀담아들을 만한 주장이 있다는 점을 받아들이는 그런 정치를 갈망한다. 그는 좌파와 우파, 보수세력과 진보세력 간의 논쟁을 언제나 잘 이해하는 것은 아니지만 독단적인 주장과 상식적인 견해, 책임감 있는 태도와 무책임한 태도, 지속적인 것과 일시적인 것 사이의 차이는 분명하게 인식하고 있다며, 서로를 인정하는 정치의 필요성을 강조한다.

이 같은 정치철학은 그의 삶에서도 일관되게 나타난다. 하버드대 로스쿨 시절 〈하버드 로 리뷰〉 편집장에 당선된 뒤, 사회적·경제적 진보주의자였음에도 불구하고 보수파 학생들을 주요 편집인 자리에 임명하는 등 진보와 보수의 조화를 통한 잡지를 만들어낸 그의 이력이 이를 입증한다. 그는 자신의 지지 세력인 흑인과 진보주의자를 실망시키면서까지 보수주의 성향의 동료들을 끌어들여 함께 일했던 것이다. 이는 대인관계 운영 능력과 정치적 재능, 주목할 만한 솜씨와 수완으로 잡지를 이끌었다는 평가를 받게 된 주된 계기가 됐다.

이 같은 타협의 철학을 성과로 발전시킨 대표적인 사례가 2003년 주 상원의원으로서 일리노이주 경찰에게 사형이 가능한 모든 중죄 사건의 심문 과정에 대한 녹화를 의무화한 획기적인 법안을 통과시킨 일화다.

오바마는 경찰과 검찰이 반대하고, 새로 선출된 민주당 출신 주지사를 비롯해 양당의 상원의원들이 범죄에 대해 온건하다고 낙인찍힐까 봐 두려워하는 분위기 속에서 이 법안을 통과시키기 위해 총력을 기울였다. 그는 입법에 반대하는 모든 단체들을 모아 놓고 몇 주일에 걸친 치열한 토론 끝에 "어떤 무고한 사람도 사형수로 끝나서는 안 되며, 어떤 흉악범도 자유를 얻어서는 안 된다는 기본 원리"를 강조하고, 여기에 모두 동의하도록 의견을 이끌어냈다. 그는 회의에서 경찰과 검찰에게 심문 녹화가 결백한 사람을 구할 뿐 아니라 유죄를 선고하는 강력한 수단이 될 것이며, 또 자백이 강제 없이 확보되었다는 확신을 대중에게 주기 위한 것임을 설득해 결국 만장일치로 통과시켰다. 오바마는 "좋은 타협, 좋은 법안은 훌륭한 선고와 같다. 또 좋은 음악이기도 하다. 모든 사람들이 그것을 깨달을 수 있다"며 성공적인 타협의 중요성을 역설했다.

오바마는 그 과정에서 새로운 정치적 합의의 바탕이 될 만한 공통의 가치들을 중시하고, 정직·신의·책임감·예의·배려·공감 등 서로 공유하는 가치들은 공동의 논의를 이끌어갈 수 있는 바탕이 된다며 가치 체계의 중요성을 이야기한다. 이는 가치 체계에 대한 합의를 통해 서로 의견을 공유하고 대화와 타협을 통해 합의를 이끌어내는 그의 능력을 잘 설명해 준다.

그러나 이 과정에서 가치를 추구하는 문제와 국가 권력이 개입해야 할 문제를 구별해야 한다고 지적해, 자칫 가치를 둘러싸고 개인과 국가가 서로 다른 차원에서 충돌할 가능성에 대해서도 경계한다. 여기서 오바마는 변호사이자 입법을 하는 의원답게 개인적 권리의 원천일 뿐 아니라 민주적 대화를 이끌어낼 수 있는 수단인 헌법의 중요성을 강조하며, 미국의 기틀을 닦은 건국의 아버지들이 현실과 원칙의 긴장 속에서 국가의 기초를 세우고 헌법을 제정한 과정을 따라가며, 헌법의 정신을 현대에 어떻게 적용할지 그 기준에 대해서 수시로 자신의 생각을 제시해 왔다.

그러나 그가 결국 참여한 장은 역시 정치의 장이다. 아무리 좋은 생각과 뜻을 가진 정치인이라도 그 앞에서는 숨이 막히고 마는 제도화한 영향력들, 즉 돈과 미디어, 이익집단, 입법 과정 등은 두말할 나위가 없는 위력을 갖고 있다. 그는 잔인한 선거전의 희생양이 되었던 경험을 담담하게 털어놓는 한편, 패배에 대한 두려움, 기부자들에게 헌금을 독촉할 때의 구차스러움도 솔직하게 얘기한 뒤 결국 민주주의의 핵심은 시민의 참여임을 역설한다. 그렇게 답답한 정치 현실에서 하나씩 희망의 싹을 발견하고 실천하는 오바마에게 이름 모를 수많은 네티즌과 유권자들은 자발적으로 돈을 모아 줌으로써 그는 결국 힐러리와 매케인을 넘어서는 엄청난 힘을 발휘했다.

그런 점에서 오바마는 보수세력과 공화당원들이 가장 좋아하는 진보주의자로 불리기도 한다. 그는 자주 진보적인 목표를 보수적인 언어로 표현한다. 그 때문에 그는 '투쟁하는 흑인'이 아니라 '백인보다 백인 같은 흑인'으로 불리는가 하면, '오바마를 지지하는 공화당원 모임'이 결성되기도 했다.

오바마는 2008년 대선의 의미를 '통합'으로 보고 공화당과 민주당이 하나 되는 나라를 꿈꿔 왔다. 낙태·동성애·감세정책·사회보장제도와 같은 문제에서 첨예한 이념 대결로 치닫고 있는 미국의 현실에서, 서로의 차이점을 부각시키기 전에 기회의 균등, 상향식 사회 이동 등 공통의 가치를 찾아 보수와 진보, 빈민과 부유층, 흑인과 백인을 통합시키자고 주장하는 그에게 공화당원조차 동조하는 상황이 된 것이다. 국가가 두 개로 나누어질 위기를 극복한 링컨의 용기와 현실인식을 높이 평가하는 그에게 링컨과 마찬가지로 '분열된 미국을 통합할 흑인'이라는 이야기가 나오는 것은 당연해 보인다.

정치철학 4
균형감 있는 애국주의와 사회 분열을 치유하는 정치

오바마에게서 볼 수 있는 네 번째로 중요한 정치철학은 역시 미국인답게 미국에 대한 사랑과 자국의 이익을 중시하는 국익 우선주의, 애국주의다. 그러나 오바마의 국익 우선주의는 부시 행정부의 미국 우선주의처럼 세계인들에게 배척받지 않는다. 국제적 협력과 대화 속에서 미국의 국익을 찾겠다는 타협과 협의의 정신을 강조하고 있기 때문이다. 세계가 함께 공생공영할 수 있는 방법에 대한 고민이 농축되어 있어 과거 부시 행정부처럼 미국의 배타적 이익을 우선하는 미국 유일주의 방식과는 거리가 멀기에 세계인들의 호응을 받는 것이다.

오바마는 선거 과정에서 경쟁자인 공화당 존 매케인 후보가 애국심에 대한 의문을 제기하자, 미국이 세계에서 가장 막강한 국가라고 강조하며 "누가 더 애국심이 투철한가 그렇지 않은가에 대한 공방이 우리를 갈라놓고 있다"며 "내 인생을 통틀어 늘 이 나라에 대한 사랑을 가슴 깊이 간직해 왔다"고 자신의 애국심을 강조했다. 그러면서 "일생 동안 애국심에 대해 의문이 제기됐던 건 지난 16개월 동안이 처음이었다. 선거 기간에 애국심에 대해 스스로 의문을 제기해 본 적이 단 한 번도 없었다"며 "분명 애국심을 한 사람이 독점한다는 것에 동의할 정당이나 정치철학은 없다. 애국심에 대한 정의는 불분명하지만 미국인들 가슴속에는 가장 강력하게 자리잡고 있다"고 언급, 자신의 애국심에 대한 보수진영의 의심을 강력하게 반박했다.

그는 『담대한 희망』에서 "나는 미국과 이 나라를 세운 사람들을 생각한다. 이들 건국의 주역은 하찮은 야심과 편협한 타산에서 벗어나 대륙 전체에 걸치는 국가 건설을 꿈꾸었다. 한편 링컨이나 킹과 같은 사람들은 불완전한 결합을 온전하게 만들기 위해 목숨을 내던졌다. 또한 이름 없는 모든 사람들과 노예, 군인, 재단사, 도살업자들은 벽돌을 쌓고 레일을 깔며 못이 박힌 손을 맞잡은 채, 그들 자신과 자식, 손자들을 위한 삶을 만들어 가면서 우리 모두의 꿈이 영그는 풍경을 채워 나가고 있다. 나는 이런 과정 속에서 한 부분이 되고자 한다. 내 가슴은 이 나라에 대한 사랑으로 가득 차 있다"고 미국에 대한 애정과 헌신을 강조했다.

그는 그런 애국주의를 사회적 분열을 치유하는 가치 있는 정치로 치환시킨다. 그는 『담대한 희망』에서 "국민들은 정치 현실에 대해 진저리를 치거나 염증을 느끼고 있다. 종교적이거나 세속적이거나 또는 피부가 검거나 회거나 갈색이거나 간에 국민들은 현재 미국의 가장 중대한 과제가 간과되고 있음을 느낀다. 게다가 빠른 시일 안에 진로를 바꾸지 않으면 약화되고 분열된 아메리카를 후손에게 물려주는 첫 번째 세대가 될 수도 있다는 점을 인식하고 있다. 이런 판단은 옳다. 아마도 근년의 역사 중 그 어느 때보다도 새로운 형태의 정치, 즉 미국인들을 결속할 수 있는 공통의 인식을 찾아내고 이를 강화할 수 있는 새로운 정치가 필요하다"고 밝히며 정치와 시민 생활을 바꾸는 데 나설 것을 다짐한다.

정치철학 5
동맹국과의 협조를 통한 전 지구적 문제 대응

부시 행정부의 문제는 유일강국을 자처하면서 미국의 국익을 세계에 강요하는 일방주의적 외교안보정책에서 비롯됐다. 네오콘과 기독교 복음주의자 등 강경 신보수주의자들을 중심으로 펼친 강경 대외정책은 세계 곳곳에서 전쟁과 반군들의 반란으로 인한 민간인들의 피해를 극대화시켰다. 이로 인해 미국에 대한 세계의 비난과 비판이 이어지면서 미국은 전쟁으로 인한 경제난과 함께 국제사회에서의 위상이 실추되는 악순환을 되풀이하고 있다.

이에 대해 오바마는 자신이 어린 시절을 보낸 인도네시아의 사례를 자세히 설명하며, 미국 외교정책의 역사적 흐름을 설명하고 미국이 부시 대통령 시절의 일방주의적 외교에서 벗어나야 한다고 강조해 왔다.

그는 고립주의와 팽창주의, 반공전선 구축과 제3세계 독재정권 지원, 테러와의 전쟁 속에서 심화되는 반미 정서 등을 폭넓게 다루는 한편, 동맹국들과 협력하여 공동으로 전 지구적 문제들에 대응하는 것이 가장 효율적이라고 지적하는 등 세계를 보는 폭넓은 시야를 보여 왔다. 이에 따라 부시 행정부와는 크게 다른 외교안보정책이 펼쳐질 전망이다.

오바마는 동시에 세계화가 야기한 엄청난 기회와 불안정에 대해 우려하며 부정적인 세계화가 아닌 긍정적이고 적극적인 세계화를 기대하고 있다. 그는 이 과정에서 세계화된 경제를 대표하는 기업인 구글을 방문한 이야기, 공장의 해외 이전으로 일자리를 잃게 된 메이태그 노동자들의 이야기를 통해 세계화의 다양한 측면을 지적하는 한편 성장과 분배에 대한 오래된 논쟁을 각 행정부와 연관시켜 제시했다. 특히 부시 행정부는 확실히 균형을 잃었음을 지적하고, 이와 관련해 워런 버핏과의 대화를 통해 세계 속에서 합리적인 균형자 역할을 해야 할 미국의 위상과 국제적 협력의 필요성에 대해 사고해 왔다.

그런 점에서 오바마 행정부 체제는 국제사회의 문제를 전 지구적으로 사고하고 풀어 나갈 수 있는 실마리를 마련한 셈이다.

정치철학 6
흑인의 아픈 역사를 긍정적인 역사로 승화시키는 힘

미국 사회의 대표적인 문제점을 꼽는다면 흑백 갈등과 열악한 흑인들의 사회문화적 상황으로, 이는 그동안 미국 사회 최고의 난제이면서도 공공연하게 거론하는 것 자체가 금기시돼 왔다. 실제 미국 곳곳을 돌아보면 슬럼화한 각 도심에서 교육받지 못한 흑인들의 비참한 생활상을 쉽게 목격할 수 있다. 아프리카에서 생판 모르는 미국 땅으로 노예로 끌려와 비참한 생활을 해온 흑인들은 노예제가 폐지되고 각종 차별제도가 철폐된 이후에도 좀체로 빈곤과 밑바닥 생활의 악순환을 벗어나지 못하고 있다. 오바마나 미국 정계에서 활약하고 있는 콜린 파월 전 국무장관, 콘돌리자 라이스 국무장관 등은 아주 예외적인 경우로 흑인들이 미국 주류 사회에서 활약하기에는 아직도 수많은 어려움이 산적해 있는 것이 현실이다.

오바마는 이 같은 상황에 대해 오랜 세월의 노예 생활과 굴욕의 경험이 높은 범죄율과 사생아 출산율이 보여주듯 흑인의 정신과 문화를 피폐하게 만들었지만, 흑인 스스로 떨치고 일어나 올바른 가정 문화를 정립해야 한다고 역설한다. 또한 특정 인종에게 보상을 하기보다는 저소득층 지원, 일자리 확보, 사회안전망 확충, 교육 투자 등 약자를 지원하는 일반적인 정책들을 시행해야 한다고 지적한다.

오바마는 비록 '흑인 노예'의 후손은 아니지만 피부 색깔로 인해 많은 차별과 멸시를 겪어야 했다. 흑인들이 일상적으로 겪는 인종차별로 인해 정체성 혼란에 시달렸고 수많은 날들을 방황했다. 그러나 그는 다른 흑인들과 달리 자신의 모순적인 면들을 부정하지 않고 모두 감싸 안음으로써 오히려 세상을 헤쳐 나가는 자산으로 삼았다. 그리하여 더 이상 백인만의 국가가 아닌 다인종 국가 미국에서 세계화된 현대 사회를 이끌어 나갈 21세기형 지도자로 자리매김하면서 새로운 화합과 치유의 장을 만들겠다고 적극 나서고 있다.

오바마는 기독교적 신앙을 굳게 갖고 있지만, 그동안 미국 사회를 좌지우지해 온 보수적인 기독교 근본주의와는 거리를 둔 진보적인 시각을 갖고 있다. 그는 책 『담대한 희망』에서 21세기에 부흥하고 있는 미국의 복음교회 현황을 살펴보며, 진보주의자들이 대중의 영적인 갈망을 외면하는 동안 기독교 근본주의자들이 주류 문화가 미치지 않았던 외곽에서 세력을 키워 가며 마침내 현 정권을 지탱하는 거대한 축이 되었음을 지적하고 있다.

오바마는 그동안 책과 연설 등을 통해 기독교 복음주의자들의 위선적 사고를 통렬하게 고발해 왔다. 또한 특유의 솔직함과 진정성으로 시간과 공간을 가리지 않는 유권자의 질책, 때로는 불편한 공인으로서의 처신, 기본적 예의를 벗어난 상대 후보의 공세, 맞벌이 부부의 어려움 등 정치인으로 산다는 것의 보람과 고충을 솔직하게 털어놓으면서 현대 종교가 이를 존중하고 배려해야 한다고 강조했다.

자신의 약점과 두려움, 콤플렉스를 감추지 않고 밝힘으로써 이를 오히려 자신의 강점으로 승화시키는 데 탁월한 능력을 보여준 오바마는 자신이 모든 해법을 안다고 자신하지 않을뿐더러, 자신의 견해를 밝히면서도 항상 반대측 시각을 드러내며 상대방에게 받아들일 점이 있음을 인정하는 겸손한 자세를 현대 종교도 가져야 한다고 말한다.

기독교 모태신앙을 가진 오바마는 시카고 트리니티 그리스도 연합교회에서 신앙 생활을 시작, 1990년대 초 세례를 받은 뒤 이 교회를 기반으로 하는 시민운동을 벌이기도 했다.

그는 2008년 8월 캘리포니아주 새들백교회에서 열린 포럼에서 "미국의 가장 큰 도덕적 실패가 무엇인가"라는 릭 워런 목사의 질문에 "내 형제 중에 지극히 작은 자 하나에게 한 것이 곧 내게 한 것"이라는 성경 구절을 인용하며 "사회적 약자를 충분히 돕지 않는 것"이라고 밝히는 진보적인 시각을 보였다.

또한 그동안 정책 발표와 TV 토론 등을 통해 낙태권을 인정하고 동성애에 대해 관용적인 반면, 미군의 이라크 주둔에 대해서는 반대하고 총기 규제를 강화해야 한다고 주장하는 등 대부분 사회 현안에서 진보적인 입장을 갖고 있다. 반면 가족의 가치 등에서는 전통적 가치를 중시하는 보수적인 시각을 갖고 있어 공화당원들이 가장 좋아하는 민주당 의원 중 한 사람으로 꼽히곤 한다.

아직은 '미완의 대기'…
꿈과 이상을 현실화할 수 있을까

오바마의 리더십은 아직 40대 후반인 탓에 계속 진화하고 발전하고 있다. 그는 때로는 과감하면서도 유연성이 뛰어나다는 평가를 받는다. 〈뉴욕타임스〉에 따르면 오바마는 그동안 정치 활동 과정에서 고위 참모들과 회의를 할 때 대부분의 결정을 다른 사람들에게 위임하고 사소한 문제에는 몰두하지 않는 등, 주변에 있기는 하되 참견은 하지 않는 다소 통큰 스타일의 리더십을 보여 왔다.

그러나 지난 4월 펜실베이니아 예비선거 패배 이후로 선거캠프의 현안에 적극 개입하고 전략회의에도 많이 참여하며 조직관리에 직접 나서는 등 업무 스타일이 달라졌다고 한다.

한편 오바마는 그동안 중점 과제들을 추진하는 데 있어 규율과 충성을 보여주는 소수의 자문관 그룹을 택해 일을 처리하는가 하면, 때로는 자신과 반대되는 생각을 가진 보수진영의 인사라도 과감하게 발탁하는 유연한 현실타협형 인사 스타일을 보여 왔다. 또 참모진에게 다양한 분야의 책을 읽고 정책 입안 토론에서 대안들을 내놓을 것을 권장하는 하버드 로스쿨 방식의 해법 찾기를 선호했다. 자문관이나 지인들과도 블랙베리(무선 이메일 기능이 있는 휴대용 장비)로 연락을 수시로 주고받고 전화로 토론하는가 하면, 자정이 넘어 이메일을 보내는 등 일에 정열적으로 몰두하는 스타일이다. 그는 또 아주 복잡하게 얽힌 정책의 세부 내용까지도 정확하게 기억하는 것은 물론, 연설과 TV 광고의 경우 자신이 직접 핵심 메시지를 전하는 단어들로 고치기도 하고 자신의 자연스러운 연설 스타일을 보여주지 못한다고 생각할 때는 다시 작업하는 저돌적인 업무 스타일을 보였다. 이 같은 업무 스타일과 리더십도 오바마에 대한 기대감을 키우고 있다.

오바마는 자신의 책을 통해 "평범한 시민들은 온갖 정치적·문화적 분쟁과 대립 속에서 성장했지만 적어도 그들 자신의 개인적 삶 속에서는 이웃과, 나아가 그들 자신과 화해할 방도를 찾아냈다. 남부 지역 백인들은 아버지로부터 검둥이에 대해 이런저런 이야기를 많이 들으면서 자랐지만 사무실에서는 흑인 동료들과 우정을 다졌다. 나는 이들이 자식에게는 달리 가르칠 것이라고 생각한다. 또한 이런 백인들 역시 차별이 옳지 않다고 생각하면서도 흑인 의사의 아들이 자신의 아들보다 법과대학원 입학에 우선권을 가진 이유에 대해서는 납득하지 못한다"고 냉혹한 현실을 절감하고 있음을 잘 드러냈다.

그는 또 "중년의 여성해방론자는 과거의 임신중절을 아직도 애도하고 있고, 임신한 10대 딸의 중절 수술비를 대준 기독교도 어머니도 마찬가지다. 또한 수많은 웨이트리스와 임시직 비서, 간호조무사, 월마트의 준사원들은 매달 자신들이 세상에 나오게 한 자녀들을 부양하는 데 충분한 돈을 벌 수 있기를 희망하며 가슴을 졸인다"며 "나는 이들이 모두 성숙한 정치의 등장을 기다리고 있다고 생각한다. 즉 이상주의와 현실주의 사이에서 균형을 잡고, 타협할 수 있는 것과 없는 것을 구별하며 상대방에게도 가끔은 귀담아들을 만한 주장이 있다는 점을 받아들이는 그런 정치를 기다리는 것"이라고 변화 가능성에 주목한다.

그러나 그의 정치철학이 아직은 구체적인 정치의 장에서 검증되지 않았고, 정치철학들마다 실천적인 규범의 틀을 제대로 갖추지 않은 탓에 자칫 현실화하거나 예상치 못한 난관에 부딪쳤을 때 쉽게 좌절할 수 있는 불안한 측면도 많다.

특히 미국 대통령은 미국의 국정뿐만 아니라 세계 각국과 함께 지구촌의 범세계적인 문제를 풀어 가야 하는 폭넓으면서도 중요한 임무를 담당하고 있다. 하지만 오바마는 이 같은 국정 전반에 대한 경험이 일천한 것이 사실이다. 오바마는 시민운동과 지역사회 공동체 운동, 사회문제 해결을 위한 다양한 입법 활동 등에는 익숙하지만 경제 문제나 외교안보 분야 경험이 전혀 없는, 아직 다듬어지지 않은 정치인이다. 특히 국정 현안에 대한 해법을 제시할 만한 큰 폭과 깊이를 가진 정치철학을 구체화시키거나 현실화시킨 일이 없다.

하지만 지난 8년 동안 부시 행정부의 실정에 지친 미국인들은 그에게 지나치리만큼 큰 기대감을 보이고 있다. 이에 따라 오바마가 결국 미국의 공룡 같은 정치 시스템 속에서 어쩔 수 없이 현실과 타협, 미국 사회가 기존에 보여 온 문제점을 해결할 수 없을 것이라는 비관적 전망도 나오고 있다.

이처럼 오바마 행정부에서는 모든 일이 가능하지만, 동시에 모든 일이 불가능해질 수 있다. 오바마가 내놓은 많은 공약들이 구두선에 그칠 가능성도 충분히 예상할 수 있다. 세계는 냉정한 눈으로 오바마 정치철학의 장점에 주목하면서도, 동시에 나타나고 있는 기성 미국 정치의 막강한 힘이 오바마의 꿈과 이상을 잠식하고, 나아가 파행으로 치달을까 봐 우려하고 있다.

변화와 희망의 메신저

        …오바마는 '연설의 달인'이라고 불릴 정도로 논리적이고 명쾌하게 연설을 한다. 그런 그의 발언에는 매력적인 그의 철학과 가치관이 담겨 있다. 세상을 보는 열린 생각과 다른 사람의 의견을 경청하고 자신의 생각을 전달하는 그의 시각이 잘 드러나는 것이다. 자신과 생각이 다른 보수진영의 인사일지라도 반드시 그들에게 발언할 기회를 주고 자신이 생각하는 대안을 설득하는 오바마의 발언에는 화려하고 강력하면서도 남들을 배려하는 따뜻한 마음이 녹아 있다.

  이처럼 오바마는 모든 사람들이 공감할 수 있도록 따뜻한 언어로 부드럽게 자신의 이상과 비전을 제시한다. 동시에 자신의 생각을 솔직히 털어놓음으로써 자기 의견에 남들이 동조하도록 하는 특별한 연설 재능도 갖고 있다. 오바마는 이 같은 소통과 이해를 담은 말과 연설을 통해 자신을 표출한 뒤 실천적 삶을 통해 변화와 희망이라는 자신의 메시지를 완결시키는 완벽에 가까운 커뮤니케이터가 돼왔다. 세련된 제스처, 시원시원하고 명확한 발음과 발성, 잘생긴 외모와 지적인 스타일에 표현력과 실천력까지 갖추면서 미국인들의 호감과 애정을 받고 있는 것이다.

특히 미래지향적이며 진취적으로 살아왔던 자신의 삶을 토로하면서 변화를 통한 비전과 희망을 제시하고, 이를 통해 절망하고 좌절해 온 미국인들을 희망의 메신저로 바꾸는 마력을 보여 왔다. 그가 표현하는 미국인들의 이야기는 공포와 좌절, 절망과 아픔을 희망과 기쁨으로 바꾸는 시적인 선지자의 모습까지 투영시키면서 미국인들을 열광시켰다. 그의 말 한마디 한마디는 상대를 설득시키고 자기 편으로 만드는 무한한 힘을 갖고 있다는 점에서 삶의 경구로 삼을 만하다.

주요 연설과 발언을 통해 본
오바마의 정치철학

"저에게는 킹 목사, 존 로이스 의원, 링컨 대통령처럼 우상과 같은 존재들을 포함해 수많은 정치적 영웅이 있습니다. 이 지도자들은 상상 속에 존재하며, 그들은 영감을 주고, 자신들을 바라보고 연구하는 우리들에게 희망과 목적이라는 관념, 그리고 참여해야 할 이유를 주었습니다."

"제 아버지는 아프리카의 케냐 출신이었습니다. 제 이름 버락은 스와힐리어로 '신에게 축복받은 사람'이라는 뜻입니다. 어머니는 캔사스 출신이죠. 그래서 제 악센트가 이렇습니다."

"저는 도시 외곽의 제철공장들이 문을 닫은 뒤 황폐해진, 재건의 손길을 필요로 하는 지역사회를 돕기 위해 시카고로 왔습니다. 그렇지만 지역사회의 서민들과 함께 일했던 것이 제게는 아주 귀중한 경험이었습니다. 왜냐하면 저는 이 경험을 통해 보통 사람들이 힘을 모으면 대단한 일을 해낼 수 있다는 것을 배웠기 때문입니다."

"지역사회 수준에서는 우리가 해결해야 하는 몇몇 이슈들에 관해 할 수 있는 일이 그리 많지 않다는 것을 깨달았습니다. 그래서 저는 하버드 로스쿨에 들어가 다시 공부를 시작했습니다."

"하지만 저는 제가 공부를 마치고 난 뒤에 지역사회로 돌아와 일하게 될 것을 알았습니다. 그저 글을 쓰거나 회사법을 공부하거나, 혹은 워싱턴에서 행정부에 들어가 일하는 게 아니라는 말이지요. 저는 돌아와서 유권자 등록 프로젝트를 벌였습니다. 15만 명의 유권자들이 등록을 했습니다. 선거권에 관련된 시민권 보호 운동도 시작했습니다. 그리고 시카고대학에서 헌법을 가르치는 것도 시작했습니다."

"제 인생의 가장 커다란 축복은 바로 제 가족입니다. 제겐 미셸이라는 훌륭한 아내가 있고, 저희는 사랑스러운 두 딸을 얻었습니다. 삼위일체 교회에서 신앙 생활도 열심히 하고 있습니다. 가족과 함께 하는 삶은 제게 무엇보다도 중요합니다. 정치 활동을 하지 않을 때 제 삶에서 가장 큰 부분을 차지하는 것이 가족이지요."

"제가 스스로에게 뿌듯함을 느끼는 이유 중 하나는 제가 소수에 속해 있는지 혹은 다수에 속해 있는지와는 별개로 여러 가지 일들을 해냈다는 사실과 또한 이러한 문제들에 관해서 초당적인 연합을 형성할 수 있었다는 사실에 있습니다."

"열여섯 달이 지난 지금 우리는 이 자리에 섰습니다. 일리노이주 전역의 민주당원 여러분, 교외의, 도시의, 남부의, 북부의 지지자 여러분, 흑인, 백인, 히스패닉, 아시안 여러분, 우리는 온 나라에 증명해 보였습니다. 우리는 할 수 있습니다! 우리는 할 수 있습니다! 우리는 할 수 있습니다!"

"지식인 계층들은 우리나라를 레드 스테이트(빨간색 주 : 공화당 지지 주)의 그룹들과 블루 스테이트(파란색 주 : 민주당 지지 주)의 그룹들로 쪼개려고 합니다. 빨간 주는 공화당, 파란 주는 민주당으로 말입니다. 그러나 전 그들에게 하고 싶은 말이 있습니다. 파란 주는 이상한 신을 믿습니다. 연방정부 요원들이 빨간 주에 사는 우리의 친구들에게 간섭하는 것이 싫습니다. 파란 주에는 어린이 야구단이 있습니다. 그렇습니다. 우리에게는 빨간 주에 사는 동성애자 게이 친구들도 있습니다. 이라크 전쟁에 반대하는 애국자도 있고, 지지하는 애국자도 있습니다. 성조기 아래 서약한 미국을 지키려는 우리는 하나입니다."

"이제는 책장을 넘길 때가 왔습니다."

"다른 누군가나 다른 어느 때를 기다리기만 한다면 변화는 오지 않을 것입니다. 우리 자신이 바로 우리가 기다려 온 사람들입니다. 우리 자신이 바로 우리가 추구하는 변화입니다."

"흑인 미국도, 백인 미국도, 라티노 미국도, 아시안 미국도 존재하지 않습니다. 미국만이 있을 뿐입니다."

"제 부모님은 믿을 수 없을 정도로 서로를 사랑하셨을 뿐 아니라, 이 나라의 가능성에 대한 변치 않는 믿음을 갖고 계셨습니다. 부모님은 관대한 미국에서는 이름이 성공에 장애가 되지 않는다고 믿으셨기에, 제게 '축복받은'이라는 뜻의 아프리카 언어인 버락 (Barack)을 이름으로 지어 주셨습니다. 부모님은 부유하지 않으셨음에도 불구하고 제가 이 나라에서 최고의 학교들을 다닐 것을 상상하셨습니다. 왜냐하면 관대한 미국에서는 부유하지 않아도 자신의 잠재력을 최대한 발휘할 수 있기 때문입니다."

"오늘은 제게 특히 명예로운 날입니다. 솔직히 말해 저 같은 사람이 이곳에 설 수 있으리라 생각한 사람은 많지 않습니다. 제 아버지는 케냐의 작은 마을에서 태어나고 자라 미국에 공부하러 온 유학생이었습니다. 그는 염소떼를 몰며 자랐으며, 양철 지붕으로 된 허름한 학교에 다녔습니다. 그의 아버지, 즉 나의 할아버지는 하인이자 요리사였습니다. 하지만 나의 할아버지는 아들을 위해 담대한 꿈을 가졌습니다. 제 아버지는 열심히 공부하고 끈기 있게 노력해 미국이라는 마법 같은 나라에서 공부할 수 있는 장학금을 따냈습니다. 미국은 수많은 이들에게 자유와 기회를 주었으며, 그 둘의 상징으로 우뚝 설 수 있는 나라였습니다."

"미국이 위대한 이유는 높은 빌딩을 많이 보유하고 있기 때문도 아니고, 강대한 군사력 때문도, 미국의 경제적 규모 때문도 아닙니다. 우리의 자긍심은 200년 전 만들어진 독립선언문에 요약돼 있는 아주 간단한 전제에 기초해 있습니다. 이것이 바로 미국의 진정한 비범함입니다. 시민들의 소박한 꿈에 대한 믿음, 작은 기적이 일어날 수 있다는 믿음 말입니다. 밤에 아이들을 침대에 뉘어 재울 때 다음날이면 그들에게 음식을 먹일 수 있고, 옷을 입힐 수 있고, 안전하게 그들을 보호할 수 있으리라는 믿음 말입니다. 갑자기 누군가 문을 두드리고 우리를 체포할 갈 것이라는 걱정 없이 우리가 생각하는 바를 말할 수 있고, 생각하는 바를 글로 쓸 수 있다는 믿음입니다. 아이디어가 있다면 뇌물을 주거나 영향력 있는 사람의 자녀를 고용하지 않고도 누구나 사업을 시작할 수 있다는 믿음입니다. 보복당할 것이라는 두려움 없이 정치에 참여할 수 있고, 우리가 행사하는 한 표가 의미 있을 것이라는 믿음입니다. 항상 그럴 수는 없어도 대대수의 경우 말입니다."

"여러분이 여기 온 것은 이 나라가 더 나아질 수 있다고 믿기 때문입니다. 전쟁에 직면해서는 여러분은 평화가 올 수 있다고 믿습니다. 또 절망에 직면해서는 희망이 올 수 있다고 믿습니다. 여러분을 소외시켰던 정치, 지금에 만족하라고 했던 정치, 우리를 너무나 오랫동안 분열시켰던 정치에 직면해서는 여러분은 우리가 하나가 될 수 있다고 믿습니다. 가능함을 향해 함께 나가는 좀 더 완전한 단결체가 될 수 있다고 믿습니다. 그래서 우리는 오늘 여기까지 왔습니다."

"미국을 건국한 선조들의 천재성은 그들이 정부 시스템을 바꿀 수 있도록 만들었다는 데 있습니다. 우리는 그렇게 할 수 있다는 용기를 내야 합니다. 정부 시스템을 바꿔 본 적이 있기 때문입니다. 우리에게는 압제를 펴는 제국을 무릎 꿇게 만든 역사가 있습니다. 연방을 분리해야 한다는 요구에 맞서 우리는 통일을 지켜냈고, 노예들을 해방시켰습니다. 대공황에 맞서 우리는 사람들에게 일자리를 줬고 수백만 명을 빈곤으로부터 구해냈습니다. 우리 해안에 도착한 이민자들을 반갑게 맞았고, 서부로 가는 철도를 개척했으며, 달을 인류에 보냈고, 정의가 거센 강물처럼 흐르게 하라는 킹 목사의 연설도 들었습니다."

"(아내) 미셸은 더 이상 바랄 수 없을 만큼 영리하고 강인하고 웃기는 최고의 친구입니다. 언제나 저를 지지해 줍니다. 어떤 결정을 우리가 내리든 우리는 함께 해나갈 것입니다."

"아내는 제 인생의 동반자입니다. 우리는 결정을 함께 내리지요. 아내는 대중 앞이나 정치권에 별로 나서고 싶어하지 않습니다. 하지만 선량하고 믿음직한 중서부의 보통 사람들이 무슨 생각을 하는지 잘 알고 있지요."

"사람들은 단지 정책만의 변화가 아니라 나라 전체가 변화하기를 바라고 있는 것 같습니다. 제가 보기에 사람들은 기풍 자체의 변화를 바라고, 공통선의 관념이나 협동의 의미, 이데올로기를 넘은 실용주의로 우리가 되돌아가기를 바라고 있습니다."

"어린 딸들을 보면 가슴이 깨질 것만 같습니다. 그 아이들이 강낭콩을 먹는 것만 봐도 눈물이 나옵니다."

"아이들 행사를 스케줄에 넣느냐 마느냐 문제로 보좌관들과 늘 부딪칩니다. 아이들 행사가 우선이라는 것을 그들에게 납득시켜야 하기 때문입니다."

"밤에 여섯 살짜리와 세 살짜리 애들 곁에 앉아서 책을 읽어 주다가 잠이 들면 이불을 덮어 주곤 합니다. 그럴 때 저는 천국에 온 느낌입니다."

"대통령직은 결코 허영이나 야망 따위를 만족시키기 위해 좋는 자리가 아닙니다. 냉정함과 엄숙함이 요구되는 자리입니다."

"1년 전만 해도 제가 이 자리에 있으리라고는 기대도 하지 않았습니다. 그러나 전국 각지를 돌아다니면서 여러분께 말씀드렸듯 저는 우리가 얼마나 새로운 정치에 굶주려 있는지 깊이 깨닫게 되었습니다."

"언론이 저와 저의 입후보에 보이는 관심에 놀랐습니다. 약간 지나치다는 느낌도 듭니다. 저는 언론 기사를 읽느라고 시간을 많이 처비하는 사람이 아닙니다."

"대중의 시선에 노출되기 시작하면 사람들은 똑같은 질문을 몇 번이고 되풀이합니다. 그러다 보면 기계적인 답변을 하게 되며, 결국 자기 자신을 희화화하게 됩니다."

"돈은 정치에 엄청난 영향을 줍니다. 이 기본적인 문제는 공직에 입후보한 사람이면 누구나 가지고 있는 원죄입니다. 물론 저도 예외가 아닙니다. 선거에서 이기기 위해서는 돈이 아주 많은 사람들과 만나고 교제해 많은 자금을 모금해야 할 필요가 있기 때문입니다."

"워싱턴에서 돈이 많으면 아주 커다란 혜택을 누리게 됩니다. 수십억 달러의 세금을 절약해 줄 법안을 만들기 위해 노력하는 전문 로비스트를 고용할 수 있기 때문입니다. 그런데 그들 말고는 그런 법안이 있다는 사실조차 아는 사람이 없습니다."

"희망-고난 앞에서의 희망입니다. 불확실성 앞에서의 희망입니다. 희망의 담대함! 결국은, 그것이 하나님이 우리에게 주신 가장 커다란 선물이자 이 나라의 근본입니다. 보이지 않는 것에 대한 믿음이고, 더 나은 날이 올 것이라는 믿음입니다."

"제가 모든 전쟁에 반대하는 것은 아닙니다. 저는 바보 같은 전쟁만 반대합니다."

"돈을 버는 것이 잘못된 일은 아닙니다. 하지만 돈을 버는 데만 삶을 집중시키는 것은 야망의 빈곤함을 보여주는 것입니다."

"나를 좋게 생각하나요? 기회만 주어졌다면 저일 수도 있었던 많은 청년들이 저쪽에 있습니다."

"우리가 원하는 미래상은 큰 정부가 우리의 삶을 운영하는 곳이 아닙니다. 모든 미국인에게 자신의 삶을 가장 잘 이용할 수 있는 기회를 주는 곳이기를 바랍니다."

"우리 개인의 구원은 집단의 구원에 달려 있습니다."

"항상 최적의 해결책을 제안할 수 있는 것은 아니지만, 보통 더 나은 해결책을 낼 수는 있습니다."

"저는 사람들이 정치에서 가장 배고픔을 느끼는 부분이 바로 신뢰성이라고 생각합니다."

"내가 할 수 있으면 하는 게 있습니다. 대화에서 나와 의견이 맞지 않는 사람들과 약속하는 것입니다. 물론 항상 그럴 수 있는 건 아니지만요."

"저는 어느 누구도 대통령이 되기 전에는 대통령이 될 준비가 되어 있다고 확신하지 않습니다."

"시카고 사우스 사이드에 읽지 못하는 아이가 있다면, 그건 내 삶에서 중요한 일입니다. 심지어 그 아이가 내 아이가 아닐지라도 말입니다."

1차 TV 토론에서의 오바마 발언

"우리는 금융위기가 매케인 상원의원이 지지하는 조지 부시 대통령이 촉발시킨 8년간의 실패한 경제정책에 대한 최후의 심판이라는 사실을 알아야만 합니다. 또 다른 4년을 허비할 여유가 없습니다."

"우리는 이란과 힘들지만 직접 대화를 해야 한다고 생각합니다. 이것은 매케인 상원의원과 나의 큰 차이입니다."

"우리가 응징하려는 사람들과 대화를 하지 않겠다는 생각은 그동안 효과를 발휘하지 못했습니다. 이란과 북한에서도 그런 생각은 먹히지 않았습니다."

"북한과 대화를 단절했을 때 그들은 악의 축이었습니다. 하지만 부시 행정부가 이런 태도를 바꿔 대화를 시작했을 때 적어도 몇 가지 진전을 이룰 수 있었습니다."

"지난 몇 주와 몇 개월 전에 일어난 일을 토대로 우리의 대러시아 정책을 완전히 다시 평가해야 합니다. 매우 억압적인 러시아는 지역의 평화와 안정에 위협이 되고 있습니다."

"우리는 (이라크 전쟁에) 6천억 달러를 쏟아부었고 4천 명 이상의 희생자가 발생했습니다. 그러나 알카에다는 전보다 더 강해졌습니다."

"(이라크 주둔 미군 증강 성과에 반박하며) (존 매케인) 당신은 전쟁을 2007년에 시작한 것처럼 말하는군요."

"우리는 일본과 한국 대신 여기 미국에서 오하이오와 미시간에서 미래의 연비가 뛰어난 차량을 개발하도록 해야 합니다."

"이번 금융위기는 1930년대 대공황 이후 최대 위기입니다."

"선심성 예산을 없애는 것만으로는 중산층들의 삶을 제 궤도에 올려놓을 수 없습니다. 매케인은 외과수술용 메스를 써야 하는 곳에 도끼를 사용하는 게 문제입니다. 어린이 조기교육 등 분야에 대한 정부 지출의 확대가 필요합니다."

"파키스탄 국경 지역에 은신해 있는 탈레반과 알카에다를 축출하기 위해 파키스탄 지역에 대한 무력 사용이 필요합니다."

"이라크 전쟁을 애초부터 지지했던 매케인은 이라크에서 종파 분쟁과 미군에 대한 저항 세력을 예상치 못하는 등 이라크전 시작부터 오판을 했습니다."

"이란 문제의 경우 이란과의 직접 외교가 필요합니다. 러시아·중국 등 다른 국가와의 공조를 통한 제재를 해야 합니다."

"미국이 북한과 대화를 거부한 결과 미국은 '악의 축'인 북한을 다룰 수 없게 됐고, 북한은 핵능력을 4배나 확대했으며 핵실험과 미사일 실험을 했습니다. 그러나 부시 행정부가 대북정책 기조를 바꾼 뒤 진전을 이뤘습니다. 북한 문제는 외교적 해결이 정답입니다."

"이라크 전쟁에서는 판단력이 중요합니다."

2차 TV 토론에서의 오바마 발언

"우리는 지금 대공황 이후 최악의 금융위기에 처해 있습니다. (…중략…) 이것은 부시 대통령이 강력하게 추진하고 매케인 상원의원이 지지한 지난 8년간 실패한 경제정책에 대한 최후의 심판입니다."

"매케인의 직설 특급 차량에는 바퀴가 빠져 있습니다."

"(재무부 장관 후보로) 워런 버핏은 매우 훌륭한 선택이 될 것입니다. 그러나 다른 사람들도 있습니다. 차기 재무장관은 상층부 사람들만 돕는 것으로는 충분하지 않다는 것을 이해하는 게 중요합니다.”

“('말을 부드럽게 해야 한다'고 말하는 매케인을 가리켜) 이란에 '폭탄, 폭탄, 폭탄을'이라고 노래를 부르고 북한을 전멸시켜야 한다고 주장했던 바로 그 사람입니다.”

“우리는 무력 사용이라는 대안을 내려놓지 않은 채 대화를 해야 합니다.”

“부시 행정부의 탈규제 정책, 시장에 대한 방임이 지금의 금융위기를 가져왔습니다. 앞으로 시장에 규율과 감독이 필요합니다.”

“(국내 정책에서 가장 우선순위를 둬야 하는 분야의 경우) 에너지 자립, 건강보험 개혁, 교육 개혁 등의 순으로 대처해야 할 것입니다. 특히 10년 안에 중동에 대한 에너지 의존에서 탈피하도록 할 것입니다.”

“(경제위기 탈출을 위해 국민에게 어떤 희생을 요구할 것인가에 대해) 가정과 기업에서 에너지 효율성을 높이기 위한 노력이 필요합니다. 특히 한국과 일본에서 생산된 에너지 고효율 자동차 대신 미국에서 생산된 에너지 효율이 높은 차량을 구입해야 합니다. 평화봉사단처럼 지역사회에 자발적으로 봉사하는 정신도 필요합니다.”

“(기후변화 대처 방안에 대해) 매케인의 지적처럼 원전 건설도 대안 가운데 하나입니다. 그러나 이보다는 여타 대체에너지 활용을 위해 민간 분야에 인센티브를 부여해 에너지 분야에 획기적인 기술혁신을 유도하는 것이 타당합니다."

"경제가 하강하는 가운데서 군사적으로 최고 우위를 유지하는 국가가 존재할 수 없습니다. 한 달에 100억 달러씩 전비를 쏟아붓는 이라크전을 시작하도록 부추긴 것은 바로 매케인입니다."

"(콩고와 르완다처럼 대량학살이 자행되는 곳에 미군을 파견할 것인지에 대해) 미국의 이해관계가 없더라도 도덕적인 의무도 중요합니다. 그러나 지구촌 모든 곳에 미군을 항상 파견할 수 없기 때문에 동맹국과의 협력이 긴요함을 강조하고 비행금지구역이나 군수지원 등의 다양한 방법으로 미국이 제 역할을 할 수 있습니다."

"(베트남전 당시 캄보디아의 경우처럼 미군이 파키스탄의 국경선을 넘나들며 알카에다를 소탕하는 작전을 직접 펼칠 수 있는가에 대해) 파키스탄의 민주화와 현지 군사지원 등이 필요합니다. 그러면서도 빈 라덴과 알카에다의 소탕이 미국의 안보에 최우선 사항이라는 점을 인식해야 합니다."

"(푸틴 체제 러시아는 악의 제국인가라는 논점에 대해) 러시아가 나쁜 행동을 보이고 있지만 옛 소련과는 다르다는 점을 이해하는 것이 중요합니다. 그러나 러시아는 여전히 위험스런 충동을 보이는 민족주의 성향을 갖고 있다는 점에도 유의해야 합니다."

"(이란의 이스라엘 공격시 대응에 대해) 군사적 대응을 결코 선택사항에서 제외하지 않을 것입니다. 동맹국과 외교적 공조와 경제적 제재를 통해 이란이 핵무기를 보유하지 못하도록 해야 합니다. 그러나 부시 대통령이 북한과 대화를 거부하는 가운데 북한이 핵

능력을 4배나 키운 점에서 교훈을 얻어야 합니다."

3차 TV 토론에서의 오바마 발언

"(극좌파 학생운동 조직 출신 인물인 윌리엄 에이어스와의 연관설에 대해) 에이어스는 지난 2~3주간 매케인 선거운동의 핵심이 됐습니다. 에이어스는 내가 여덟 살이었을 때 국내 과격단체와 혐오스러운 일에 가담했고, 나는 그런 행동을 비난해 왔습니다."

"에이어스는 나의 선거운동에 관여한 적이 없으며, (내가 당선된다면) 백악관에서 나를 자문하는 일도 없을 것입니다."

"(자신의 지지 조직인 에이콘(ACORN)이 접수한 등록 유권자 가운데 2천여 명이 미자격자로 드러났다는 부정선거 논란에 대해) 에이콘은 지역 조직이며, 그들이 했던 일은 직원들에게 외부에 나가서 후보 등록을 해오라고 돈을 지급한 것입니다."

"(한미자유무역협정에 대해) 한국은 수십만 대의 자동차를 미국에 수출하는 반면, 미국이 한국에 파는 자동차는 고작 4천~5천 대도 안 됩니다. 이것은 자유무역이 아닙니다. 우리는 자유무역협정(FTA)의 이익을 이해하면서도, 미국의 기업과 미국인 노동자들을 위해 불공정한 협정에 반대할 수 있는 대통령이 필요합니다."

"조지프 바이든 부통령 후보는 미국에서 가장 뛰어난 공직자 가운데 한 명입니다. 그는 자신이 어디 출신인지를 망각하지 않고 늘 약자를 위해 싸워 왔습니다."

"해외로 사업장을 이전하는 기업에 세금감면 혜택을 줘서는 안 되며 미국에 일자리를 창출하는 기업에 세금 환급 혜택이 돌아가야 합니다. 부유층이 아닌 중산층과 95%의 근로자층에 감세 혜택이 집중되도록 해야 할 것입니다."

"(막대한 재정적자를 줄이기 위한 방안에 대해) 보험회사에 연 150억 달러의 보조금을 주고 있음에도 불구하고 노령층에 혜택이 돌아가지 않고 의료보험 시스템 개선에도 효과가 없었습니다. 보험사 보조금을 삭감하고 불요불급한 연방정부의 지출을 세밀히 따져 줄여 나가겠습니다."

"지난 8년간 부시 정부 아래서 국가 채무가 2배로 늘어 5조 달러 이상이 됐으며 올해 재정적자가 5천억 달러에 육박했습니다. 매케인은 부시의 예산안에 대한 투표에서 다섯 번 가운데 네 차례는 찬성표를 던졌습니다."

"(석유의 해외의존도를 낮추는 문제의 경우) 중국에서 7천억 달러 이상의 돈을 빌려다가 사우디아라비아에 보내 버리는 것은 우리 후손들이 갚아야 할 빚이 될 것입니다. 원유 매장량의 3~4%만 보유한 미국이 전 세계 석유 소비량의 25%를 점하는 것은 문제가 있습니다. 석유의 해외의존도를 줄이기 위해 연료 효율이 높은 차량의 미국 내 생산이 필요합니다."

민주당의 선거 참모들은 이번 오바마 돌풍의 주역이다. 특히 사상 첫 흑인 대

들 수 있는 감동적인 '스토리'를 양산하며 유권자들이 오바마에게 관심을 갖게 만들

무너뜨리고 공화당이 회심의 카드로 선택한 이단아 매케인마저 무너뜨리는 괴

피부색의 열등감을 극복하고 자신의 힘만으로 아메리칸 드림을 이룬 버락 오

를 높인 끝에 아버지와 할아버지가 모두 군장성 출신인 매케인 후보를 제치는

3

오바마를 만든 사람들

, 희망과 변화를 주도하며 진정성을 가진 대통령 등 유권자들의 표심을 뒤흔

선거 초반의 분위기를 오바마에게 끌리도록 해 최강자인 힐러리 후보를

발휘했다. 당내 경선에서 남편 빌 클린턴 전 대통령의 인지도를 탄 힐러리를 주저앉히고

눈물겨운 휴먼 스토리는 미국 유수의 미디어에서 끊임없이 재생산되며 그의 지지도

위력을 발휘했던 것이다.

오바마를 움직이는 사람들

... 민주당의 선거 참모들은 이번 오바마 돌풍의 주역이다. 특히 사상 첫 흑인 대통령, 희망과 변화를 주도하며 진정성을 가진 대통령 등 유권자들의 표심을 뒤흔들 수 있는 감동적인 '스토리'를 양산하며 유권자들이 오바마에게 관심을 갖게 만들었다. 이는 선거 초반의 분위기를 오바마에게 끌리도록 해 최강자인 힐러리 후보를 무너뜨리고 공화당이 회심의 카드로 선택한 이단아 매케인마저 무너뜨리는 괴력을 발휘했다. 특히 당내 경선에서 남편 빌 클린턴 전 대통령의 인지도를 탄 힐러리를 주저앉히고, 피부색의 열등감을 극복하고 자신의 힘만으로 아메리칸 드림을 이룬 버락 오바마의 눈물겨운 휴먼 스토리는 미국 유수의 미디어에서 끊임없이 재생산되며 그의 지지도를 높인 끝에 아버지와 할아버지가 모두 군장성 출신인 매케인 후보를 제치는 위력을 발휘했다.

오바마는 짧은 시간 동안 자신의 정치적 경력을 구축했고, 자신을 지지하는 캠프를 탄탄하게 구축했다. 다른 후보들의 경우처럼 방만하거나, 충성도가 낮은 주먹구구식 캠프가 아니었다.

오바마의 캠프는 ■일리노이주에서부터 함께 뛰어온 주류파인 '시카고 사단' ■전통적인 소외세력이었다가 새롭게 합류한 흑인 지지자 중심의 '블랙파워' ■여전히 주류로 자리잡은 막강한 유태인 그룹 ■민주당 경선 과정에서 합류한 민주당 당권파 ■진보진영에서 그를 돕는 진보진영파 ■클린턴 전 대통령과 힐러리와 함께 활동해 온 '클린턴 사단' ■공화당원이었다가 부시 행정부와 공화당의 강경노선에 반발, 민주당에 가세한 합류파 ■흑인과 함께 소수인종이었던 히스패닉과 아시안 ■오바마와 동문수학한 하버드파 등으로 구분할 수 있다.

이들의 급부상에 대해 CNN 정치분석가인 롤랜드 마틴은 "오바마 시대의 등장은 미국 내 파워 엘리트 그룹이 크게 변화하는 계기가 될 것"이라고 진단했다. 너대니얼 퍼실리 컬럼비아대 교수(법학)는 언론 인터뷰를 통해 "여성이나 소수민족이 선택될 가능성이 높다. 오바마의 선택은 급진적인 것이 될 것이며, 이념적인 면에서 급진적인 게 아니라 인물 경력 면에서 급진적일 것 같다"며 "히스패닉계 여성을 발견할 수 있다면 가장 이상적인 최선의 선택이 될 것"이라고 전망했다.

시카고 사단의 대표적 인물로는 수석전략가인 데이비드 액셀로드를 들 수 있다. 액셀로드는 시카고 시절부터 오바마의 모든 전략과 전술을 총괄해 온 오바마 정권의 핵심 인물로, 백악관 선임고문에 임명됐다. 시카고 소재 에어리얼인베스트먼트 설립자인 존 로저스와 부동산사업가인 마틴 네스비트, 밸러리 재럿 등도 시카고 사단이다. 로저스는 선거운동 기간 수십만 달러를 모금한 자금모금책으로 활동했다. 재럿은 1990년대 시카고 시장의 부실장으로 일하면서 미셸 오바마를 시장 보좌역으로 채용했다. 오바마의 친한 친구인 네스비트는 그동안 선거자금 모금과 자문역으로 활동했다.

미국의 사실상 지배계층인 와스프(WASP) 등 보수계층이 퇴조하고 소수그룹이었던 흑인 엘리트 그룹이 전면에 떠오르는 것도 오바마 시대의 신권력 지도다. 1960년대 민권운동의 수혜 세대로 꼽히는 이들은 하버드대 로스쿨이나 아이비리그 대학을 졸업한 엘리트 출신 40·50대 젊은층이 해당되며, 대부분 흑인의 한계를 극복하고 시카고와 워싱턴, 월가의 백인 주류 사회에서 자신들의 영역과 전문성을 구축한 인물들이다. 법무장관에 내정된 에릭 홀더, 백악관 선임고문으로 임명된 밸러리 재럿, 부동산 투자가 마틴 네스비트, 존 로저스 에어리얼인베스트먼트 회장, 아서 데이비스 하원의원(민주·앨라배마), 찰스 오글트리 하버드대 로스쿨 교수, 유엔 대사에 내정된 수전 라이스 전 국무부 차관보, 리처드 게파트 전 하원의원 보좌관인 카산드라 버츠 미국진보센터 부소장 등의 흑인 파워가 향후 오바마 행정부의 한 축이 될 전망이다.

흑인과 함께 소수인종이었던 히스패닉과 아시안 등의 목소리도 높아질 전망이다. 전체 인구에서 15%를 차지할 정도로 인구가 꾸준히 늘고 있는 히스패닉에서는 오바마를 지지했던 빌 리처드슨 뉴멕시코 주지사가 상무장관에 내정됐다. 대선 경선에도 나섰던 그는 북한과 쿠바 등 미국의 적대국을 방문해 선린외교를 펼치는 등 외교안보 분야에 해박하고 히스패닉의 절대적인 지지를 받고 있다

아시안에서는 오바마를 적극 후원해 온 김동석 뉴욕·뉴저지 한인

유권자센터 소장과 오바마 뉴욕·뉴저지주 후원회장을 맡았고 정책대리인으로 활동했던 라이언 김의 활약이 관심을 모으고 있다. 또 클린턴 행정부 시절 백악관 경제자문위원실 실장 출신으로 오바마 인수위원회에 한국계로는 유일하게 포함된 오드리 최(40, 한국명 최경옥), 강영우 백악관 장애위원회 정책보좌관의 차남으로 오바마와 하버드대 동문인 강진영 미 의회 상원 본회의장 다수당 운영국장, 오바마 당선자의 정치보좌역으로 일정관리 담당 참모로 활약해 온 유진 강(24), 오바마 캠프 내 여성지도위원회와 아시아 태평양계 지도위원회에서 기금모금과 정책자문으로 오바마의 하버드대 로스쿨 동문인 마리사 전(43) 변호사, 오바마가 지원 유세를 했으며 뉴저지주에서 오바마 지지 선언을 했던 준 최(34) 에디슨시 시장 등도 주목 대상이다.

막강한 유태인 그룹도 여전히 힘을 발휘할 전망이다. 오바마가 이스라엘을 방문해 친이스라엘 행보를 하는 등 유태인 그룹에 남다른 애정을 나타냄에 따라 과거 정권 이상으로 막강한 영향력을 행사할 것으로 전망되고 있으며, 실제 램 이매뉴얼 하원의원을 비서실장으로 배출하면서 이 같은 전망은 현실화되고 있다. 유대계 그룹은 이번 선거에서 '승자'인 오바마에게 막대한 선거자금과 전폭적인 지지를 보냈으며, 미국 내 유대인총회로 불리는 유대인공공정책위원회(AIPAC)는 선거 후 "이번 대선에서 유대계는 78대22로 오바마에 대한 압도적인 지지를 보여줬다"고 오바마에 대한 지지를 거듭 확인했다. 실제 의회 선거를 통해서도 유대계의 정치적 파워는 크게 확대되면서 상원 내 유대계 출신 13명, 하원 내 32명이 막강한 자금력과 조직력으로 미국 정치를 주도하고 있다.

클린턴 전 대통령과 힐러리와 함께 활동해 온 '클린턴 사단'도 막강하다. 일단 경선을 함께 한 클린턴 전 대통령의 부인 힐러리가 국무장관에 내정됐고, 클린턴 비서실장이었던 존 포데스타 미국진보센터 소장은 인수팀장을 맡고 있으며, 클린턴 정부에서 보좌역을 오랫동안 지내면서 클린턴의 정치자금을 좌지우지했던 램 이매뉴얼 하원의원은 백악관 비서실장 자리에 올랐다. 또 에릭 홀더 전 법무부 차관보는 법무장관에 내정됐으며, 국가경제위원회(NEC) 위원장에는 클린턴 시절 재무장관이었던 로런스 서머스가 내정됐다. 클린턴 행정부에서 일했던 수전 라이스 전 국무부 차관보는 유엔 대사에, 리처드 게파트 전 하원의원 보좌관인 카산드라 버츠는 정권인수위 고문을 맡고 있다. 클린턴 대통령 부부의 오랜 친구이자 르윈스키 섹스 스캔들 변호를 맡았던 그레고리 크레이그(63) 변호사를 백악관 특별 법률고문으로 인선한 것도 클린턴 사단의 저력을 입증한다.

민주당 경선 과정에서 합류한 민주당 당권파 및 진보진영도 오바마 정권의 주축 세력이다. 대표적 인물로는 자신들의 지지 의원들을 모두 오바마측에 파견해 적극 지원했던 낸시 펠로시 하원의장 등이 있으며, 앞으로 이들 진보 성향 의원들의 역할이 주목된다. 존 케리 상원의원은 2004년 대선 출정을 위한 민주당 전당대회에서 오바마에게 기조연설을 맡겨 정치적 스타로 떠오르게 했고, 이번 대선에서도 오바마를 꾸준히 지지해 국무장관 후보로 오르내렸다. 보건후생장관으로 내정된 톰 대슐 전 상원의원은 오바마에게 램 이매뉴얼 하원의원을 비서실장으로 추천하는 등 유능한 인재를 소개해 줬으며 정치적 조언을 아끼지 않고 있다. 에드워드 케네디 상원의원은 민주당 경선 초기부터 오바마를 지원해 경선에서 힐러리에게 뒤지고 있던 오바마에게 큰 힘이 됐다. 환경운동가로 변신한 앨 고어 전 부통령은 오바마가 대체에너지 개발에 10년간 1500억 달러를 투자해 500만 개의 그린(green) 일자리를 만드는 '아폴로 프로젝트'를 구상할 수 있도록 환경정책을 조언하는 등 핵심 역할을 해 기후변화 특사 물망에 오르내리고 있다.

특히 오바마와 코드가 맞는 민주당 진보파 초선 의원들이 다수 연방 의회에 진입하면서 각종 법안과 정책 입안 과정에서 진보파와 소수파의 목소리가 높아질 전망이다. 이미 민주당 내에서는 상하 양원 핵심 위원장 자리를 차지하기 위한 파워게임이 치열하게 전개되고 있다. 하원 에너지통상위원회에는 정부개혁위원회 위원장이었던 헨리 왁스먼 의원이 12선의 존 딘겔(82) 위원장에게 도전, 박빙의 승리를 거두었다. 이밖에도 세입위원회 위원장 자리와 상원 외교위원장, 국토안보위원장 자리를 둘러싼 각축전이 치열하게 벌어지고 있다.

이 같은 오바마 성향의 입법·행정부를 포함한 정치구조 개편 바람은 사법부에도 거세게 불 전망이다. 모두 9명인 연방대법원 판사직 가운데 오바마의 임기 중 2명이 교체될 예정으로, 후임 대법관은 여성과 소수민족 가운데 기용될 가능성이 높다는 전망이 나오고 있다.

의회의 워싱턴 내부 인맥도 여전히 위력을 발휘하고 있다. 오바마는 11월 16일 상원의원 시절 비서실장으로 인수위 공동팀장을 지낸 피트 라우즈(62)를 백악관 수석고문에 임명했다. 오바마는 또 램 이매뉴얼 백악관 비서실장 밑에서 일할 2명의 부실장으로 여러 민주당 의원의 비서실장을 지내며 의회 정치에 밝은 인수위 멤버인 모나 서트펜과 짐 메시너를 선임했다. 또 하원 정부개혁위원회 의장을 맡고 있던 헨리 왁스먼 민주당 의원의 비서실장을 지낸 필립 실리로(52)를 수석 의회 연락관으로 임명했다.

이번 인선은 워싱턴 정가에서 잔뼈가 굵은 워싱턴 인사이더를 백악관 참모진에 대거 포진시켜 의회와의 공조를 원활하게 하겠다는 오바마의 전략으로, 특히 오바마가 워싱턴 의회 정치에 경험이 부족한 면을 채워 줄 수 있는 인사를 선정했다는 지적이 나오고 있다.

오바마와 하버드대 로스쿨에서 동문수학한 하버드 동문 파워도 막강하다. 하버드대 로스쿨 동기인 아서 데이비스 하원의원, 찰스 오글트리 로스쿨 교수, 역시 로스쿨 교수이자 모금책을 맡았던 데이비드 윌킨스 등은 하버드대 동창 조직을 동원, 500만 달러의 선거자금을 공급하는 막강한 위력을 발휘했다. 특히 윌킨스 교수는 2000년 흑인 동문이 전국적으로 1400명에 달하는 사실을 파악하고 흑인동문회를 조직하는 등 선거 승리의 일등공신이다. 오바마 시대가 부상하기 이전에도 하버드대 출신들은 미국을 이끈 핵심 세력이었다는 점에서 향후 하버드대 출신과 하버드대 및 학부인 컬럼비아대학의 행보에도 관심이 쏠릴 전망이다.

오바마의 장자방 데이비드 액셀로드
백악관 특급 드라마 완성

 오바마 캠프의 최고 재사는 누가 뭐라 해
도 일리노이주 상원의원 시절부터 20여 년
가까이 고락을 같이 해온 데이비드 액셀로
드(52)다. 신문기자 출신의 액셀로드는 세
계 최강대국에서 각국의 비웃음을 받는 존
재로 추락한 미국 유권자들의 답답하고 뭔
가 변하고 싶고 현재의 상황에서 탈출하고 싶어하는 정서를 읽어내고,
상대인 공화당 매케인 후보의 예봉을 꺾으면서 선거전을 주도했다.

그는 역대 최악의 정부로 통하는 부시 행정부에 대한 미국인들의
'실망감'을 파고들어 선거 초기 판세를 유리하게 이끌어간 일등공신으
로, 이번 대선전을 통해 최고의 스핀닥터로 각광을 받고 있다. 그는 대
통령 후보들의 TV 토론 때 자기 후보가 유리하도록 전략을 짜고, 후보
를 가까운 거리에서 보좌하며 우호적인 여론이 조성되도록 돕는 홍보
전략 전문가라는 스핀닥터의 본래적 의미에 가장 근접한 인물 중 한 명
이라는 평가를 받는다. 공화당의 칼 로브나 스티브 슈미트가 네거티브
선거전의 전문가로서 '당선'이라는 목적을 위해 사실을 왜곡하거나 조
작하는 데 능한 전략가로 부정적인 활동을 한 반면, 액셀로드는 초기
오바마의 일리노이주 상원의원 시절부터 그를 적극 보좌하면서 오바
마의 신선하고 진정성 있는 이미지를 쌓아 온 주역으로 꼽힌다.

오바마의 수석 미디어 전략가이기도 한 그는 특히 후보자의 성장 배

경, 품성을 비롯한 개인적 특성에 기초한 선거 캠페인을 조직하는 데 탁월하다는 평가를 받았다. 그는 오바마의 초기 정치인 생활을 잘 아는 탓에 자신의 불우한 성장 배경을 늘 강조하며 '기회가 강물처럼 흐르는' 사회의 재건을 호소하는 오바마 선거 전략을 효과적으로 미국민들에게 전달해 왔다는 평가를 받고 있다. 오바마 진영의 정치 전략, 정책, 대언론 홍보까지 도맡아 하는 등 '오바마=액셀로드'라는 공식까지 만들어냈을 정도다.

1980년대 중반 아프리카 출신 미국 정치인들을 보좌하며 명성을 쌓아 온 액셀로드는 첫 흑인 시카고 시장인 헤럴드 워싱턴과 첫 흑인 매사추세츠 주지사 데발 패트릭 등을 지원했으며, 시카고에서 오바마를 만나자마자 의기투합했다. 초기 오바마의 상품성을 놓고 고민했으나 오바마의 장점을 확신한 뒤 오바마맨이 됐다. 업무를 통해 정·재계 인사들과 친분을 쌓은 클린턴 전 대통령과 힐러리의 전략가 마크 펜과 달리, 액셀로드는 개인적 교분으로 정치인들과 인연을 맺어 왔다.

이 같은 성향에는 〈시카고 트리뷴〉 기자를 거친 다양한 현장 경험이 바탕이 됐다. 그는 '우리가 믿을 수 있는 변화(Change we can believe in)'란 슬로건을 내걸고 오바마의 인간적인 매력을 극대화시키는 등 활달한 이상주의자라는 평가에 걸맞은 탁월한 선거전략가로서 성공 드라마를 만들어냈다.

액셀로드는 〈시카고 트리뷴〉지에서 기자 생활을 하다 1980년대 말 정치 컨설팅 회사를 차렸다. 자신이 파트너로 있는 'AKP&D'에서 AT&T를 비롯한 글로벌 기업들의 마케팅을 담당하며 첨단 마케팅 기법을 몸에 익힌 탓에 그의 전략 수립은 기업 마케팅의 장점을 정치에 그대로 이식시킨 기업형 정치 전략 스타일을 갖고 있다. 특히 소비자의 감성에 호소하는 '스토리 마케팅'을 앞세워 민주당의 전통적 지지 계층인 흑인과 블루칼라는 물론, 공화당의 텃밭인 화이트칼라 계층 일부까지 포섭하는 데 성공했다는 평이다.

액셀로드는 특히 '미디어는 메시지'라는 마셜 맥루한의 유명한 명제를 가장 잘 이해하고 선거 전략에 실천하고 있는 인물로, 항상 자신이 주도하는 선거 캠페인을 이슈가 아니라 인물 구도 중심으로 끌고 간다는 특징을 보여 왔다.

이에 따라 그의 선거 전략에서는 '후보가 곧 메시지'가 현실화되어 이번 대선에서 오바마의 성공을 부르는 요소로 작용했다. 자신이 직접 선거운동을 펼친 2006년 매사추세츠주 데발 패트릭 선거전에서 오바마 필승 전략의 영감을 받은 액셀로드는 이를 근거로 오바마 태풍을 몰아치게 했다. 공화당 부시 대통령의 선거 참모 칼 로브처럼 세세한 통계 수치를 중시하고 네거티브 선거운동에 주력하는 스타일과 달리, 유권자의 감성을 파고드는 인물 마케팅에 주력함으로써 감동적인 오바마 드라마를 만들어냈던 것이다. 물론 일부에서는 이 같은 기업형 전략을 취한 그에 대해 선거의 큰 국면을 결정하는 전략가라기보다 이미지 메이커에 불과하다고 평가하기도 하지만, 2008년 오바마 드라마는 그가 없었다면 보기 어려웠을 역사적인 장면이라 할 것이다.

유복한 유태인 가정에서 태어났지만 심리학자인 아버지가 자살한 아픈 기억을 갖고 있는 액셀로드는 초기 비극적이었던 오바마의 성공 스토리를 성사시키면서 미국 대선에서 딕 모리스-칼 로브의 계보를 잇는 또 다른 킹메이커로 떠올랐다.

액셀로드는 2007년 6월 5일 뉴햄프셔주 세인트 안셀름대학에서 열린 민주당 대통령후보 합동토론회 직후 언론과 만나 "부시 대통령이 지금까지 북한 핵 문제를 해결하지 못한 것은 큰 잘못이다. 현재의 상황을 반전시켜야만 한다. 현재 진행중인 6자회담에서 좀더 성과가 나와야 한다. 6자회담을 통한 포용정책의 수행이 너무 늦게 시작됐다. 일단 부시 대통령의 임기말까지 북핵 문제와 관련해 일정한 진전이 있기를 희망한다"고 밝히는 등 다양한 현장에서 오바마를 대신해 한반도 문제에 대한 의견을 적극 피력하기도 했다.

오바마의 입
백악관 대변인 로버트 깁스

오바마 캠프의 수석 대변인으로 새 백악관 대변인을 맡은 로버트 깁스는 정치 컨설턴트로서 오바마 캠프의 공보담당 국장도 맡았다. 2004년 이후 오바마와 함께 일해 온 깁스는 2004년 미국 대선 당시 존 케리 민주당 후보의 공보비서를 맡아 대선을 치른 경험을 갖고 있다. 특히 상원의원 선거 때면 여기저기서 컨설팅 요청이 쇄도하는 등 상원 선거 전문가로 꼽히는 깁스는 민주당 상원선거운동위원회 공보국장을 맡는 한편, 개별 상원의원들의 선거에도 관여했다. 그가 직접 관여한 대표적인 상원의원 선거는 1998년 프리츠 홀링

스와 2004년 버락 오바마의 선거로 모두 멋지게 성공시켰다는 평가를 받았다.

그러나 2004년 대선 경선 당시 하워드 딘 후보에게 공격을 퍼부은 527그룹(매케인 후보 지지 성향의 보수파)과 관계를 맺고 있었다는 이유로 강한 비판을 받았다. 깁스는 2004년 대선을 1년 가량 앞둔 2003년 11월 14일 일요일 밤에 케리 후보가 갑자기 짐 조단을 해고하자, 이에 반발해 사표를 제출한 뒤 시민단체의 대변인을 맡았다.

오바마가 그를 수석 대변인으로 선임할 당시 2004년 하워드 딘에 대한 공격 여부가 논란이 됐으나 오바마는 그를 적극 신뢰해 대선전략팀에 전격 합류시켰다. 강한 개성의 소유자인 깁스는 상대의 네거티브 캠페인이나 잘못된 정보에 대해 곧바로 받아치는 공격적인 성향을 갖고 있다. 특히 언론 보도에 불만이 있을 경우, 저돌적으로 공세를 펴 언론과의 관계가 그리 원활한 편은 아니다.

깁스는 공화당이 "오바마는 무슬림"이라는 네거티브 공세를 펴자, 즉각 이를 논리적으로 분석하고 잘못된 사실에 근거한 오보와 근거 없는 네거티브라고 대응해 공화당을 당황케 하는 등 순발력이 아주 뛰어나다는 평가를 받았다. 그는 부시 대통령이 중동을 방문 중인 오바마의 이스라엘 정책에 의문을 표시하자 "경악스러운 일이다. 해외에서 활동하는 후보에게 공격하는 것은 유례없는 일"이라고 부시 대통령의 주장을 강력하게 반박하기도 했다. 그는 공화당의 거듭된 네거티브 캠페인에 대해 "미국 국민들은 이런 악의적이고 무책임한 고발 등에 염증을 내고 있다"고 밝히기도 했다.

1971년 생인 깁스는 1989년 앨라배마주 오번고교를 마친 뒤 노스캐롤라이나주립대학에서 정치학을 전공했으며, 현재 버지니아주 알렉산드리아에서 변호사 부인과 다섯 살 된 아들과 함께 살고 있다.

그는 매케인의 전략가인 스티브 슈미트가 언론 인터뷰를 통해 "버락 오바마는 실질보다는 말이 앞서는(Bundle of Hype) 인물이다. 그가 힐러리 로댐 클린턴에 비해 상대하기가 더욱 수월한 후보인 이유가 바로 여기에 있다"고 비난하자, 이를 논리가 갖춰지지 않은 형편없는 네거티브 공격이라고 강력하게 비난하는 등 오바마 캠프의 입노릇을 톡톡히 했다는 평가를 받았다.

미국의 동북아시아 외교정책 다룰 프랭크 자누지

오바마의 동북아시아 외교정책을 총괄하는 인물은 프랭크 자누지다. 민주당 부통령 후보인 조지프 바이든 상원의원의 수석 보좌관이자 오바마 캠프의 한반도 정책팀장이기도 한 그는 민주당의 대표적인 동아시아 전문가다. 오바마가 국무부의 아시아 팀을 새로 짤 경우, 현재 크리스토퍼 힐 6자회담 대표가 맡고 있는 국무부 동아태 차관보로 유력하게 거론되고 있다.

자유아시아방송(RFA)은 오바마 후보의 '러닝메이트'로 지명된 조지프 바이든 상원 외교위원장의 핵심 브레인으로 미 의회 내 대표적 지한파인 자누지와 관련해, 의회에서 자누지 전문위원과 잘 아는 관계인 한 핵심 인사는 "자누지는 의회 내 대표적인 아시아통으로 일본은 물론 한반도 문제에 대한 식견이 높기 때문에 오바마 행정부가 들어서면 국무부 동아태 담당 차관보직에 기용될 가능성이 충분하다"고 말했다고 전했다.

이 인사는 자누지 전문위원에 대해 "북핵 문제의 외교적 해법을 선호하는 포용파로, 6자회담 내내 자누지가 힐 국무부 차관보와 접촉했고 개인적으로도 힐을 존경하는 것으로 알고 있다"고 설명하며 자누지의 발탁을 전망했다.

미 의회조사국의 래리 닉시 박사도 국무부 동아태 담당 차관보직은 주로 직업 외교관 출신이 맡아 왔지만 제임스 켈리 전 차관보처럼 외부에서 영입한 선례도 있다면서 자누지의 발탁 가능성을 점치고, 자누지가 국무부로 가지 않을 경우 국가안보회의(NSC) 아시아 정책 책임자로 발탁될 수도 있을 것으로 내다봤다. 워싱턴 일각에서는 바이든 부통령이 향후 부통령실을 운영하는 과정에서 자누지를 외교안보 분야를 담당할 핵심 인력으로 발탁할 가능성도 있다고 RFA는 전했다.

1986년 예일대학 역사학과를 졸업한 후 하버드대 케네디스쿨에서 수학했으며, 1989~1997년 미 국무부 내 정보연구소(INR)에서 한반도·중국·일본에 관한 연구를 하다가 조지프 바이든 상원의원의 보좌진으로 영입됐다. 1994년부터 여러 차례 방북한 자누지는 2004년 1월 미 상원 리처드 루거 외교위원장의 키스 루스 보좌관 등과 함께 방북해 영변 핵시설을 둘러보고 김계관 외무성 부상 등과 면담한 것을 비롯해, 2008년 3월에도 북한을 방문하는 등 북핵 문제에 관한 미 의회 차원의 대응책 마련에 깊숙이 관여해 왔다.

2006년부터 1년간 일본 게이오대학 방문교수 자격으로 일본에 머물렀던 자누지는 중국어에도 능통한 아시아 지역 전문가로, 이지적이면서도 합리적인 정책 해결을 추구하는 스타일이다. 그는 2004년과 2005년 필자와의 인터뷰에서 "부시 행정부가 북핵 등 한반도 문제를 풀기 위해서는 북한과 대화를 통해 문제를 해결해 나가는 적극적인 자세가 필요하다"며 네오콘을 위주로 강경 정책만을 쓰는 부시 행정부에 대한 우려를 표명한 바 있다.

그는 대선 과정에서 워싱턴 인근 한인타운 애넌데일에서 열린 한국 동포들의 오바마 지지 모임에 여러 차례 참석해 "오바마 후보는 북한과의 관계 개선을 위해 (김정일 위원장과의) 고위급 협상 가능성을 배제하지 않고 문을 활짝 열어놓고 있을 것"이라며 "북한이 한꺼번에 무장해제를 하려고 하지 않겠지만, 단계적으로 행동 대 행동의 원칙에 따라 추진해야 할 것이다. 북핵 해결을 위해 6자회담의 틀 안에서 적극적인 북·미 양자 회담이 필요하다"고 말하는 등 적극적인 북핵 해결 정책을 추구해 왔다.

그는 오바마가 아프가니스탄에 대한 미군 추가 파병에 관심을 보이는 것과 관련해선 "북대서양조약기구(나토)와 한국 등이 아프가니스탄에서의 노력을 배로 늘려 줄 것을 희망하고 있다"며 "구체적으로 정해진 것은 없지만 군이나 경찰 파견, 그리고 재건 지원 등 무엇을 요구해야 할지 신중한 검토가 이뤄질 것"이라고 전해, 이라크에 앞서 아프가니스탄 전쟁의 조속한 해결 필요성을 강조하기도 했다.

'아이오와 바람' 승리의 주역
데이비드 플루프

 오바마 캠프의 야전을 포함해 총체적인 선거운동을 담당한 총책임자 겸 야전사령관은 데이비드 플루프(41)다. 2004년 일리노이주 연방 상원의원 선거 당시 언론 분야를 포함해 선거운동을 총괄 지휘한 컨설팅 회사인 AKP미디어의 파트너로 일하고 있다. 청년 시절 오바마처럼 공동체 조직 운동을 했기 때문에 지지자를 규합하는 데 능하고 대인 접촉과 지지자 규합에 능수능란한 선거운동의 귀재다.

오비미기 첫 경선 지역인 이이오와주에서 승리해 바람을 일으키는 데 결정적인 공을 세웠다. 플루프는 아이오와주에 총력을 기울여 승리하면 힐러리 클린턴 상원의원을 격파할 수 있다고 주장하는가 하면, 힐러리가 간과한 코커스(당원대회) 개최 지역을 다져야 한다고 강조하는 등 자신감 넘치는 전략으로 대선 경선과 본선 승리를 따냈다.

플루프는 2004년 오바마가 연방 상원의원 선거에 도전했을 때부터 함께 호흡을 맞췄다. 오바마와는 1992년부터 알고 지낸 탓에 오바마의 장점을 활용한 선거운동을 창의적으로 만들고 해석하는 능력을 갖췄다는 평가를 받았다. 오바마가 중요한 연설문을 준비할 때 많이 의지할 정도로 박식하고 지역사회 현안도 잘 알고 있다. 힐러리측도 본뜬 오바마의 슬로건 '그래, 우린 할 수 있어(Yes, we can)' 를 만든 장본인이기도 하다.

대선 본선에서도 전국 선거운동 총책임자를 맡아 맹활약한 플루프
는 2004년 대선에서 민주당 딕 게파트 의원의 선임고문, 2000년 대선
당시 민주당의 의회선거운동위원회 집행국장을 지냈다.

101번째 상원의원
캠프 살림 총괄하는 피트 라우즈

피트 라우즈(62) 비서실장은 1995년부터
10년간 민주당의 정치지도자인 톰 대슐 전
상원의원의 비서실장을 지낸 것을 비롯해
30년 동안이나 정치판에서 잔뼈가 굵은 중
량급 참모다. 대슐 전 상원의원과는 1985
년부터 함께 일해 왔으며, 가족들끼리도 친분이 깊을 정도로 절친한
사이다.

그는 2004년 대슐 의원이 선거에서 패배한 후 정치권을 떠나 새 삶
을 개척할 계획이었으나, 민주당 전당대회에서 명연설로 민주당원들
의 마음을 사로잡은 오바마와 만난 뒤 그의 비서실장을 맡기로 했다.
이후 4년 동안 오바마를 보좌하면서 오바마의 정치적 성공을 총지휘해
왔다.

그는 오바마가 연방 상원의원에 당선된 첫해에 오바마의 '전략계
획'이라는 문건을 작성, 당시 워싱턴 정치와 연방 상원의 운영 방식에
대해 문외한이었던 오바마를 차기 대권주자로 자리매김했다. 당시 상

원과 워싱턴 정치서클의 운영 방식을 잘 모르는 순진한 정치인인 오바마의 원내 전략을 수립, 오바마가 쉽게 적응할 수 있도록 한 것이다.

그는 오바마에게 민주당 원내대표인 해리 리드를 공격하도록 하는가 하면, 개혁성이 부족한 의회 윤리개혁안에 대해서는 반대 투표를 하도록 했다. 또 오바마가 초기에 민주당에서 막강한 영향력을 가진 에드워드 케네디 상원의원과 2000년 선거에서 부통령 후보로 출마했던 조셉 리버맨 의원 등과 함께 발언할 수 있는 기회를 갖도록 했다.

이 과정에서 민주당 지도부와 친숙해진 오바마의 정치적 영향력이 급속하게 높아졌다. 피트 라우즈는 또 오바마가 존 로버츠 대법원장의 의회 인준 청문회 과정에서 강력하게 비판을 제기하고 반대 투표를 함으로써 오바마의 진보적 선명성을 민주당원들에게 각인시키도록 했다.

그는 의회에서 30여 년 동안 산전수전 다 겪은 탓에 '101번째 상원의원'이라는 별명을 갖고 있다. 의회에 대한 지식과 각종 정치적 기법이 워낙 능수능란한 탓에 100명의 상원의원에 이어 실제 상원의원에 맞먹는 영향력을 갖고 있다는 세간의 평가에서 나온 별명이다. 이처럼 탁월한 역량과 정치 활동으로 그는 연봉을 14만 달러 받고 있다.

그는 9·11테러 사태가 발생한 지 한 달 정도가 지난 2001년 10월 15일 대슐 의원 사무실로 배달된 탄저병 소포로 인해 20명에 달하는 대슐 의원실 보좌관들과 함께 감염 검사를 받기도 했다.

피트 라우즈는 그동안 기회가 될 때마다 당파적 정치 행태를 비판하면서 초당적으로 미국과 세계를 위한 진정한 정치를 회복해야 한다고 지적해 왔다. "우리는 원칙을 가진 타협을 위해 더욱 노력해야 한다.

우리는 미국 정치를 변화시켜야 한다"고 말해 온 그는 변화와 희망을
설파하는 오바마의 정치철학과 만나 빛을 발하고 있다.

선거대책본부 총괄운영
스티브 힐더브랜드

선거대책본부장인 스티브 힐더브랜드는 1986년
부터 20여 년간 선거운동을 전문적으로 해온 활
동가다. 사우스다코타주 출신인 힐더브랜드는
2002년 민주당 소속인 팀 존슨 사우스다코타주
상원의원의 선거전을 성공적으로 이끌었으나
2004년 톰 대슐 상원의원의 선거를 맡아서는 실
패한 경력을 갖고 있다. 당시 대슐 의원은 선거에 패배함으로써 4선 도
전에 실패했다. 그 역시 좌절했으나 피트 라우즈와 함께 오바마 선거팀
을 맡아 첫 흑인 대통령 당선을 위해 총력을 기울여 왔다.

그는 2000년 앨 고어 당시 민주당 대선 후보의 아이오와 코커스를
총지휘하는 등 대통령 선거에 많은 노하우를 갖고 있으며, 오바마 행
정부에서 국정 자문을 맡게 될 것으로 전망된다.

오바마의 심금을 울리는 연설문 작성자
27세의 청년 존 페브로

오바마는 에이브러햄 링컨 대통령과 마틴 루터 킹 목사에 버금가는 연설 실력을 갖고 있다는 평가를 받고 있다. 2004년 민주당 전당대회에서 했던 오바마의 '담대한 희망'이라는 연설은 수만 명의 민주당원뿐만 아니라 미국인들의 마음을 온통 사로잡았고, 이후 오바마는 심금을 울리는 메시지를 담은 탁월한 연설로 결국은 백악관에 입성하는 기적을 일궜다. 그 같은 역사적 의미를 지니면서 미국 사회를 뒤흔든 연설문을 작성한 이가 바로 오바마 캠프의 연설문 작성자인 존 페브로(27)다.

2년여에 걸친 미국 대선 과정에서 매케인 캠프에서는 부시 대통령의 승리를 이끌었던 빡빡머리 전략가 스티브 슈미트가 언론의 주목을 받은 반면, 오바마 캠프에서는 빡빡머리의 27세 백인 청년 페브로가 감수성과 서정적인 드라마가 넘치는 탁월한 연설문 작성 실력으로 화제를 모았다.

2004년 보스턴 민주당 전당대회에서 존 케리 후보의 요청으로 연설을 하게 된 오바마 당시 일리노이주 상원의원은 케리 캠프의 연설문 작성 자원봉사자였던 23살의 대학생 페브로를 소개받았다. 오바마는 당시 '담대한 희망'이라는 주제로 연설문을 준비 중이었고, 첫 중앙무대에서 멋진 연설을 하기 위해 맹연습에 몰두하고 있었다. 그때 케리 캠프에서 파견 나온 페브로가 끼어들었다. 오바마의 리허설 장면을 지켜보던 페브로는 "케리 후보와 겹치지 않도록 연설문을 다시 쓰는 것이 좋겠다"는 의견을 제시했다. 순간 연습 중이던 오바마가 고개를 쳐들었다. 페브로는 "오바마가 쳐다보는데 당혹한 기색이었다. '이 애송이는 대체 뭐야?'라는 표정이었다"고 정치일간지 〈폴리티코〉와의 인터뷰에서 당시를 회상했다.

결국 오바마는 페브로와 함께 '변화와 희망, 그리고 통합을 통한 미국 사회의 미래 비전'을 주제로 한 연설문을 작성한 뒤 피나는 연습을 통해 보스턴 전당대회에 참석한 민주당원들을 사로잡았다. 당시 〈뉴욕타임스〉 등으로부터 미국 전당대회 사상 최고의 연설로 평가받은 이 연설로 오바마는 중앙정치 무대에 화려하게 등장했고, 11월 상원의원 선거에서 일리노이를 대표하는 연방 상원의원에 가볍게 당선됐다. 오바마는 상원의원직을 수행하기 위해서 워싱턴 D.C.로 옮겨가면서 보스턴에서 만난 페브로를 데리고 갔고, 이후 페브로는 오바마의 연설을 담당하면서 유세 과정에서 많은 미국인들의 심금을 울리는 명연설문을 작성했다.

오바마는 대선 경선이 시작된 2008년 1월 3일 아이오와 코커스에서 백인 인구 95% 이상의 불리함을 극복하고 힐러리를 제치면서 첫 승리를 거뒀다. 결과가 나오기에 앞서 페브로는 오바마와 승리 연설의 주제를 놓고 이야기를 했다. 주제는 통합이었다.

페브로는 〈폴리티코〉와의 인터뷰에서 당시 상황에 대해 "많은 이들이 오바마가 승리하는 순간은 결코 오지 않을 것이라 말했다. 흑인 후보가 백인 주에서 열리는 첫 번째 코커스에서 이긴다는 것은 있을 수 없는 일이라고 많은 이들이 확언했다"며 "오바마와 나는 이에 대해 많은 이야기를 나누었고, 결국은 그 일을 만들어내고야 말았다"며 감격스러웠던 당시 상황을 돌아보았다. 수석전략가인 데이비드 액셀로드는 〈뉴욕타임스〉와의 인터뷰에서 "오바마는 페브로를 믿는다"고 페브로에 대한 오바마의 깊은 신뢰를 언급하기도 했다.

다이어트 코크와 당근스틱 과자, 크래커, 그리고 커피를 좋아하는 '동안(童顔)'의 페브로는 그동안 자신과 비슷한 나이의 젊은 팀원 둘과 함께 오바마의 '연설문 3인방'을 주도해 왔다. 다른 연설문 팀원인 26세의 애덤 프랭클은 과거 존 F. 케네디 대통령의 고문이자 연설문 작성자였던 시어도어 소렌슨과 함께 일했던 경력을 갖고 있고, 30세의 벤 로즈는 외교협회장을 맡았던 리 해밀턴 전 하원의원과 함께 이라크연구그룹(Iraq Study Group)의 보고서를 작성한 경력이 있는 인물이다.

그는 〈뉴스위크〉와의 인터뷰에서 "주로 일하는 방식은 오바마와 함께 30분 정도 앉아 있는 데서 시작된다"며 "오바마가 말하면 나는 타이핑을 한다. 그리고 이를 재구성하고, 다시 쓴다. 오바마도 말하고 스스로 재구성한다. 그리고 우리는 완성된 연설문을 만들어내는 방식으로 일한다"고 오바마와의 연설문 완성 방식을 설명했다. 그는 "연설문을 쓰는 것은 정말 대단한 일이다. 많은 경우 글을 쓰고, 이를 제출하고, 여러 조언자나 고문들이 이를 마구 잘라낸다. 그리고 이 글이 후보에게 전달되고, 그러고 나서 다시 되돌아온다. 이 같은 방식으로 일하는 데 매우 익숙하다"고 덧붙였다.

어떤 경우에는 오바마 스스로 연설문을 작성한다. 오바마는 스스로 빼어난 글 실력과 문학적 감수성, 법학도다운 논리와 냉철한 분석력을 가진 드문 정치인으로 꼽힌다. 오바마는 2008년 2월 일리노이주 스프링필드에서 연설하는 날 새벽 4시에 급하게 페브로에게 전화를 걸었다. 이날 읽을 연설문의 초고를 이메일로 보냈다는 소식이었다. 페브로의 감수와 수정을 거친 연설문이 오바마에게 다시 이메일로 되돌아왔고, 오바마는 감동적인 연설로 이날 스프링필드에 모인 청중들의 마음을 사로잡았다. 경선 초반 분위기를 힐러리가 아닌 자신에게 끌어들이는 중요한 기로에서 오바마-페브로팀이 주도권을 잡은 순간이었다.

페브로는 태어나서 성장했던 매사추세츠주 워체스터의 홀리 크로스칼리지를 졸업한 직후에 케리 캠프에 뛰어들었으나, 2004년 케리의 대선 패배 후 사실상 해고 상태였다. 이를 알게 된 오바마의 대변인인 로버트 깁스가 케리 캠프에서 신뢰가 깊었던 페브로를 오바마에게 추천했고, 오바마와 함께 일하기 시작하면서 페브로도 정치적으로 급성장했다. 그는 홀리 크로스칼리지 시절 대학신문 편집장을 지냈으며, 케리 캠프에서 일한 경험을 토대로 논문을 작성해 '올해의 논문'으로 선정돼 상금을 타기도 했다. 워체스터 노스리딩에서 자란 그는 이 지역에서 각종 사회보호 대상자들을 위한 법적 권리 프로젝트를 계속해 왔고, 암환자들을 위한 자원봉사자로 활동하는 등 사회활동에도 깊은 관심을 보여 왔다. 그는 2학년 때 "빼어난 리더십의 잠재력을 선보였다"는 이유와 각종 사회봉사활동을 한 점을 높이 평가받아 학교에서 3만 달러의 트루먼 장학금을 받기도 했다. 당초 로스쿨에 진학하려 했으나 케리 캠프에서 일한 뒤 오바마 캠프에 합류하느라 로스쿨 진학의 꿈은 뒤로 미뤘다. 오바마의 깊은 신임을 받고 있는 페브로는 백악관에서 대통령 연설문을 담당하게 된다.

페브로의 연설문 작성은 올빼미 스타일이다. 그는 새벽 3시까지 연설문 작성에 몰두한 뒤 두 시간을 자고 5시에 일어난다. 그는 태어난 뒤 지금까지 하루에 6시간 이상 잔 적이 없을 정도로 일에 대한 집중력과 집착이 대단히 강하다. 〈뉴욕타임스〉는 페브로가 아직 여자 친구가 없는 것에 대해 "선거운동에 열정적으로 빠져들다 보니 어떤 종류의 심각한 인간관계도 생기지 않았다"고 약간 메마른 듯한 표정으로 대답했다고 전했다.

오바마의 선거자금 총책임자
줄리아나 스무트

선거자금 총책임자인 줄리아나 스무트(41)는 오바마의 엄청난 선거자금을 끌어모은 일등공신이다. 2008년 중반까지 1억 4000만 달러의 선거자금을 모아 '모금왕' 자리에 올랐다. 특히 민주당 상원 원내총무였던 톰 대슐 의원과 강한 유대 관계를 가진 오바마 참모진의 대표적 인물이다. 대슐 의원의 재정국장을 지내면서 민주당의 자금원을 끌어오는 역할을 했는가 하면, 1998년 상원의원 선거에서 에드워즈 의원 캠프에서 맹활약했고, 2006년에는 민주당 상원선거위원회에서 재정담당 부장으로 일했다.

노스캐롤라이나주 출신으로 1989년 스미스칼리지를 졸업한 스무트는 2007년 1/4분기에 '정치자금 모금 최우수선수(MVP)'로 〈워싱턴포스트〉에 의해 선정되기도 했다. 1월 20일 열리는 오바마의 취임식을 준비하는 '대통령취임식위원회' 위원을 맡았으며, 오바마의 신뢰를 받고 있어 백악관 등에서 중책을 맡을 전망이다.

밸러리 재럿

오바마에 의해 백악관 선임고문에 임명된 밸러리 재럿(51)은 오바마 캠프의 핵심 3인방으로 꼽힌다. 오바마는 중요한 결정을 내릴 땐 늘 그녀를 찾았다. 시카고 증권거래소 이사회 의장 등을 지낸 재럿은 주로 캠프 바깥의 참신한 시각을 전달하며, 경제 경험이 적은 오바마에게 경제 및 금융 상황에 대한 조언을 해왔다. 시카고 부동산개발업체인 해비타트의 최고경영자(CEO)를 지내는 등 실물경제에도 밝아, 중요한 경제 및 금융정책에 대한 결정을 내릴 때는 오바마가 자문역으로 꼭 불러 의견을 듣는 것으로 유명하다. 오바마는 언론 인터뷰에서 "재럿에게 물어보기 전엔 어떤 중요한 결정도 내리지 않는다"고 말하는 등 전폭적인 신뢰를 보냈다.

오바마 정권인수위원회에서 인수팀 공동팀장을 맡게 된 재럿은 시카고 정계 및 학계 등 다양한 분야에서 두루 영향력이 높다는 평가를 받고 있지만, 시카고를 벗어나 미국 전역에서는 별다른 주목을 받지 못했다. 스탠퍼드대, 미시간대를 거쳐 리처드 데일리 시카고 시장의 부실장을 지냈다. 재럿은 시카고 의대 이사회장을 맡은 경력이 있고, 시카고증권거래소 이사장도 역임했다.

부동산개발업체 해비타트 대표이사로 재직하면서 시의 공공주택 건설계획을 제대로 이행하지 못했다는 비난을 받기도 했으나, 오바마 부부와 20년 가량 친분을 쌓아와 오바마와의 커뮤니케이션이 누구보다도 효과적일 것으로 기대를 모으고 있다.

변호사이면서 시민운동을 한 경력은 오바마와 유사하다. 재럿은 이란의 시라즈에서 태어났다. 의사였던 아버지 제임스 보우만은 개발도상국에 보건의료와 농업개발을 위해 미국인 의사와 농업전문가들을 파견하는 프로그램의 일환으로 가난한 어린이들을 위한 병원을 이란에서 운영했다. 재럿은 다섯 살 때 가족과 같이 영국 런던으로 이사해 1년 동안 살다가, 1963년 시카고로 돌아왔다. 아버지 보우만은 아프리카 흑인 혈통으로 현재 시카고 의대 병리학과 명예교수이고, 할아버지 로버트 테일러는 MIT 공과대학을 졸업한 첫 흑인으로, 최초의 흑인 시카고 주택국장에 오른 입지전적 인물이었다. 재럿은 워싱턴에서 일한 적은 없지만, 큰아버지인 버논 조단은 민주당에서 막강한 영향력을 가진 막후 인물로 꼽혔다. 어머니 바바라 보우만은 유아교육 전문가로 에릭슨 어린이개발연구소 공동 설립자였다.

재럿은 1987년 당시 시카고 최초의 흑인 시장인 해럴드 워싱턴과 함께 재정 및 개발 분야의 부법률고문을 지내면서 시카고 정치에 입문했다. 1990년대에도 시카고 시장과 함께 각종 시정 업무를 담당했으며, 리처드 데일리 시카고 시장 시절에 부실장을 지냈다. 데일리 시장 부실장으로 있을 때 오바마의 부인인 미셸 로빈슨 변호사를 보좌역으로 고용했으며, 개인 법률사무소를 통해 오바마와 친분 관계를 쌓았다. 이처럼 오바마와 오랫동안 교분을 쌓아 온 자문역이자 가장 친밀도가 높은 선거운동 참모로 일해 온 까닭에 재럿은 '시카고 내부 인맥'의 핵심 인물로 꼽힌다.

그러나 과거 지미 카터 대통령 당시 조지아 사단으로 워싱턴에 재정국장으로 합류한 버트 랜스나 조지 W. 부시 대통령과 함께 텍사스 사단으로 워싱턴에 합류한 공보실장 캐런 휴즈와 달리 오바마의 복심은 아니며, 그에 대한 강한 충성심과 함께 일반 대중에게 오바마에 대해 나쁘게 보일 사안은 전혀 말하지 않을 인물이라는 평가도 받고 있다. 그녀는 1983년 윌리엄 재럿과 결혼했다가 1988년 이혼했으며, 딸 로라는 하버드대 로스쿨에 재학중이다.

오바마노믹스의 청사진 그리는
오스탄 굴스비

젊고 패기 넘치는 소장파들의 활동도 두드러진다. 경제정책 참모인 오스탄 굴스비(38)는 시카고대 경영대학원 교수로 "상류층에서 세금을 더 걷어 근로자 복지에 써야 한다"며 '오바마노믹스'의 청사진을 그리고 있다. 그는 오바마 행정부에서 백악관 경제회복자문위원회(ERAB) 사무국장으로 임명돼 미국의 경제위기 극복을 담당하게 됐다.

굴스비는 하버드대 교수인 데이비드 커틀러, 제프리 리브먼 등과 함께 '오마바노믹스'의 밑그림을 그린 인물이라는 점에서 오바마 행정부의 경제정책에 큰 영향력을 미칠 전망이다.

의회 재정국 경제부문 고문을 맡고 있는 굴스비는 2004년 오바마의 연방 상원의원 선거 당시 경제정책을 적극 조언했을 뿐만 아니라 2008년 대선에서도 오바마 캠프의 선임경제고문을 맡았다. 대선 과정에서 오바마가 직접 나서지 않을 경우, 감세·재정적자·무역정책 등을 포함한 오바마의 경제정책에 대한 대외 언론 인터뷰는 모두 그가 맡았다.

굴스비는 매년 스위스 다보스포럼이 선정하는 미래의 글로벌 리더 100명에 선정될 정도로 국제 경제계의 주목을 받아 왔으며, 영국의 〈파이낸셜타임스〉가 선정한 6명의 미래 지도자 중 한 명으로, 〈시카고비즈니스〉가 선정한 40대 이하의 지도자 40명 중 한 명으로 꼽히기도 했다.

인터넷, 새 경제체제, 정부 정책, 세금 등의 분야를 주로 연구해 온 그는 최근에는 정보통신, 언론과 기술산업 분야에서의 경제학과 정책에 대해 강의하고 있다. 특히 TV 등 언론에서 경제와 경영 현안을 조목조목 명쾌하게 설명하는 능력으로 주목받았던 굴스비는 히스토리채널의 '역사 속의 비즈니스'를 진행하는 한편 오바마의 대리인으로 방송과 신문 등에서 맹활약해 왔다. 〈뉴욕타임스〉에 '경제 현장들'이란 고정칼럼을 써온 굴스비는 이후 '경제학의 관점'이란 제목으로 주말에 칼럼을 쓰는 등 언론에 자신의 경제철학에 대한 글을 다수 기고, 2006년에는 피터 리자거 저널리즘상을 수상했다.

굴스비는 밀턴 아카데미고등학교를 졸업한 뒤 예일대에서 경제학 학사와 석사를, 1995년 MIT대에서 박사학위를 받았다. 고등학교 때부터 토론과 연설에 천부적인 재능을 보이며 각종 대회를 석권해 전국적 명성을 얻었던 굴스비는 1991년 예일대 시절 친구 데이비드 그레이와 함께 전국토론대회에서 우승해 '올해의 토론팀'으로 선정되는가 하면 세계토론대회에서도 우승하는 등 빼어난 토론과 연설 능력으로 이름을 떨쳤다. 그는 1997년 매킨지의 경영컨설턴트인 로빈 윈터스와 결혼했으며, 자녀 셋을 둔 행복한 아빠다.

오바마와 민주당의 경제정책 설계가
제이슨 퍼먼

2008년 6월 시카고 사단에 합류한 보수 성향의 제이슨 퍼먼 캠프 경제팀장도 백악관 경제고문을 맡게 되면서 향후 역할이 주목을 받고 있다. 그는 국가경제위원회(NEC)를 주도하는 백악관 수석경제보좌관도 맡을 예정이어서 오바마의 경제정책에 지대한 영향을 미칠 전망이다. 브루킹스연구소 연구원 출신의 소장파 경제학자로 자유무역과 자유시장 경제 논리를 강조하는 '공화당 성향'의 참모라는 것이 미국 언론들의 분석이다. 퍼먼은 그동안 세금, 건강복지, 미국의 사회보장 프로그램에 대해 집중적으로 연구해 왔고, 이를 정책으로 만드는 역할을 맡아 왔다.

퍼먼이 오바마 캠프에 합류하자 미국 노조 단체들은 반대 성명을 냈다. 이처럼 퍼먼은 월마트식 저임금 정책이 기업 경쟁력을 높인다며 긍정적으로 평가하는 등 민주당 성향과 다소 차이를 보이고 있어, 향후 행정부 내에서 그의 정책을 적절하게 반영시킬 연착륙 여부가 주목을 받고 있다.

그는 하버드대 재학 시절인 1996년 노벨경제학상 수상자인 조셉 스티글리츠가 당시 클린턴 행정부에서 대통령 경제정책 특별보좌관이자 대통령 경제자문위원회(CEA) 위원으로 일할 때 채용돼 경제정책을 연구하는 역할을 맡았고, 이후 스티글리츠가 세계은행 부총재로 근무하게 되자 함께 따라가 세계은행에서 근무했다.

일찍부터 정치와 관련을 맺은 그는 2000년 앨 고어 민주당 후보, 2004년 웨슬리 클라크 민주당 경선 후보 진영에서 정책을 담당했으며, 2004년 존 케리 민주당 후보 캠프에서 경제정책국장이라는 직위로 케리의 당선을 위해 경제정책을 다듬고 제시하는 역할을 했다.

하버드대학에서 경제학 박사학위를 받은 퍼먼은 클린턴 행정부 당시 재무장관을 지낸 로버트 루빈과 함께 일했으며, 브루킹스연구소에서 연구소가 제안한 '해밀턴 프로젝트'에서 재정전문가로 이를 주도하는 역할을 하기도 했다. 현재는 뉴욕대 와그너스쿨에서 방문학자로 연구하는 한편, 컬럼비아대학과 예일대학에서 방문학자로 강연도 하고 있다.

그의 어머니인 게일 퍼먼은 좌파 성향의 비영리단체인 퍼먼재단을 운영하고 있으며, 부인 이브 거버는 이 재단의 국장을 맡고 있다. 한편 헤지펀드의 대부인 조지 소로스가 지원하는 타이즈센터 내 리더십개발그룹을 포함한 진보진영 단체들이 이 재단을 적극 후원하고 있다.

오바마 정부 이념의 핵심 디자이너
존 포데스타

정권 인수팀을 이끌고 있는 존 포데스타(59)는 녹스칼리지와 조지타운대 로스쿨을 졸업하고 정계에 뛰어들었다. 민주당 톰 대슐 전 상원의원과 패트릭 리히 상원의원 보좌관을 지낸 뒤 클린턴 전 대통령의 비서실장을 지냈다. 클린턴 정부에 기용되기 전 5년간 로비스트로 활동했던 그는 클린턴 전 대통령이 탄핵 소송에 직면했을 때 흔들리지 않고 강인하고 냉철한 판단력으로 고비고비마다 철두철미한 모습을 보여 정치인으로서 적합한 자질을 갖췄다는 평가를 받았다. 클린턴 사단의 핵심 인물로 애초 힐러리 경선을 도왔으나, 오바마가 경선에 승리하자 이후 오바마의 대선 가도에 협력해 왔다. 조지타운대학 법률센터 방문교수로 강의도 했다.

포데스타는 시카고에서 태어나 북부 지역에 있는 레인 테크니컬 고등학교를 졸업한 뒤 1971년 일리노이주 게일스버그에 있는 녹스칼리지를 거쳐 1976년 조지타운대학 로스쿨을 졸업했다.

이후 1976년부터 1977년까지 법무부의 토지와 국토자원 부문 프로그램의 변호사로, 1978년부터 1979년까지는 연방자원봉사자 기구인 '액션'의 국장 특별보좌관으로 근무했다. 1979~1981년에는 상원 법사위원회의 특허·저작권·상표출원권 소위원회 고문, 법사위 안보와 영토 소위원회 고문, 규제개혁 소위원회 고문 등을 지냈으며, 1987~1988년에는 상원 농림위원회의 수석고문, 1995~1996년에는 톰 대슐 민주당 원내대표 고문을 맡는 등 의회에서 다양한 활동을 해왔다. 1988년에는 워싱턴에서 동생 토니 포데스타와 함께 포데스타 어소시에이츠를 설립해 대정부 관계 및 홍보에 적극 나서기도 했다.

클린턴 행정부가 들어선 뒤로는 대통령 보좌관과 부비서실장으로 일했다. 1993년부터 1995년까지 대통령 보좌관을 맡았으며, 정부 정보, 프라이버시, 정보통신 보안 및 규제정책에 대한 선임정책고문으로 클린턴 대통령을 보좌했다. 1998년 클린턴 2기 행정부에서 대통령 비서실장이 되어 2001년 1월 클린턴의 임기가 끝날 때까지 백악관에서 핵심 역할을 하면서 대행정부, 대의회, 대사법부 관계를 총괄했다.

포데스타는 이후 미국진보센터(CAP)를 설립해 민주당과 진보진영의 핵심 싱크탱크 역할을 하도록 했다. 또 조지타운대학 로스쿨에서 의회의 각종 조사와 기술 관련 법률 및 정책에 대해 강의해 왔으며, 헌법 프로젝트의 '민주공화당이 함께 하는 자유와 안보위원회'에서도 활동하고 있다.

그는 2008년에는 『진보의 힘 : 미국의 진보주의가 어떻게 경제, 기후, 국가를 구할 수 있을 것인가』를 펴냈다. 포데스타는 이 책에서 핵심적인 진보의 가치로, 첫째 진보는 특권이 아닌 국민과 함께 한다, 둘째 진보는 공동선과 국민들에게 조력을 할 수 있는 정부를 믿는다, 셋째 진보는 신과 법률의 시각으로 모든 사람들이 평등하다는 가치를 고수한다, 넷째 진보는 인류 공통의 인권과 협력을 통한 전 지구적 안보를 지지한다는 동의 가치를 제시했다.

오바마의 월가발 경제 청사진 그릴
막후 참모, 존 로저스

오바마의 경제정책인 오바마노믹스를 쇠락한 월가에서 일으켜세울 주역으로 꼽히는 인물이 투자회사 에어리얼인베스트먼트 설립자인 존 로저스 회장 겸 최고경영자(50)다. 실제 오바마가 당선이 확정된 11월 5일 처음 찾아간 곳은 시카고 시내에 있는 로저스의 사무실이었다.

〈월스트리트저널〉은 오바마가 로저스의 사무실에서 여섯 시간 동안 머물며 최우선 정책 과제인 경제위기 극복 방안을 논의하고 오바마노믹스의 청사진을 그렸다며, 로저스가 백악관 비서실장에 내정되면서 정무 분야를 책임질 이매뉴얼 하원의원과 함께 경제 분야에서 오바마의 핵심 참모 역할을 할 것으로 전망했다.

이 신문은 로저스에 대해 오바마의 당선과 함께 펀드매니저에서 '세계에서 가장 힘있는 왕(오바마)'의 남자로 떠올랐다며 향후 각종 경제 현안에 관해 조언하고 경제에 대한 그림을 함께 그려 나갈 핵심 참모가 될 것으로 분석했다.

로저스를 오바마에게 소개시켜 준 사람은 퍼스트레이디 미셸의 오빠로, 오리건주립대학 농구팀 수석 코치로 일하고 있는 크레이그 로빈슨이다. 로저스는 선거날 농구를 하면 항상 이긴다는 믿음을 갖고 있는 오바마와 함께 지난 11월 4일 농구를 즐겼다. 로저스와 로빈슨은 프린스턴대 농구팀에서 함께 농구 선수로 뛰었던 인연을 갖고 있어 가족

간에도 친분이 깊은 사이다.

로저스는 오바마와 인연을 맺은 뒤 그를 시카고 투자회사와 경영인들에게 소개해 오바마의 경제 인맥을 형성하고 정치 후원 모금을 하는 데 중요한 역할을 해왔다. 이 신문은 오바마를 투자의 귀재 워런 버핏에게 소개해 준 사람도 바로 로저스라며, 로저스의 포커 친구인 레그메이슨펀드의 매니저 빌 미러는 그를 "이념 같은 편견에 얽매이지 않는 탁월한 판단력을 갖춘 인물"이라고 평가했다고 전했다.

로저스는 펀드매니저라는 특성상 오바마의 공식 경제팀에 몸담지 않고 오바마의 뒤에서 보이지 않는 핵심 조력자 역할을 하면서 적시에 조언과 충고를 하는 역할을 할 것으로 이 신문은 평가했다. 이에 대해 로저스는 "오바마를 금융계 대표와 대기업 및 중소기업 경영자들과 연결해 주는 연락책에 불과하다"며 "오바마 경제팀의 일원일 뿐 실세란 말은 맞지 않는다"고 자신의 역할이 과대포장되는 것을 경계했다.

그가 이끄는 에어리얼인베스트먼트는 흑인이 이끄는 펀드로는 미국 내 최대 규모로 70억 달러 가량의 자금을 운용하고 있으나, 금융위기로 인해 대부분 폭락해 투자 성적표는 좋지 않은 편이다. 13억 달러 규모의 대표 펀드인 에어리얼펀드의 올해 수익률은 마이너스 47.5%. S&P500 지수 하락률 36.6%를 밑돌고 있으며, 지난 3년간 누적 수익률도 마이너스 17%로 역시 같은 기간 S&P500 지수에 비해 뒤처져 있다고 이 신문은 분석했다.

오바마 여론조사 쌍두마차
폴 하스태드와 코넬 벨처

폴 하스태드는 2004년 일리노이주 연방 상원의원 선거에서 오바마의 여론조사를 담당했으며, 2008년 대선에서도 핵심 여론조사 담당으로 활약했다. 콜로라도주에서 주로 활동하는 하스태드는 그동안 여러 차례의 선거에서 완벽하게 선거 결과와 일치하는 여론조사 결과를 내놓음으로써 각 진영이 탐내는 대표적인 선거통이다. 오바마를 위한 각종 여론조사와 연구를 하고 있으며, 콜로라도주의 켄 살라자르 상원의원과 몬태나주의 클레어 맥캐스킬 상원의원과도 함께 호흡을 맞춰 왔다.

코넬 벨처는 이번 선거를 통해 민주당의 여론조사 분야에서 가장 눈부신 활약을 해 떠오르는 스타로 주목을 받고 있다. 최근 몇 년 동안 하워드 딘이 이끄는 민주당전국위원회(DNC) 내부 여론조사 전문가로 일해 온 그는 하스태드와 함께 여론조사 업무를 맡아 대선 승리를 이끄는 데 핵심적인 역할을 했다.

오바마의 진보적 정책 개발
카산드라 버츠

카산드라 버츠는 정책통으로 게파트 의원 사무실에서 근무하다가 오바마 캠프로 옮긴 뒤 각종 정책 개발을 지휘해 왔다. 진보적 싱크탱크인 미국진보센터 부소장으로, 오바마의 진보적 정책들의 골격을 마련했다. 또

한 오바마와 하버드 로스쿨 동기로 오바마와 오 랫동안 우정을 나눠 왔다.

이밖에도 선거전문가인 폴 티위스, 언론정책 담당관인 빌 버튼과 댄 파이퍼, 정책통인 데보 라 애들러와 앨리사 매스트로모나코 등도 오바 마 캠프의 핵심 인맥으로 꼽힌다.

부시의 강압 외교 바꿀
'오바마 폴리시' 새 외교 지휘자들

오바마는 매케인에 비해 외교 분야에 약하다는 평을 들어 온 탓에 외 교안보 전문가들을 캠프 곳곳에 포진시켰고, 정책자문단도 호화군단 으로 구성했다. 카터 전 대통령의 안보보좌관을 지낸 즈비그뉴 브레진 스키와 클린턴 전 대통령의 백악관 국가안보보좌관을 지낸 앤서니 레 이크 조지타운대 교수 등이 외교정책을 총지휘해 왔다. 레이크 교수는 특히 오바마가 중앙 정치인으로 부상하기 전인 2003년부터 합류해 외 교안보 분야 자문을 맡아 왔다.

힐러리를 지지했던 매들린 올브라이트 전 국무장관은 오바마의 후 보 확정 후 오바마를 적극 지지하고 나섰으며, 리처드 홀부르크 전 유 엔 주재 미국대사, 샌디 버거 전 국가안보보좌관, 스트로브 탈보트 브 루킹스연구소장 등도 민주당의 외교안보 전문가로 새 행정부의 외교 안보 정책에 영향력을 행사할 전망이다.

1 즈비그뉴 브레진스키
카터 행정부 당시 백악관 국가안보보좌관.
오바마 캠프의 외교 고문을 지냈다.

2 앤서니 레이크
클린턴 정부 당시 백악관 국가안보
보좌관. 오바마의 외교안보정책을
총괄 지휘한다.

3 매들린 올브라이트
최초의 여성 국무장관. 2000년
북한을 방문하여 북핵문제 해결 및
북미관계 개선에 힘썼다.

4 리처드 홀부르크
주한미국대사와 유엔대사를 지냈으며,
현재 아시아 소사이어티 이사장.

5 샌디 버거
전 백악관 안보보좌관으로, 2004년
존 케리 민주당 대선후보의 선임
외교안보자문역을 지냈다.

6 스트로브 탈보트
브루킹스연구소 소장.

7 이보 댈더
오바마 캠프에서 대외정책을 담당한
브루킹스연구소 수석연구원으로
백악관 유럽담당 실장을 지냈다.

8 새라 시월
클린턴 행정부 당시 국방부
차관보를 지냈으며, 하버드대
케네디스쿨 강사.

9 데니스 맥도너
미국진보센터 선임연구원으로 오바마
캠프의 외교안보정책 총괄조정관.

10 수전 라이스
클린턴 정부 당시 국무부 아프리카
담당 차관보로, 브루킹스연구소
선임연구원. 오바마 행정부에서
유엔대사로 내정됐다.

11 리처드 댄지그
해군장관 출신으로 현재 국제전략문
제연구소(CSIS) 연구원.

12 그레고리 크레이그
전 백악관 보좌관. 오바마 행정부에서
백악관 법률고문을 맡았다.

13 스캇 그레이션
공군 소장 출신으로 오바마 캠프의
국방부문 고문. 2006년 오바마와
함께 아프리카 5개국을 돌았다.

민간 싱크탱크인 브루킹스연구소의 이보 댈더 수석연구원과 수전 라이스 선임연구원은 클린턴 행정부에서 각각 국가안전보장회의 유럽 담당 실장과 국무부 아프리카 담당 차관보를 역임한 외교안보 전문가 다. 하버드대 교수로 대테러 전문가인 새라 시웰 박사와 그레고리 크 레이그 전 백악관 법률고문, 사만다 파워 하버드대 카인권정책센터 소 장, 오바마 후보 외교정책보좌관인 데니스 맥도너 등도 오바마의 외교 안보정책을 돕고 있다.

주목할 인물로는 그레고리 크레이그 전 백악관 보좌관을 들 수 있 다. 클린턴 행정부 당시 백악관에서 근무했던 크레이그는 매들린 올브 라이트 전 국무장관 아래서 정책수립담당 국장을 지냈으며, 이번 오바 마 행정부에서 백악관 법률고문을 맡았다. 워싱턴의 윌리엄 앤 코널리 법률회사의 파트너로 일했던 크레이그는 클린턴 대통령 탄핵 위기 당 시 공화당의 파상 공세에 맞서면서 이름이 알려졌다. 지난 1984년부터 1988년까지 에드워드 케네디 상원의원의 국방·외교·안보 분야 보좌 역으로 일했다. 그는 부시 대통령의 일방주의 외교정책을 비판하면서 최근 미국의 통제에서 벗어나 사회주의 국가가 늘고 있는 남미 등에 대한 관심을 환기시키기도 했다.

앤서니 레이크 전 백악관 국가안보보좌관은 클린턴 대통령 당시 보 스니아 헤르체고비나 사태와 소말리아 사태, 대북 문제 등의 지휘를 맡았다. 조지타운대학 에드먼드 월시 외교스쿨 교수를 맡고 있는 레이 크는 소말리아 내전과 수단 다르푸르 사태 해결에 미국이 적극적인 역 할을 할 것을 주문하는 등 해외 문제에 대한 미국의 적극적인 개입을 주장해 왔다. 그는 다르푸르 사태에 대해 유엔결의안을 통과시켜 수단

이 궁극적으로 유엔평화유지군을 받아들이도록 하거나 군사적 충돌을 감수해야 한다며, 1999년 코소보에서 유엔의 승인 없이도 미군이 비인도주의적 사태를 막았던 것처럼 다르푸르 사태에도 미국이 개입해야 한다고 적극 주장했다.

유엔대사에 내정된 수전 라이스 브루킹스연구소 선임연구원은 클린턴 행정부 시절 국무부에서 외교정책과 국제경제, 개발담당 차관보 직을 지냈다. 그는 부시 행정부의 이라크 전쟁 전략을 비판하는 한편, 수단 다르푸르 사태에 대해서도 단호한 대응을 주문해 왔다. 그는 미국이 도덕적 권위를 회복하고 국제사회에서의 역할을 확대해야 한다며, 미국과 나토 등이 새로 출현하는 국제적 문제에 대해 기준을 제시할 것을 주장해 왔다. 오바마에게 에이즈 퇴치 및 아프리카 내 미국의 무역 증진 등을 적극 조언하고 있다.

데니스 맥도너 미국진보센터 선임연구원은 오바마 캠프의 외교안보정책 조정역을 맡아 왔다. 역시 톰 대슐 전 상원의원의 외교안보보좌관을 지낸 대슐 인맥으로 에너지와 환경정책에 능통하다. 오바마는 그의 조언을 받아들여 2007년 6월 서방 선진 8개국(G8) 국가들을 대상으로 기후변화에 보다 적극적으로 대응할 것을 주문하는가 하면, 부시 행정부의 환경정책을 집중적으로 비판하기도 했다. 또 그는 미국 정부가 적극적으로 환경에너지 개발에 나서지 않은 점을 비판하는 한편, 이라크 전쟁의 조기 종식을 통해 연방정부의 예산 적자를 줄여야 한다는 주장을 폈다.

해군장관을 지낸 리처드 댄지그 국제전략문제연구소(CSIS) 연구원도 앞으로 어떤 역할을 맡을 것인지 주목받고 있다. 샘 넌 전 상원의원의 장학생으로 국제안보를 연구했던 댄지그는 2007년 〈미 육군 저널〉 기고를 통해 "미국의 안보 전략은 동맹국들이 미국과 같은 가치와 이익을 추구하도록 유지해야 한다. 세계에서 군사충돌을 피하고 국외 거주 미국인 보호에 앞장서며, 특별한 경우가 아니면 군대를 과도하게 사용하지 말아야 한다"고 주장했다.

오바마 캠프에서 국방 부문 고문을 맡고 있는 스캇 그레이션 전 공군소장은 2006년 오바마 상원의원과 함께 아프리카 5개국을 15일 동안 수행하며 아프리카 관련 정책을 수립하는 등 오바마의 핵심 안보맨이다. '유엔 뉴밀레니엄 목표'라는 프로젝트 아래 아프리카 지역의 빈곤 도시를 돕는 사업을 맡았던 밀레니엄 빌리지의 최고경영자를 지내기도 했던 그레이션은 오바마에 대해 "우리 모두가 그렇게 열망하던 판단력·지혜·용기·경험·리더십 능력을 모두 갖춘 뛰어난 정치인"이라고 극찬하면서 오바마의 대통령 선거운동에 적극 나섰다.

그는 어린 시절 선교사였던 부모를 따라 아프리카 콩고에서 자란 탓에 아프리카 언어인 스와힐리어에 능통하다. 콩고 내전이 벌어진 1960년대에 부모가 세 차례나 추방당한 뒤 미국으로 돌아와 뉴저지주 럿거스대학에서 학사 장교로 근무한 뒤 군인이 됐다. 독일에서 근무할 때 미군 유럽사령부에 대한 평가 및 정책 전략 국장을 담당했으며, 1991년 걸프전에 참전했고, 2003년 이라크전 개시 당시 특수부대 사령관을 지냈다. 그는 공군 복무 시절 5000시간 이상 비행하는 기록을 세웠으며, 이라크전 당시 274차례에 걸친 임무를 수행하면서 1000시간이 넘는 특수임무를 성공적으로 완수해 20여 개의 훈장을 수여받은 베테랑이다.

새라 시웰 전 국방부 차관보는 그동안 부시 행정부의 이라크 전쟁을 강도 높게 비판해 왔다. 클린턴 행정부에서 국방·외교·안보 업무를 맡았던 시웰은 현재 하버드대 케네디스쿨에서 강의를 맡고 있으며, 부시 행정부가 이라크에서 무능력한 미군과 다국적 군대, 이라크군으로 구성된 연합군에 의한 증원 정책이 한계를 드러내고 있다며 이라크 전쟁의 조기 종식을 주장해 왔다.

한반도 전문가들 오바마 캠프에 즐비

오바마 캠프에는 한반도 정책 담당자로 도널드 그레그, 스티븐 보즈워스, 토머스 허바드 전 주한미국대사 등 지한파 인사들이 현안을 담당하고 있다. 그러나 이들은 외교안보 업무 현장을 담당하기에는 나이가 너무 많은 탓에 오바마 행정부에서 중책을 맡지는 않을 것으로 보인다. 주요 현안마다 오바마에게 직접 조언하는 등 막후 활동을 통해 막강한 영향력을 행사할 전망이다.

한반도를 포함한 대아시아 외교 전략은 제프리 베이더 브루킹스연구소 중국센터 소장이 총괄하고 있다. 베이더는 국가안보회의(NSC)·국무부·무역대표부 등에서 중국과 동아시아 관련 업무를 계속 맡아 온 베테랑이다. 1994년의 북미 제네바 핵 협상 당시 미 국무부의 실무자였던 조엘 위트, 부통령이 된 상원 외교위원회 조지프 바이든 위원장의 프랭크 자누지 보좌관, 한국어에 능통한 고든 플레이크 맨스필드재단 이사장, 핵 전문가인 조지프 시린시오네 등이 정책 조언을 하고 있다.

1 도널드 그레그
주한미국대사와 코리아 소사이어티
이사장을 지낸 대표적인 지한파 인사.

2 스티븐 보츠워스
한반도에너지개발기구(KEDO)
초대 사무총장과 주한 미대사를
지냈으며, 현재 터프트대학교 학장.

3 토머스 허버드
전 주한미국대사로 오바마의
한반도팀 자문위원을 맡았다.

4 제프리 베이더
백악관 국가안보회의 국장 출신으로
브루킹스연구소 중국센터 소장.

5 조엘 위트
핵 전문가이자 대북협상론자로
현재 국제전략문제연구소 선임연구원.

6 고든 플레이크
평화봉사단 경험으로 한국말에 능통한
보수우익 인사로 북한 강경론자였으나
최근 부시 정책을 비판하며 오바마
지지로 돌아섰다. 맨스필드재단 이사장.

7 조지프 시린시오네
핵 전문가로 미국진보센터 부소장.
오바마 캠프의 외교안보
참모로 실무를 맡았다.

8 스캇 스나이더
대북 강경파이자 한반도 전문가.

9 조너던 폴락
미 해군대학 전략연구소장이자
대북강경론자로 아시아 및
군축문제 전문가.

10 크리스토퍼 힐
국무부 동아시아태평양 담당 차관보로
북핵 6자회담의 미국측 수석대표.

11 잭 프리처드
한미경제연구소장으로, 저서 『실패한
외교』를 통해 네오콘이 주도한 대북
정책을 통렬하게 비판했다.

12 커트 캠벨
국방부 동아시아태평양 담당 부차관보를
지냈으며, 신미국안보센터 소장.

13 로버트 아인혼
CSIS 선임연구원.

14 마이클 오핸론
브루킹스연구소 연구원으로
한반도와 북핵 문제에 정통한
군사안보 문제 전문가.

특히 한반도 정책 자문그룹은 스티븐 보츠워스 전 주한미국대사가 이끄는 보스턴팀이 중심으로, 고든 플레이크 맨스필드재단 이사장, 스캇 스나이더 아시아재단 연구원과 함께 조너던 폴락 해군대학 교수, 빌 클린턴 정부 시절 국무부 차관보를 지낸 수전 라이스 브루킹스연구소 수석연구원 등 지한파 전문가들이 총망라돼 있다. 보스턴팀은 6자회담과 같은 형식의 동북아 다자지역안보체제 공약을 제시했다.

워싱턴 외교가에서 가장 주목받는 인물은 크리스토퍼 힐 국무부 동아시아태평양 담당 차관보다. 그는 비록 공화당 정부에서 정무직 차관보로 근무하고 있지만 정통 외교관 출신이다. 힐 차관보는 사석에서 "나는 공화당원이 아니다"라고 강조했다.

힐 차관보는 특히 보수적인 공화당 정부에서 북한과 대화와 타협을 모색하는 온건론을 관철했다는 점에서 민주당이 영입 대상 1순위로 꼽고 있다는 얘기가 흘러나오고 있다. 물론 자누지 보좌관이 중용될 가능성이 크다는 관측도 있다. 자누지는 오랫동안 북한 핵 문제에 깊은 관심을 보이며 북한을 여러 차례 방문했다.

잭 프리처드 한미경제연구소(KEI) 소장, 커트 캠벨 전 국방부 동아시아태평양 담당 부차관보도 관심을 끌고 있는 인물들이다. 그러나 워싱턴 외교가에서는 프리처드 소장이 한국 정부가 재정 지원을 하고 있는 KEI에서 근무하다 곧바로 미국 정부의 주요 직책을 맡기가 쉽지 않을 것이라는 분석이 나오고 있다.

이밖에 로버트 아인혼 국제전략문제연구소(CSIS) 부소장(전 국무부 비확산 담당 차관보), 마이클 오핸론 브루킹스연구소 선임연구원 등이 발탁될 수 있을 것으로 예상되고 있다.

오바마 돌풍을 일으킨 사람들

…오바마의 후원자들은 오랫동안 정치 생활을 해온 공화당의 매케인처럼 막강한 부를 가진 대기업이나 거대 단체들과 같은 거창한 수준은 아니다. 그러나 오바마가 보여준 변화와 희망의 철학에 동의하는 많은 재계·학계의 전문가들과 할리우드의 연예인들이 오바마 사단으로 자리하고 있고, 그 기저에는 고사리손부터 주름진 얼굴까지 남녀노소를 가리지 않는 평범한 미국인들이 버티고 있다.

그래서 오바마는 힐러리나 매케인과 같은 막강한 정치적 배경을 가지지 않았으면서도 인터넷으로 모금된 소액 자금이 그들의 거액을 몇 배 넘어서는 기적을 창출해 냈다.

오바마의 변화와 희망의 정치에
공화당 의원들까지 가세

고유가, 주택경기 침체 등 경제 문제가 미국 대선의 최대 이슈로 떠오름에 따라 부시 행정부에 실망한 많은 경제계 인사들이 오바마에게로 돌아섰고, 오바마 역시 유명 대기업의 전·현직 최고경영자(CEO), 전직 경제관료, 월가 투자가 등 경제인을 핵심 지지자로 끌어들여 자신의 경제정책 공약을 정당화하고 궁극적으로는 경제 대통령으로서 적임자임을 부각시켜 유권자들의 표심을 잡겠다는 포석을 깔았다.

오바마 선거캠프에 합류했거나 오바마를 지지한 주요 경제인으로는 폴 볼커 전 연방준비제도이사회(FRB) 의장, 로버트 울프 UBS 투자은행부문 사장, 페니 프리처 하얏트호텔 이사회 의장, 찰스 필립스 오라클 사장, 워런 버핏 벅셔해서웨이 회장, 인드라 누이 펩시코 최고경영자, 로버트 루빈 전 재무장관 등이 있다.

볼커 전 의장은 2007년 7월 워싱턴의 한 저녁식사 자리에서 오바마를 처음 만나자마자 진솔한 모습에 반해 지지를 선언한 뒤로 오바마 캠프의 경제정책을 전폭적으로 지원해 왔다. 투자의 귀재인 버핏은 선거자금 모금을 돕거나 경제정책 자문을 주로 해주고 있다. 경제학계에서는 오스탄 굴스비 시카고대학 교수를 비롯해 데이비드 커틀러, 제프리 리브만 하버드대 교수, 대니얼 타룰로 조지타운대 교수 등과 시카고 증권거래소 이사회 의장 출신으로 캠프에서 중책을 맡아 온 밸러리 재럿과 같은 진보 성향의 학자 및 경제전문가들이 주축이 되어 오바마의 경제정책을 자문해 주었다.

1 폴 볼커
앨런 그린스펀 전 연방준비제도이사회
(FRB) 의장의 전임으로 미국의
대표적인 경제정책 관료.

2 로버트 울프
UBS 투자은행부문 사장으로
오바마에게 50만 달러를 지원했다.

3 찰스 필립스
오바마 지지를 선언한 대표적인
최고경영자로 2004년부터
오라클 CEO를 맡아 왔다.

4 워런 버핏
투자의 귀재로 정석 투자와
기부 활동으로 유명하며
현재 벅셔해서웨이 회장.

5 인디라 누이
세계 최대의 음료회사인
펩시콜라의 인도 출신 CEO.

6 로버트 루빈
전 재무장관으로 골드만삭스
공동회장과 NEC 위원장을 지냈고
씨티그룹 3인 공동회장 중 한 명.

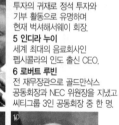

7 데이비드 커틀러
하버드대 케네디스쿨 경제학 교수로
오바마 캠프에서 국민건강보험 계획을
입안했다. 세계 보건계를 움직이는
30명 중 한 명으로 꼽힌다.

8 제프리 리브만
하버드대 교수. 조세 및 예산 정책
전문가로 오바마 정책의 기틀을 제공했다.

9 대니얼 타룰로
조지타운대학교 재정학 교수로 오바마
캠프의 수석경제보좌관을 맡았다.

10 조지 밀러
민주당 캘리포니아주
연방하원 의원으로 의회
교육노동위원회 위원장.

11 애너 에슈
낸시 펠로시 하원의장의
최측근으로 오바마 지지를
선언한 연방하원 의원.

오바마는 정치권에서 보수진영까지 흡수하는 초강세를 보여 왔다. 특히 의회 지도자들은 지지 후보를 쉽게 정하지 않고 공개적으로 이를 표명하지도 않는 것이 관례였지만, 오바마 태풍이 몰아닥친 이번 선거는 달랐다. 경선 과정에서부터 당내 최대 주주인 클린턴 집안의 힐러리 후보가 선전하고 있음에도 조지 밀러, 하비에르 베세라, 애너 에슈 하원의원 등 낸시 펠로시 하원의장의 측근 의원들이 오바마에 대한 공개 지지 의사를 밝혔다.

특히 2008년 6월 오바마가 민주당 대선후보로 확정된 직후 나온 앨 고어 전 부통령의 지지 선언은 그의 대선 가도에 날개를 달아 줬다. 2000년 민주당 대선후보로 나섰다가 전체 득표수에서는 앞서고도 아깝게 패한 고어 전 부통령은 대선 패배 후 지구온난화 등 환경 문제에 심혈을 기울이면서 그 공로로 2007년 노벨평화상을 받아 민주당뿐 아니라 미국인들이 깊이 신뢰하는 정치인이다.

고어는 6월 16일 미시간주 디트로이트에서 열린 집회에 오바마와 함께 참석해 "예스 위 캔(Yes, We Can)"이라는 구호로 연설을 시작한 뒤 "오바마 의원은 정치에 참여해 본 적이 없는 사람들을 움직일 수 있는 힘을 갖고 있다. 1960년 대선에서 나이가 어리고 미숙하다는 공격을 받았던 후보는 바로 존 F. 케네디 전 대통령이었다. 오바마 의원은 나에게 영감을 줬다. 오바마 의원의 백악관 입성을 위해 할 수 있는 모든 일을 할 것"이라고 적극적인 지지 의사를 표명, 오바마의 백악관행을 확신시켰다.

진보적 성향으로 유명한 미국 최초의 여성 하원의장인 펠로시 역시 오바마의 적극 후원자였다. 오바마가 공화당과 민주당을 함께 배려하

1 앨 고어
클린턴 행정부 당시 부통령을 지냈으며, 2000년 대선에서 패배한 뒤 환경운동가로 변신해 노벨평화상을 받았다.

2 낸시 펠로시
민주당 소속의 여성 사상 첫 하원의장으로, 미국 역사상 가장 높은 지위에 오른 여성이다.

3 크리스토퍼 도드
상원 금융위원회 위원장.

4 빌 리처드슨
상무장관에 내정된 히스패닉 출신의 뉴멕시코 주지사. 외교안보 분야의 전문가로 북한을 여러 차례 방문했다.

5 캐서린 시벨리우스
캔자스 주지사. 한때 부통령 후보로 거론된 대표적 여성 정치인. 2005년 〈타임〉이 선정한 최고의 주지사 5인 중 한 명.

6 테드 스트릭랜드
오하이오 주지사. 민주당 소속이지만 보수적인 성향을 갖고 있다.

7 에드워드 케네디
존 F. 케네디의 막내동생으로 연방 상원의원. 전당대회에서 악성 뇌종양으로 투병 중임에도 오바마 지지 찬조 연설을 했다.

8 스티븐 킹
작가이자 극작가, 음악가, 칼럼니스트, 배우, 영화제작자, 감독. 3억 5천만 부가 넘는 판매부수를 기록한 인기소설가.

9 폴 오스터
미국을 대표하는 소설가. 컬럼비아대학 출신으로 정체성의 탐색과 개인적 의미라는 주제로 작품 활동을 해왔다.

10 토니 모리슨
소설가이자 프린스턴대학 문예창작과 교수. 1992년과 1998년에 퓰리처상, 2003년에 『재즈』로 노벨문학상을 받았다.

고 진보 성향이면서도 보수주의적 가치를 존중하는 성향을 보임에 따라 민주당 의원들뿐 아니라 공화당 의원들까지 오바마에게 기우는 듯한 분위기를 보이면서 사실상 오바마 열풍은 갈수록 확산되는 양상을 보여 왔다.

크리스토퍼 도드 상원 금융위원회 위원장, 빌 리처드슨 뉴멕시코 주지사, 캐서린 시벨리우스 캔사스 주지사, 테드 스트릭랜드 오하이오 주지사 등 민주당을 대표하는 거물들은 힐러리와의 경선 열기가 높아질 당시부터 오바마를 지지하며, 미국의 희망으로 오바마를 꼽았다. 이들은 대부분 부통령 러닝메이트 선정 당시 후보군으로 거론됐고 향후 오바마 행정부와 의회에서 중책을 맡게 될 전망이다. 악성 뇌종양을 앓고 있는 에드워드 케네디 상원의원은 암투병 중임에도 불구하고 중요 행사 때마다 나와 오바마를 대통령으로 만들어 미국에 변화를 가져와야 한다고 주장했다.

유명 문인과 노벨상 수상자들도 오바마 지지 행렬에 동참했다. 미국의 노벨상 수상자 65명은 "오바마야말로 미국이 직면한 문제들을 해결하고 더 나은 미래를 이끌 수 있는 위대한 지도자"라는 성명을 발표했다. 소설가 스티븐 킹과 폴 오스터, 노벨문학상 수상자 토니 모리슨 등도 오바마 지지 의사를 밝히면서, 유력 언론들과의 인터뷰에서 오바마의 승리를 기원하는 자신들의 뜻을 밝혔다.

전통적인 민주당 텃밭
할리우드는 오바마 세상

할리우드는 전통적으로 민주당 지지 성향을 보여 왔는데, 이번 대선에서도 과거와 마찬가지로 주요 할리우드 스타들이 대부분 오바마 지지의사를 표명했다. 가장 전면에 선 이는 토크쇼의 여왕 오프라 윈프리로 같은 흑인이라는 점에서 오바마와 공통점이 있지만, 새로운 분야에서 혜성처럼 떠오른 스타성은 오바마와 윈프리가 초록은 동색이라고부를 정도로 매한가지다.

조지 클루니, 레오나르도 디카프리오, 스칼렛 요한슨, 할리 베리, 스티븐 스필버그, 톰 행크스, 안젤리나 졸리, 제시카 알바, 나탈리 포트먼, 윌 스미스, 매트 데이먼 등도 오바마 지지를 선언한 스타들이다. 조지 루카스, 올리버 스톤, 우디 앨런, 마이클 무어, 기네스 팰트로, 드류 베리모어, 로버트 드니로, 린제이 로한, 마돈나, 모건 프리먼, 사무엘 잭슨, 밴 애플렉, 제니퍼 가너, 샤론 스톤, 샤를리즈 테론, 앤 해서웨이, 에드워드 노튼, 에디 머피, 에바 롱고리아, 우피 골드버그, 제니퍼 로페즈, 조디 포스터, 신디 크로포드, 파멜라 앤더슨, 존 레전드도 오바마 지지 대열에 합류했다. 또 제이미 폭스, 조쉬 브롤린, 숀 펜, 수잔 서랜든, 팀 로빈스, 브루스 스프링스틴, 제이슨 므라즈, 어셔, 라이언 필립, 바브라 스트라이샌드, 셀린 디온, 밥 딜런, 에미넘, 빌리 조엘, 머라이어 캐리 등 헤아리기도 어려울 정도로 할리우드를 쩌렁쩌렁 울리는 연예인들이 오바마를 위해 총집결했다.

할리우드가 전통적으로 민주당을 지지해 왔지만, 특히 클린턴 못지 않은 스타성을 지닌 오바마에 대한 할리우드의 반응은 매우 뜨거워 할리우드 배우들이 연 오바마 모금 행사는 인산인해를 이루었다.

여배우 스칼렛 요한슨은 "내 심장은 버락의 것"이라는 발언으로 화제를 모았고, 한때 매케인 지지 성향을 보였던 패리스 힐튼은 매케인 측의 네거티브 광고에 분노해 수영복 차림으로 오바마 지지 광고에 출연하기도 했다. 록 스타 브루스 스프링스틴과 빌리 조엘은 오바마 선거자금 모금을 위한 공연에 나서, 1주일에 700만 달러를 모금해 세계를 깜짝 놀라게 했다. "공화당이 승리한다면 이민 갈 것"이라고 선언한 수잔 서랜든을 비롯해 바브라 스트라이샌드 등 전통 민주당 지지자들도 오바마의 승리를 기원하며 오바마 정치자금 행사에 참석해 오바마 구호를 열창했다.

일부 연예인들은 오바마 지지 성향이 강한 젊은 유권자들을 투표장으로 이끌어내기 위해 유권자 등록 운동을 벌여 관심을 모았다. 헤이든 페너티어는 대학가를 돌며 오바마 지지와 적극적인 한 표 행사를, 토비 맥과이어와 제니퍼 애니스톤, 제시카 알바 등도 젊은이들의 투표를 호소하는 비디오에 출연해 오바마 지지 의사를 밝혔다.

오프라 윈프리	조지 클루니	레오나르도 디카프리오	스칼렛 요한슨	할리 베리
스티븐 스필버그	톰 행크스	안젤리나 졸리	제시카 알바	나탈리 포트먼
윌 스미스	매트 데이먼	조지 루카스	올리버 스톤	우디 앨런
마이클 무어	기네스 팰트로	드류베리 모어	로버트 드니로	린제리 로한
마돈나	모건 프리먼	사무엘 잭슨	밴 애플렉	제니퍼 가너

샤론 스톤	샤를리즈 테론	앤 해셔웨이	에드워드 노튼	에디 머피
에바 롱고리아	우피 골드버그	제니퍼 로페즈	조디 포스터	신디 크로포드
파멜라 앤더슨	존 레전드	제이미 폭스	조쉬 브롤린	숀 펜
수잔 서랜든	바브라 스트라이샌드	셀린 디온	밥 딜런	패리스 힐튼
빌리 조엘	머라이어 캐리	헤이든 페네티어	토비 맥과이어	제니퍼 애니스톤

진보진영 내 오바마 지지 세력

...오바마의 지지층은 진보세력에 폭넓게 포진해 있다. 경선 과정을 통해 다른 후보를 지지했던 진보진영 인사들도 모두 합류한 것은 물론, 부시 행정부 8년에 실망한 중도와 보수진영 인사들까지 오바마 지지 대열에 합류했다. 미국의 진보진영은 지난 8년 동안 부시 행정부가 벌인 행적을 하나하나 지적하면서 오바마가 이끄는 미국에 대한 기대감을 보이고 있다.

2000년과 2004년 연이은 대선 패배 이후 민주당은 집권을 위해 부단한 노력을 기울이면서 진보진영을 새롭게 다져 왔다. 빌 클린턴 전 대통령과 당내 중도세력이 주력부대에서 밀려나고 진보적 색채를 가진 정치인들이 전면에 등장하면서 낸시 펠로시 하원의장이나 오바마와 같은 진보 성향 의원들의 목소리가 높아졌다.

이에 따라 그동안 국가 영역 확장 반대와 시장 주도 경제성장에 대

168|169

한 보수적 가치의 채택, 소수자 보호의 문화에서 주류 문화로의 이동, 미국의 국제적 리더십을 강화하는 강력한 외교 등의 특징을 보였던 민주당 지도부가 대거 진보 성향을 띠게 됐다.

또한 '신진보주의연대' 등 진보진영의 모임이 확산되면서 세계적 거부인 조지 소로스나 할리우드 스타, 영화감독 마이클 무어 등 명사 그룹, 진보적 인터넷 블로거들과 활동가 그룹, 무브온(MoveOn.org)이나 에이콘(ACORN) 등 시민단체, 미국진보센터(Center for American Progress) 등의 진보적 싱크탱크들이 민주당에 미치는 영향력이 커졌다.

이들은 1930년대 루스벨트 대통령의 뉴딜정책과 1960년대 존슨 대통령의 위대한 사회 프로그램, 1970년대 문화적 자유주의를 종합한 정통 진보주의로의 복귀를 외치고 있으며, 이 같은 진보주의로의 복귀는 2004년 하워드 딘의 대선 도전에 이어 2008년 오바마의 대선 도전으로 이어졌다.

민주당의 대선 승리 이면에는 오바마라는 카리스마가 넘치면서도 젊고 매력적이면서 인종차별 역사에 종지부를 찍는 역사성을 지닌 후보와 진보주의로의 복귀를 꿈꾸는 새 민주당이 자리잡고 있으며, 이에 따라 시민단체와 노동조합 등 진보 성향의 단체들이 총집결해 민주당과 오바마의 승리를 위해 총력전을 펼쳤다.

진보 성향의 단체·노동조합은 오바마의 든든한 우군

300만 명이 넘는 회원을 거느린 진보적 정치단체인 '무브온', 회원 65만 명의 캘리포니아 최대 노조인 서비스노조국제연맹(SEIU)이 이라크전 입장을 근거로 오바마 지지를 선언했고, 로스앤젤레스 카운티 노동조합(80만명 가입) 등 정치적 영향력이 큰 미국의 주요 노동조합들도 대부분 오바마의 든든한 우군이었다.

실제 지지도에는 큰 영향력을 주지 못하지만 선거전에서 오바마의 인지도를 높이고 지적 성향의 유권자들을 끌어들이는 언론계의 경우, 과거 공화당 지지 성향의 언론들까지 오바마 지지를 선언했다. 〈뉴욕타임스〉, 〈워싱턴포스트〉, 〈보스턴 글로브〉 등 미국을 대표하는 유력지들은 대부분 오바마 지지를 사설로 표명했다. 공화당 출신인 아이젠하워 대통령의 손녀이자 작가로 활동하고 있는 수전 아이젠하워는 〈워싱턴포스트〉 기고문을 통해 "공화당원이지만 본선에서는 오바마 후보를 지원하겠다"고 밝히기도 했다.

서부 지역의 유력지 〈로스앤젤레스 타임스〉와 시카고 지역의 대표적인 보수 성향 언론으로 창설 이래 단 한 번도 민주당을 지지한 적이 없는 〈시카고 트리뷴〉 역시 오바마 지지 선언을 했다. 〈로스앤젤레스 타임스〉는 대의원 수가 가장 많은 캘리포니아주의 최대 신문으로 과거 부시 대통령 등 공화당 후보를 지지해 왔다. 특히 〈시카고 트리뷴〉의 오바마 지지는 공화당과 보수진영을 경악케 했다. 〈시애틀 타임스〉 등 대부분의 지역 유력 언론들도 오바마 지지를 선언했다.

민주당 대선후보 경선에서 오바마의 경쟁자였던 힐러리 클린턴을 지지했던 〈뉴욕타임스〉도 10월 23일 사설을 통해 "버락 오바마 민주당 대통령 후보가 거듭된 도전을 겪으며 지도자로 성장해 희망과 변화라는 그의 초기 공약에 생명을 불어넣었다. 그는 강력한 희망과 가능성의 메시지와 함께 희생과 사회적 책임을 나눌 것을 주창함으로써 일단의 새 유권자들을 끌어들였다"며 "그는 차가운 머리와 건전한 판단력을 보여줬다. 우리는 그가 국가가 직면한 문제를 해결하는 데 필수적인 폭넓은 정치적 합의를 이끌어낼 능력과 의지를 가지고 있다고 믿는다. 오바마와 존 매케인 공화당 후보 사이에 지지를 정하는 것은 매우 쉬운 선택이었다. 우리가 공화당 경선 후보 중에서 최고로 꼽았던 매케인은 원칙과 판단력에 대한 그의 명성이 제공한 마지막 기회를 극우파들의 좁은 시야와 끝없는 요구 사항을 달래는 데 소진해 버렸다"고 오바마 지지 의사를 강력하게 밝혔다.

〈워싱턴포스트〉도 "오바마는 복잡한 이슈들에 대한 탁월한 통찰력을 보여줬으며, 미국을 화해와 통합으로 이끌 것으로 본다"며 "대내적으로는 규제와 양극화 대처안이 포함된 경제 대책을, 대외적으로는 미국의 가치와 국익을 위한 외교를 펼칠 것으로 기대한다. 오바마는 위대한 대통령이 될 잠재력을 가지고 있다"고 밝혔다.

해외에서도 오바마에 대한 지지가 잇따랐다. 영국의 일간 〈더 타임스〉가 오바마에 대한 지지를 표명했고, 역시 영국의 권위 있는 경제신문 〈파이낸셜타임스〉도 '오바마가 더 나은 선택'이라는 사설을 싣고 오바마 지지 의사를 공식적으로 밝혔다.

진보적 싱크탱크들
오바마 집권 후 정책과 비전 제시

싱크탱크들의 활약도 기대된다. 미국 민주당의 든든한 지지는 진보진영의 다양한 세력에서 출발하며, 그 근저에는 진보학계와 그들의 활동을 측면에서 지원해 온 싱크탱크가 자리잡고 있다.

전통적으로 민주당의 핵심 지지층이 운집한 브루킹스연구소와 2003년 창립한 미국진보센터, 정책연구소(Institute for Policy Studies, 1963년 설립), 그리고 이들 싱크탱크 연구원들이 향후 오바마 행정부 운영 과정에서 주요 역할을 맡게 될 전망이다. 그동안 부시 행정부의 보수주의 정책으로 헤리티지재단과 미국기업연구소(AEI)에 주도권을 내줬던 이들 싱크탱크는 이미 오바마 행정부의 비전과 정책 실행에 대한 다양한 연구 결과를 내놓았다.

먼저 중도와 진보 성향 중간을 오가는 브루킹스연구소는 민주당에 집권 후 실행에 옮길 다양한 정책 철학과 비전을 제공해 왔다. 브루킹스연구소는 그동안 가장 높은 학계 및 언론 인용률을 보이며 가장 권위 있는 싱크탱크로 자리잡았다. 오바마 행정부에는 수전 라이스 연구위원, 제프리 베이더 선임연구원 등 브루킹스연구소의 많은 인재들이 회전문 현상에 따라 영입돼 현장에서 활동하게 될 전망이다.

미국진보센터의 경우 빌 클린턴 전 대통령의 비서실장을 지낸 존 포데스타가 정권인수팀장으로 내정됨에 따라 향후 행보에 관심이 쏠리고 있다. 포데스타가 지난 2003년에 설립, '진보 헤리티지'를 지향하면서 방대하고 적극적인 조직 규모와 활동 반경으로 관심을 모아 온 미국진보센터는 강연과 세미나, 텔레비전과 인터넷을 이용한 홍보전에도 적극 나서 왔다는 점에서 향후 오바마 행정부에서 맡게 될 역할이 주목된다.

미국진보센터는 조지 소로스를 비롯한 친민주당 성향의 투자가들이 거액의 설립자금을 지원한 탓에 1년 예산이 2000만 달러에 달한다. 3700만 달러에 달하는 헤리티지재단에는 못 미치지만 진보진영에서는 막강한 자금력을 갖고 있다는 점에서 운신의 폭이 넓다. 특히 기후 온난화, 줄기세포 등 과학과 만화, 영화 등 다양한 연구 분야를 다루면서 미국 사회 전반에 영향력을 미쳐 왔다. 또 입법 로비 활동의 대가로 모금을 할 수 있는 '액션펀드'를 설립, 기부금 소득공제를 받는 대신 규제완화 등 직접적인 혜택을 원하는 기부자들을 겨냥하는 등 다방면에 걸쳐 영향력 확대에 나서면서 설립 3년 만인 2006년 전국 300여 개의 주요 두뇌집단들 가운데 언론 인용 빈도 순위 10위를 기록하는 등 진보진영의 핵심 두뇌집단으로 성장했다.

설립 46년째를 맞는 정책연구소의 활동도 주목 대상이다. 정책연구소는 최근 35명의 진보적 지식인들과 함께 '차기 정부가 해야 할 일'이라는 주제로 각 분야의 전문가들이 부시 정부의 정책을 평가한 뒤, 새 정부가 반드시 추진해야 할 정책을 제시하는 공동 프로젝트를 진행시켜 관심을 모았다. 프로젝트 보고서는 각 대선 후보 캠프에 전달되고, 잡지를 비롯한 인쇄매체에 기고 형태로 공개되고 있다. 2003년 전세계 반전단체들과 함께 이라크전에 반대하는 대규모 시위를 조직하기도 했던 정책연구소는 아랍계 미국인 단체들과 함께 이란 출신의 미국인들을 돕기 위한 프로젝트를 진행하는 등 다양한 현실참여 활동을 해왔다.

미국 민주당은 2008년 대선 정강 정책을 통해 집권 후 추가 경기 부양책을 마련해 월가발로 시
)일 채택한 「미국의 약속을 새롭게 하며」라는 제목의 2008년 정강 정
배회에서 이 같은 내용을 구체화시켜 민주당원들의 추인을 받았다. 민주당 전당
더 이상 가계에 대한 세금 감면을 철폐하고, 엄격한 재정지출 상한선을 정해 집권 4

오바마의 어젠더

및 경제 위기에 적극 대처하겠다는 방침을 정했다. 민주당 정강위원회가 지난 9월

은 민주당의 향후 미국 정치에 대한 약속을 담았으며, 콜로라도주 덴버에서 열린 전당

채택된 정강 정책은 기본적으로 진보적이다. 경제 및 에너지 정책에서 연간소득 20만 달

적자를 절반으로 줄인다는 입장이며, 최저임금을 시간당 5달러 15센트에서

7달러로 인상할 방침이다.

민주당 2008 대선 정강 정책과
'오바마_바이든 플랜'

          ... 미국 민주당은 2008년 대선 정강 정책을 통해 집권 후 추가 경기 부양책을 마련해 월가발로 시작된 금융 및 경제 위기에 적극 대처하겠다는 방침을 정했다.

    민주당 정강위원회가 지난 9월 9일 채택한 「미국의 약속을 새롭게 하며(Renewing America's Promise)」라는 제목의 2008년 정강 정책 초안은 민주당의 향후 미국 정치에 대한 약속을 담았으며, 콜로라도주 덴버에서 열린 전당대회에서 이 같은 내용을 구체화시켜 민주당원들의 추인을 받았다.

    민주당 전당대회에서 채택된 정강 정책은 기본적으로 진보적이다. 경제 및 에너지 정책에서 연간소득 20만 달러 이상 가계에 대한 세금 감면을 철폐하고, 엄격한 재정지출 상한선을 정해 집권 4년간 재정적자를 절반으로 줄인다는 입장이며, 최저임금을 시간당 5달러 15센트에서 7달러로 인상할 방침이다. 민주당은 그동안 부시 행정부가 추진해 온 감세 정책에 반해 25만 달러 이상의 고소득자를 대상으로 과세를 늘리는 한편, 전 국민에 대한 건강보험을 보장하겠다는 항목을 추가함으로써 부자들에게 세금을 더 많이 걷어 가난한 사람들에게 복지 혜택을 주겠다고 밝혔다.

민주당은 이와 함께 유가 안정을 위해 전략 비축유 비축을 중단하고 석유수출국기구(OPEC)에 대해 증산 압박을 가한다는 입장을 밝혔다.

사회 현안에 대해서도 동성결혼과 줄기세포 연구를 허용하는 등 사회 조류에 적극 대처하겠다는 의지를 밝혔다. 보수 성향의 공화당이 헌법 개정을 통해 법적으로 동성결혼을 금지토록 한다는 입장인 반면, 민주당은 동성결혼 허용 여부는 주(州) 차원에서 결정할 문제로 보고 연방헌법 개정을 통한 동성결혼 금지에는 반대하는 입장을 취하고 있다.

그동안 부시 대통령이 거부권을 행사하는 등 미국 사회의 핵심 논란이 되어 온 줄기세포 연구 허용 문제의 경우, 공화당은 줄기세포 연구에 제한을 둔다는 입장인 반면 민주당은 제한을 둬서는 안 된다며 이에 맞서고 있다. 민주당은 기본적으로 줄기세포 연구를 통해 난치병과 불치병 환자를 치유하고, 다양한 연구를 통해 인류가 처한 질병에서 벗어나는 것이 필요하다고 주장하고 있다.

특히 동성결혼 허용 여부에서 양당의 입장 차이가 두드러지는데, 민주당은 동성결혼을 허용해야 한다는 입장인 반면 공화당은 전통적인 가족과 사회의 가치가 파괴된다며 부정적인 입장이다.

이라크 전쟁과 관련해서도 민주당은 북대서양조약기구(NATO) 등 다른 국가의 파병 동참을 촉구하며 이라크 주둔 미군 감축을 주장하는 반면, 공화당은 부시 행정부의 이라크 전쟁, 대테러 전쟁 등에 대한 전폭적인 지지를 정강 정책에 담았다.

공화당은 또 평화적이며 민주적인 이라크가 확립될 때까지 미군이 이라크에 계속 주둔할 필요가 있다는 점을 강조하고, 생물학무기를 이용한 테러 공격에 대비해 생물학무기 방어 전술을 추가로 시행하고 화학공장 등 주요 사회간접시설에 최소한의 보안 요구 기준을 수립할 것을 정강 정책에 담았다.

반면 민주당은 이라크 전쟁과 관련해 이라크 주둔 미군을 감축하는 한편, 나토 등 다른 국가가 더 많은 병력을 지원할 수 있도록 설득하고, 이라크 보안군 훈련에 대대적인 노력을 기울인다는 점을 강조했다. 또한 정보기관 개혁, 테러리스트 사용 언어 분석가 확충과 함께 돈세탁처벌법을 강화하고, 테러리즘에 자금을 제공하는 국가와 은행에 대해 엄격한 제재 조치를 가한다는 입장을 밝혔다.

민주당은 특히 이라크 주둔 미군 철수와 관련, 집권 후 "16개월 내 재배치되기를 기대한다"는 표현으로 버락 오바마 후보가 약속한 철군론을 뒷받침했다.

아울러 국제적인 노동 및 환경 기준을 FTA 체결 조건으로 제시함으로써 한미FTA라고 직접적으로 언급하지는 않았으나 한미FTA를 포함한 각국과의 FTA 체결에 부정적인 입장을 명확히 했다.

민주당은 한반도 현안과 관련, 강력한 한미동맹 유지 및 북한 핵 프로그램의 검증 가능한 종식을 위한 외교적 노력 지지 등을 담은 정강 정책 초안을 채택, 민주당이 집권하더라도 차기 미 행정부의 한반도 정책에는 큰 변화가 없을 것임을 시사했다.

한편 아시아 정책과 관련해 아시아에서 적극적 개입을 통한 선도적 역할을 다짐하면서 한국·일본·오스트레일리아 등과 강력한 동맹 관계를 유지하겠다고 밝혔다. 이를 위해 양자 합의, 간헐적인 정상회담, 임시적인 외교 제도 같은 것을 뛰어넘어 아시아에서 좀 더 효율적인 틀을 갖춰야만 한다고 밝혀 유럽식 다자안보협력기구와 같은 다자안보기구를 구상하고 있음을 내비쳤다.

민주당은 또 대량살상무기 확산 방지의 세부 항목으로 북핵 문제를 따로 언급하며 "북핵 프로그램의 검증 가능한 종식을 위한 외교적 노력에 대한 지지"를 밝히면서 '검증'에 강조점을 뒀다. 구체적으로는 북한과 직접 대화와 협상을 계속해 나갈 것과 검증 가능한 한반도 비핵화 달성을 위한 모든 합의가 전면 이행되도록 6자회담을 통해 당사국들과 협력할 것을 다짐했다.

한편 한미자유무역협정·북미자유무역협정과 관련해서는 경선 과정에서 오바마의 반대 의사 표명에도 불구하고 직접적인 언급을 피하고, 대신 민주당의 통상 정책을 재확인하는 데 그치는 등 표현이 다소 완화됐다. 민주당의 정강 정책은 미국의 수출품에 대해 시장을 개방하고, 시행 가능한 국제적 노동 및 환경 기준을 포함한 자유무역협정에 대해서는 협상에 나설 것이라며 북미자유무역협정 수정을 위해 캐나다·멕시코와 협력한다는 수준에 그쳤다.

민주당의 정강 정책 초안은 전반적으로 오바마의 중도적 정책을 담고 있지만, 전국민의료보험제와 여성의 권리 항목을 신설하는 등 경선에서 진 힐러리 쪽의 입장 또한 반영했다. 정강 정책은 이밖에도 ■낙태 권리 인정 ■강경하고 실제적이고 인간적인 이민정책 ■공격용 총기 규제 ■ 관타나모 수용소 폐쇄 등의 정책을 담았다.

54쪽의 정강 정책은 지난 8월 말 콜로라도 덴버에서 열린 전당대회에서 정식으로 채택됐으며, 대선 후보와 차기 대통령에게 구속력을 갖는 것은 아니지만 당선 이후 정책의 기초가 된다는 점에서 오바마 행정부의 향후 정책의 기초가 될 전망이다.

새 정부 국정운영 지침은 '오바마-바이든 플랜'

오바마는 11월 18일 인수위 홈페이지(www.change.gov)를 통해 공개한 '오바마-바이든 플랜'에서 24개의 국내외 국정 과제와 목표를 밝히고, 차기 행정부의 국정과제로 북핵 프로그램의 완전 검증·폐기, 아시아 동맹국인 한국·일본·호주와의 관계 강화, 불공정무역 해결 등을 제시했다.

오바마는 새 행정부가 추진해 나갈 국정 과제로 시민 권익·이민·국방·이라크, 당면한 경제위기 해결과 함께 빈곤·교육·농촌·윤리·참전용사·건강보험·에너지 환경 등의 개혁과 개선 등 24개 항목을 제시하는 한편 세계의 관심이 쏠린 외교정책 분야에서 '새로운 아메리카 리더십'을 제시했다. 각 분야를 개략적으로 살펴보면 다음과 같다.

경 제 : 좋은 일자리 창출, 일자리 제공 기업에 추가 고용 종업원 1인당 3000달러 세금 환급, 중소기업 투자 지원, 미국의 도로·교량 재건, 학교 수리 등을 통해 일자리 100만 개 창출.

세 제 : 새로운 재정지출·세제변경 때는 같은 금액의 세원 발굴이나 다른 사업 지출을 삭감하는 회계원칙(PAYGO) 재확보, 부유층 증세, 중산층 감세정책.

빈 곤 : 향후 5년간 직업훈련에 10억 달러 투자, 청년들을 위한 녹색 일자리(Green Jobs), 저소득층의 출근 교통편 개선, 최저임금 시간당 9.5달러로 인상(2011년까지), 면세 혜택, '책임지는 아버지와 건강한 가족' 법 제정, 주택 제공.

외 교 : 아프가니스탄·파키스탄 문제 해결, 핵확산방지를 통해 테러리스트들의 핵무기 이용·위험정권의 핵보유 차단, 비확산조약 강화, 핵무기 없는 세계 추진.

이라크 : 책임 있는 단계적 철수(매달 1~2개 여단씩 16개월 내 완전철수. 2010년 여름까지), 이라크 정부의 정치적 통합 장려, 이라크와 인근 국가 안정을 위한 외교적 노력 확대.

국 방 : 21세기형 군 투자, 21세기형 임무 수행을 위한 군 재편(해외 임무를 위한 외국어·문화 소양 교육 등 포함), 육군 증원(6만 5000명), 해병대 2만 7000명.

시민 권리 증진 : 고용 차별 척결, 인종증오범죄법 확대, 투표 부정 처벌 강화.

이민법 개선 : 국경수비 강화, 이민 시스템 개선, 불법 입국자 고용 금지, 성실한 불법이민자 구제.

교 육 : 조기교육(5세 전 교육 플랜), 낙오학생방지법 개선(교사가 학생 시험 준비 시키느라 시간을 낭비하지 않도록), 수학·과학 교육 국가적 우선순위로.

에너지·환경 : 청정에너지에 향후 10년간 1500억 달러를 투자해 일자리 500만 개 창출, 현재 중동·베네수엘라에서 수입하는 원유량 이상을 10년 내 절약, 2015년까지 갤런당 150마일을 주행하는 '플러그-인 하이브리드카' 100만 대 보급 등.

　　오바마-바이든 플랜은 경제 분야에서 "공정무역을 위해 싸울 것"이라며 "미국 경제안보를 훼손하는 협정에 대해선 맞설 것"이라고 밝혔다. 한국을 따로 지목하지는 않았으나 오바마는 북미자유무역협정(NAFTA) 개정을 통해 미국 노동자의 이익을 보호하겠다고 밝혀, 한국 등 교역 상대국에 대한 미국산 제품 시장개방 압력 가능성을 강하게 시사했다. 실제 오바마-바이든 플랜은 "미국인들에게 외국 시장을 더 개방토록 하는 무역정책을 위해 싸울 것이며 전세계에 노동과 환경에 대한 좋은 기준을 확산시키도록 무역협정을 이용할 것"이라고 밝혔다.

또한 오바마-바이든 플랜은 테러범들의 손에 핵무기와 핵물질이 들어가는 것을 막기 위해 핵확산방지구상(PSI)을 강화하고 2009년부터 정기적으로 핵테러를 막기 위해 유엔 안보리 상임이사국을 비롯해 주요 국가 정상들이 참석하는 회의를 개최하겠다고 밝혔다. 핵확산금지조약(NPT)을 강화해 핵확산을 철저히 차단할 것이라며 북한·이란과 같은 국가가 NPT 규정을 위반하면 자동적으로 강력한 국제 제재에 처하도록 하겠다고 밝혔다. 이어 '핵 없는 세계'라는 목표를 이루기 위해 러시아 및 다른 핵보유국들과 핵무기 비축량을 감축해 나가겠지만 미국이 일방적으로 군축에 나서지는 않을 것임을 분명히 했다.

오바마는 외교정책의 최우선 해결 현안으로 아프가니스탄·파키스탄을 지목하고, 아프가니스탄과 파키스탄 내에서 세력을 다시 확장하고 있는 알카에다와 탈레반의 위협에 맞서기 위해 미국의 자원을 집중하겠다는 방침을 밝혔다. 파키스탄에 대해서는 아프간 접경 지역에서 테러 세력들의 발호를 저지하기 위해 필요한 비군사적 지원을 늘리겠다고 약속했다.

외교정책의 두 번째 순위는 핵무기다. 오바마는 핵무기가 테러집단이나 위험한 정권의 수중에 들어가지 않도록 상원의원 시절 공화당의 리처드 루거, 척 헤이글 상원의원과 함께 법안을 통과시켰다며, 핵확산금지조약(NPT)을 강화함으로써 북한과 이란처럼 NPT를 위배하는 경우 강력한 국제적 제재를 가해야 한다고 밝혔다.

세 번째 외교적 과제는 이란이다. 오바마 행정부는 전제조건 없이 '강경하면서도 직접적인(tough and direct)' 외교를 통한 해법을 강조했다.

네 번째는 에너지 안보로 향후 10년간 1500억 달러의 예산을 투자해 재생에너지·대체에너지를 개발해 에너지 독립을 추진하겠다고 약속했다.

다섯 번째는 미국 외교의 쇄신이다. 오바마 행정부는 21세기에 공동으로 직면한 도전에 맞설 수 있는 동맹 관계를 재구축하겠다고 밝혔다. 테러리즘, 핵무기, 기후변화, 빈곤, 대량학살, 질병 같은 21세기 도전에 함께 맞서기 위해 오래된 파트너십을 강화하고 새로운 관계를 구축하는 한편, 세계 각국의 적과 친구들을 대상으로 아무 전제조건 없이 강경하고도 직접적인 외교를 펼치겠다고 밝혔다. 미국이 협상 테이블에 언제든지 나가려 한다면 세계는 테러리즘·이란·북핵 문제를 해결하기 위해 미국의 리더십과 힘을 합치려 할 것이라고 설명했다.

오바마는 구체적인 외교 원칙과 관련, "우방국은 물론 비수교 적성국들과도 전제조건 없이 강경하고 직접적인 외교정책을 펼칠 것"이라고 밝혀, 북핵 문제를 포함한 대한반도 정책의 향배에 관심이 쏠릴 전망이다.

오바마는 특히 외교정책 의제에서 이란과 달리 북한을 별도의 항목으로 분류하지 않은 채 북한의 핵확산 차단, 6자회담 유지, 한국 등과의 강력한 협력을 강조했다. 특히 '미국 외교 재활성화'란 항목을 통해 우방국들과의 대화를 강조함으로써 북한 핵문제와 관련해 6자회담 당사국들과 적극 협력하겠다는 의지를 밝혔다.

아시아 정책에 대해서는 북핵 6자회담 같은 효과적인 협력의 틀을 만들고 한국·일본·호주와 강력한 유대 관계를 유지하는 한편, 북한과 함께 핵문제로 주목받아 온 이란에 대해서는 인센티브와 제재를 함께 사용할 것이라며 만약 이란이 핵 프로그램을 중단하면 이란의 세계무역기구 가입 허용, 국교 정상화 등의 인센티브를 줄 것이라고 밝혔다.

국방 분야에서는 21세기형 군 재편, 다른 국가의 언어·문화와 보다 친화적인 작전능력 배양 등을 새롭게 제시했다. 이라크 정책에서는 당초 선거 공약대로 집권 후 16개월인 2010년 여름까지 이라크 파병 미군의 완전철수를 명기했다. 대신 이라크 정부가 다른 정파들과 협력하여 사회 안정을 이룰 수 있도록 적극 돕겠다고 밝혔다.

오바마 정부의 경제·사회 정책

　　　　　　　　　　　　　　　…오바마의 경제정책은
그동안 진보진영이 주장해 온 경제정책과 궤를 같이한다. 오바마의 정
책은 전체 국민 가운데 3~4%에 해당하는 연간소득 25만 달러 이상 고
소득자들에게 세금을 더 많이 내게 함으로써 국가의 보조를 받거나 받
아야 할 빈곤층에게 골고루 복지 혜택을 주도록 하자는 민주당의 기존
정책과 사실상 동일하다.

　　오바마는 자신의 경제정책 기조로 정부의 적극적인 시장개입 및 규
제의 필요성을 강조하고 있으며, 증세 및 임금인상, 공공 서비스 확충
을 통한 부의 불균형 해소를 가장 시급하게 실현해야 할 사항으로 꼽
고 있다. 그는 유세 및 TV 토론에서 부시 행정부의 탈규제 정책, 시장
에 대한 방임이 지금의 금융위기를 가져왔다면서 앞으로 시장에 대한
규율과 감독이 필요하다고 강조했다.

오바마의 경제정책
고소득자 증세로 빈곤층에 복지 혜택

특히 월가를 중심으로 확산되고 있는 금융위기를 근거로 그동안 부시 행정부의 경제정책을 비판하며 구체적인 극복 방향과 대안을 제시하고 있는데, 갈수록 심각해지는 재정적자와 무역적자 등 쌍둥이 적자에 대한 위기의식이 매우 크다.

미 의회 예산국(Congressional Budget Office) 기록에 따르면, 재정적자는 2008년 현재 4070억 달러에 육박하고 2009년에는 4380억 달러로 예상된다. 또 2000년 3조 4천억 달러에 그쳤던 부채는 현재 5조 4천억 달러에 이르고 향후 10년간 8조 달러에 이를 것으로 전망됨에 따라 오바마는 경제의 대혁신이 필요하다는 생각을 갖고 있다.

오바마는 자유시장제도에 기반한 펀더멘털에 대해 반드시 적절한 정부 규제가 뒤따라야만 현재의 위기 국면에서 벗어날 수 있다고 보고, 단기적인 처방에 급급하기보다 왜 이런 금융위기가 오게 되었는지 그 원인을 명확히 규명하고 철저히 개선해야 한다고 주장한다.

구체적으로는 각종 금융거래 관련법 제정과 기존 법 보완 및 강화, 금융시스템 전반을 감시·통제·조언하는 정부 기관 신설, 채무자들의 알 권리를 보호하기 위한 채권자들의 신원정보 시스템 구축 등 금융 관련 공약들을 제시했다. 오바마는 이를 통해 금융위기에 대한 정부의 적극적인 개입과 함께 장기적인 위기 재발 방지에 나서겠다는 방침이다.

오바마는 금융위기의 파급효과가 실물경제로까지 이어지고 경기위축 속도가 빨라지면서 향후 마이너스 성장 가능성까지 제기되고 있는 상황에서 중산층 중심의 소비 진작을 경기부진 대응책으로 제시하고 있다. 오바마는 이 같은 위기 상황에 대처하기 위해 그동안 증세 및 재정지출 확대 필요성을 강조해 왔다. 실제 조세 관련 핵심 공약으로 상위 5% 혹은 연소득 25만 달러 이상 고소득층에 증세 정책을 펴는 반면 중산층 대상의 세금은 동결시키고 저소득층과 고령층에 감세 혜택을 주는 방안을 제시했다.

이처럼 오바마는 미국 역사상 세금을 가장 많이 거두는 대통령이 될 것이라는 매케인 진영의 비판에도 불구하고 정부가 증세에 적극 나서는 것이 필요하다고 말하고 있다. 현재 연방소득세의 최고 세율인 35% 와 33%를 각각 39.6%와 36%로, 현행 15%인 초과이윤세를 20%로, 매매 차익에 따른 양도세율도 20~28%까지 올리겠다는 것이 오바마의 입장이다.

이 같은 오바마의 정책이 관철될 경우 일반 기업과 중소기업 경영자들은 상당히 소극적인 정부 지원을 받게 될 전망이며, 경우에 따라 불이익도 감수해야 할 형편이다. 한편 현재 적용되고 있는 기업 대상 각종 조세율은 그대로 유지될 전망이다. 동시에 근로자들의 최저임금 인상과 매년 물가상승률 적용제 실시로 많은 중소기업 경영자들의 부담이 늘어날 전망이다. 많은 세금은 곧 정부의 대규모 지출로 이어져 에너지와 환경, 사회보장 및 보건의료 체계, 교육, 연구·개발(R&D) 분야 등 공공 서비스 투자의 대대적인 확충으로 이어져, 장기적인 경제안정 및 발전을 이룰 수 있다는 것이 오바마 행정부의 계산이다. 결국 오바마 집권 기간에는 고소득층과 기업들의 세금 부담이 늘어나는 반면 중산층과 저소득층이 받는 혜택은 크게 늘어날 전망이다.

정부의 적극적인 시장개입 및 규제를 지향하는 오바마는 특히 자유경쟁에서 낙오되거나 소외된 계층에 대한 적극적인 지원이 장기적인 경제안정을 위해 필수적이라는 입장을 보이고 있다. 그는 유세 과정에서 중산층과 저소득층에게 호응을 얻은 '하위 계층에서부터의 변화'에서 서민층을 위한 의료 및 교육 등 정부 차원의 사회보장 관련 공공서비스 투자를 통해 당분간 성장 위주의 경제정책에서 벗어나 두텁고 안정적인 중산층을 육성할 필요가 있다고 강조해 왔다.

　　오바마 캠프는 이와 관련, "오바마 후보가 '계층간의 전쟁(Class Warfare)'을 만들어내려는 것도, 부유층을 불공평하게 공격하자는 것도 아니다. 25만 달러 이상의 소득을 올리는 가정의 세율이 오히려 낮아서 워런 버핏 같은 사람도 세율을 공평하게 하기 위해 세율을 올려야 한다고 주장했다. 정부의 규제가 너무 완화된 것이 이번 금융위기의 원인 중 하나다. 앞으로 시장경제를 손상하지 않는 범위 내에서 정부 개입을 하게 될 것"이라고 밝혔다.

　　통상정책의 경우 오바마는 원칙적으로 FTA를 지지한다는 입장이지만, FTA 상대국의 자유무역주의 수용 정도와 협정 내용의 형평성에 민감한 반응을 보여 왔다. 오바마는 노동이나 환경과 관련해 왜곡이 없는 좀 더 공정한 자유무역을 강조하면서, FTA 협상 내용이 상대국에게 일방적으로 유리할 경우 무역협정을 재검토할 의지가 있다고 말했다.

　　따라서 대통령에 당선된 오바마가 집권 초기 지지 기반을 공고히 하기 위해 자동차 노동조합 등의 이익 지키기에 나설 경우 한미FTA 협상 결과가 한국에 유리하게 만들어졌다는 점을 이유로 한미FTA 승인을 늦추거나 아예 폐기하는 등 기존 협의에서 큰 변화가 나타날 가능성이 크다.

오바마는 특히 값싼 노동력을 찾아 해외로 시설을 옮기는 기업이 늘어나는 것을 막기 위해 미국인 고용 비율이 높은 기업들에게 세금 공제 혜택을 주는 등 FTA로 인한 미국 근로자들의 고용불안 문제를 미연에 방지하는 방안을 모색하고 있다.

사회·교육·보건의료정책
전 국민의 실질적인 의료보험 추진

오바마는 자신이 흑인인 탓에 유색인종이나 이민자에 대해 따뜻한 시선을 보내고, 실제 정책에도 신경을 쓰고 있다. 그는 정책의 우선순위를 에너지 자립, 건강보험 개혁, 교육 개혁 등의 순으로 잡고, 특히 10년 안에 중동에 대한 에너지 의존에서 탈피하겠다는 방침을 밝히면서 최근의 에너지난에 대한 적극 대처를 강조해 왔다.

또한 전국민의료보험 혜택과 대학 교육 비용 절감, 중산층과 서민을 위한 세금제도 개편 등 적극적인 사회복지정책들을 추진하는 한편, 지구 온난화 문제를 해결하기 위한 교토의정서의 조속한 비준, 에탄올 등의 대체에너지 개발, 초고속통신망 조기 구축을 통한 지식정보화 강국 건설을 공약으로 내세웠다.

오바마는 교육문제에 대해서도 적극적인 해결책을 모색하고 있다. 오바마측은 "여러 정책 중 교육문제는 특히 중요하다. 오바마가 당선되면 현재 연방정부의 '방과후 프로그램' 예산은 두 배로 올라갈 것이며, 대학생들은 연간 4000달러의 학비 감면 혜택을 받게 될 것이다. 미국은 중요한 도전들에 직면해 있으며, 이제 새로운 리더십을 찾아야 할 때다. 오바마와 함께 국제사회에서 존경받는 리더십의 미국을 만들어 가자" 면서 오바마의 교육정책을 구체화시키고 있다.

한편 오바마는 지나치게 보수적이면서 땅에 떨어진 워싱턴 기성 정치권의 신뢰 회복과 공정하고 투명한 정치제도 개혁을 약속했다. 하지만 반대자(주로 힐러리 클린턴을 지지했던 사람들과 공화당 지지자)들은 그의 핵심 공약들과 그 실현 가능성, 특히 추진 비용 등을 문제삼았다.

오바마는 선거과정 중 자신의 홈페이지에 한글로 '아시아·태평양계 이민자 지원 활동 내용'을 담고 한국인의 지지를 호소했다. 그는 이 글을 통해 ■ 전 국민의 실질적인 의료보험 대책 ■ 인종 분류 조항과 차별정책 법안 폐지 ■ 이민정책 개혁 ■ 이민자 자녀를 위한 교육 투자 확대 ■ 스몰 비즈니스에 대한 투자 및 지원 등을 공약으로 내걸었다. 여기에는 오바마가 집권 후 펼칠 다양한 사회정책이 그대로 투영돼 있었던 셈이다.

그는 전 국민의 실질적인 의료보험 대책과 관련, 미국에 거주하는 아시아계 이민자 중 240만 명은 의료보험이 없다고 지적하고 첫 임기 말에 모든 국민이 저렴하고도 실용적인 의료 혜택을 받을 수 있도록 의료 대책 강화를 위한 법안 서명에 참여했다고 밝혔다. 그러면서 자신의 의료개혁안에 대해 미국 의료시스템의 현대화와 질병 예방의 장려, 공중보건의 강화로 일반 가정은 매년 2500달러까지 의료비를 절약할 수 있게 될 것이라고 설명했다.

오바마는 인종 분류 조항과 차별정책 법안 폐지와 관련, 자신이 공동체운동을 했던 활동가와 인권 변호사로서, 또 각종 인종차별에 맞서 투쟁하기 위해 선출된 대표자로서 전문적인 능력을 발휘해 왔다며, 일리노이주의 상원위원회에서 공공 서류의 인종 분류 조항에 반대하는 법안을 통과시켰음을 밝혔다. 또 소수민족의 권리를 보호하기 위한 의미 있는 정책들을 활성화하기 위해 했던 생생한 경험들을 계속 활용할 것이라고 덧붙였다.

한편 이민정책 개혁과 관련, 그는 서류 미비 이민자들도 합법적으로 살 수 있는 길을 제시하고 국경을 강화하고 이민국의 취약점을 보강함으로써 미국의 이민정책을 새롭게 정비하기 위해 앞장서 왔다며, 대통령으로서 비효율적인 이민정책으로 인한 '가족 이별 방지'와 'H1-B 비자의 보완'을 최우선으로 다룰 포괄적인 이민정책 개정을 위해 힘쓸 것이라고 다짐했다. 또한 이민자 자녀를 위한 교육투자 확대와 관련, 현 정부의 '낙제 학생 방지법(No Child Left Behind)'을 재정비하고 정책 추진 기금을 적절하게 책정하는 것을 비롯해 이중언어 교육을 학교의 책임 아래 둘 것이라고 밝혔다.

스몰 비즈니스에 대한 투자 및 지원에 대해서도 연방정부와 주정부 차원에서 다양하고 적극적인 투자와 함께 지원에 나서겠다고 밝혔다.

도널드 그레그 전 주미대사는 "오바마는 이민자 가정의 생활을 이해한다. 본인 자신이 상당 기간 유년 시절을 아시아에서 보내기도 했다. 오바마는 한인을 포함한 모든 이민자 커뮤니티가 더 큰 꿈을 꾸어야 한다고 생각한다. 그는 이들에게 더 많은 사업 기회와 일자리, 의료보험, 에너지 자립 등의 혜택을 주려고 한다. 오바마는 소수민족들이 화합하여 더 큰 미국 사회로 통합되어 현재 미국 사회가 갖고 있는 문제점들을 극복하고 이민자들의 꿈을 이룩할 수 있도록 노력하고 있다"

고 밝히며, 유세 과정에서 이민자들의 지지를 호소했다.

줄기세포 연구 금지 등 전면 폐기…
부시 행정부와 차별화

오바마는 대통령 취임 즉시 사상 초유의 금융위기에 대처하고 오바마의 정치철학과 비전에 맞지 않는 부시 행정부의 기존 정책을 전면 폐기하는 등 부시 행정부와의 차별화에 나설 계획이다.

오바마 당선인의 램 이매뉴얼 비서실장과 존 포데스타 정권인수위원장은 최근 TV 시사토론 프로그램에 잇따라 출연, 오바마 당선인이 내년 1월 20일 취임과 동시에 줄기세포 연구, 석유와 천연가스 시추 등과 관련해 부시 대통령이 내린 행정명령을 되돌리는 조치를 취하는 한편 각종 경제위기를 해결하는 것과 함께 에너지정책과 의료보험 확대, 교육개혁, 중산층에 대한 세금 인하 등 주요 공약들을 집권 초기에 동시에 추진할 것이라고 밝혔다.

포데스타 정권인수위원장은 폭스뉴스와 CNN과의 인터뷰에서 "의회를 거치지 않고 대통령이 행정명령을 통해 할 수 있는 일이 많고, 오바마 당선인은 그렇게 할 것이다. 오바마 당선인은 변화에 대한 권한을 위임받았다고 생각하고 있고, 부시 행정부의 정책과 조속히 차별화할 필요가 있다고 본다"고 말했다.

그는 "오바마 당선인은 부시의 모든 행정명령을 재검토해 보고 유지할 것과 폐기할 것, 수정할 것 등을 결정하게 된다. 줄기세포, 석유

시추 등과 관련해 부시 대통령이 내린 행정명령을 재검토하는 작업을 벌이고 있다"고 덧붙였다.

〈워싱턴포스트〉도 50여 명으로 구성된 오바마 진영의 자문단은 지난 몇 개월 동안 오바마가 대통령에 취임할 경우 행정명령을 통해 고쳐야 할 부시 행정부의 정책 200여 가지를 선정했다며, 줄기세포 연구에 대한 연방자금 지원 제한과 유타주의 석유와 가스 시추 허용 결정, 미국의 원조를 받는 국제가족계획 단체들이 낙태에 관한 상담을 금지한 규정 등이 폐기될 가능성이 높다고 전했다. 부시 행정부가 자동차 이산화탄소 배출량을 규제하려는 캘리포니아주의 계획에 제동을 걸었던 것도 차기 오바마 정부에서는 바꿀 계획이며, 이민정책과 식품·의약 관련 규제 등이 오바마 당선인이 취임 후 부시 행정부와 차별화를 시도할 수 있는 대표적인 정책으로 꼽히고 있다.

한편 램 이매뉴얼 당선인 비서실장은 ABC방송의 〈디스위크〉와의 인터뷰에서 "경제를 살리기 위한 경기부양책의 의회 처리와 함께 경제적 어려움에 처한 자동차업계에 대한 연방정부의 지원이 필요하다"며 "내년 1월 의회에 제출될 경기부양책에는 중산층에 대한 세금 인하와 공공사업 투자를 통한 일자리 창출, 실업자에 대한 지원 확대 등이 포함될 것"이라고 밝혔다. 그는 "그러나 일부 공화당 의원들이 요구하는 것처럼 경기부양책을 콜롬비아와의 자유무역협정(FTA) 비준과 연계하는 것은 바람직하지 않다"고 밝혀, 콜롬비아는 물론 한국과의 FTA 의회 조기 비준 가능성을 배제했다.

오바마 정부의 외교정책

　　…오바마는 그동안 부시 행정부가 보여 온 힘에 근거한 일방주의와 대결적 태도를 비판하고 대화와 다자협력에 근거한 외교를 강조해 왔다. 이에 따라 앞으로 민주당의 전통적 외교정책인 자유주의적 국제주의에 기반하되 국익에 따라 유연하게 적용하는 실용적 외교 노선을 택할 계획이며, 특히 중요한 국익이 결부된 지역을 중심으로 적절한 개입 전략을 구사할 방침이다. 이는 자유와 민주주의의 확산, 경제적 상호의존성의 심화, 국제 규범의 강화가 평화의 근간을 이룬다는 전통적 외교 노선과 일치하는 것이다.

　　오바마는 2008년 6월 외교안보 참모들과의 첫 회동에서 "나는 경직된 이데올로기를 고수하지 않고 미국 외교정책의 실용적 전통으로 돌아갈 것"이라고 밝히며, 부시 행정부처럼 선과 악의 이데올로기에 집착하지 않고 있는 그대로의 현실에 기반한 실용적 외교정책을 펼 것이라고 강조했다.

오바마는 특히 외교적 수단과 국제기구를 중심으로 한 다자주의를 선호하면서도 미국의 사활이 걸린 경우 군사력을 가능하면 현명하게, 그러나 필요하다면 일방적으로 사용하겠다는 의지를 강조했다. 그는 "국제 규범의 준수로 가장 큰 이득을 보는 나라가 미국이므로 모범을 통해 다른 나라의 국제 규범 준수를 유도해야 하지만, 위협이 임박한 경우에는 국제적 동의의 인질이 되지 않을 것"이라고 밝힌 바 있다.

이에 따라 부시 행정부에 이어 오바마 행정부에서도 미국 중심의 단극 체제와 공격적 현실주의, 그리고 신보수주의에 기반한 일방주의는 완전히 사라지지 않고 상황에 따라 채택될 전망이다. 오바마는 특히 국제사회에서 현저하게 추락한 미국의 리더십 쇄신을 최우선 과제로 들면서 미국은 국제사회의 긴급한 위협들을 회피하지 않을 것이며, 보다 안전하고 번영되며 자유로운 세계를 만들기 위해 힘의 모든 요소들을 활용하겠다는 정책을 밝혀 왔다.

오바마는 이를 위해 ■이라크의 안정을 중재하기 위해 지역적·국제적 차원에서 다른 나라들과 외교적 노력을 경주, 이라크 전쟁의 책임감 있는 종결 ■안보 분담 파트너십을 구축해 정보공유, 자금 분담, 공동작전 등의 영역에서 여러 나라들과 반테러 협력을 통해 알카에다 분쇄 및 테러리즘과의 투쟁 ■핵군축·비핵화를 위해 전 세계적 노력을 주도함으로써 대량살상무기 확산 및 사용 방지 ■재래식 위협 및 비대칭 위협에 대처하기 위해 군사력 재활성화를 통한 미군의 재정비 ■유럽이 필수불가결한 파트너라는 인식과 함께 유럽연합의 강화를 지지하는 등 유럽과 함께 국제사회의 공동안보 증진 ■전 세계적으로 가난을 퇴치하는 것은 미국의 국가 안보와 직접적으로 관련되므로 민주주의 및 경제개발 촉진과 인권 존중 ■ 미국은 기후변화에 대한 투쟁을 방관하거나 방해하지 않을 것이며 오히려 주도함으로써 에너지 안보 및 기후변화 문제에 적극적으로 대처할 것이라는 점 등을 지적하고 있다.

취임을 앞둔 오바마가 가장 고민하는 외교정책상의 맹점은 세계의 지지와 신뢰를 잃어버린 부시 행정부의 정책으로 인해 국제사회에서 미국의 지도력과 역할이 현저하게 훼손됐다는 것이다. 이에 따라 세계적 경제난국 속에 이라크 및 아프가니스탄 사태를 조속히 해결하기 위한 노력을 기울이는 동시에 실용적이고 현실적인 접근을 통해 북핵 문제를 포함한 아시아 문제를 안정적으로 관리하려 하고 있다.

특히 미국을 위협하는 중국의 급부상을 경계하면서 동시에 중국을 책임 있는 국제사회의 강자로 인정해 북-미 협상과 6자회담의 지속, 하나의 중국 원칙에 입각한 양안 관계의 안정, 동아시아 다자안보협력 추구 등 아시아 지역의 주요 현안을 함께 관리하는 협력 관계를 추구하는 한편, 일본을 미국과 기본 가치를 공유하는 중요한 아시아 동맹국으로 관리할 방침이다.

그러나 오바마 행정부가 미국 내의 실업문제 해결과 대외무역 흑자 개선을 위해 중국에 환율절상과 불공정 무역장치 개선, 미국에 비해 지나치게 느슨한 노동조건 및 환경문제 개선을 요구한다면 미·중 관계는 심각한 마찰을 겪을 것으로 전망된다. 이번 선거에서 상하 양원을 장악한 민주당의 보호주의 성향과 중국 인권문제에 관한 강경한 태도는 중국과 아시아에 보다 실용적인 접근을 하려는 대통령 오바마의 입장을 어렵게 만들 수 있다는 점에서 향후 미·중 관계를 풀어 나가는 오바마의 리더십이 주목된다.

이처럼 북핵과 이란 핵, 중동 평화협상 등 민감한 외교 현안에 대한 오바마 새 정부의 정책 기조가 국제사회의 최대 관심사로 부상하고 있다. 오바마 새 행정부는 대외정책에서 크게 북한 핵을 어떻게 폐기시키고, 이란의 핵개발 기도를 중지시키며, 이스라엘·팔레스타인 평화협상을 진전시키느냐는 세 가지 외교적 과제를 안고 있는 셈이다.

〈워싱턴포스트〉는 이들 외교적 난제에 대해 "부시 행정부가 오바마 행정부에 남긴 주요 외교 유산"이라며 "오바마 새 행정부는 이들 과제를 신속히 평가해 부시 행정부 노선을 따를지, 수정을 가할지, 아니면 전혀 다른 기조를 잡을지 결정해야 한다"고 지적했다.

한편 〈워싱턴포스트〉는 북핵 문제에 대해 부시 행정부의 북핵 정책이 집권 2기 들어 집권 초반의 압박 기조에서 탈피해 대화를 통한 해법 마련 쪽으로 극적인 변화를 거쳤기 때문에 오바마 행정부는 부시 행정부가 북한을 테러지원국 리스트에서 제외시킨 결정 등을 계승하면서 (6자회담을 통해 진전된) 북핵 폐기 과정을 전향적으로 살려 나가는 방안을 모색할 것으로 내다봤다.

그러나 이란 핵 문제의 경우는 북핵 해법보다 한층 힘든 선택이 될 것이며, 이는 부시 행정부가 추진한 이란의 우라늄 농축 핵무기 개발 저지 전략이 북핵과 달리 당근과 채찍 모두 통하지 않고 있는 어려운 상황 때문인 것으로 분석되고 있다. 대선 기간 "이란과 직접 대화에 나설 용의가 있다"고 밝힌 오바마 당선인은 지난 11월 7일에는 "국제 공조가 필요하다"고 말해, 그동안 이란 핵문제 해결에 공조해 온 유럽연합과 러시아와의 협력 관계를 더욱 강화할 전망이다. 한편 중동 평화 협상의 경우 오바마 당선인이 지난 7월 이스라엘을 방문한 자리에서 "집권하면 평화협상을 추진하겠다"고 언급한 점을 들어 그가 고위급 중동평화대사를 임명할 것으로 이 신문은 전망했다.

일방주의 버리고 대화와 다자협력 통한 미국의 리더십 회복

오바마는 대선후보 당시인 2007년 자신의 외교정책을 세계적 격월간 외교 잡지 〈포린어페어스〉 7·8월호를 통해 밝혔는데, 이는 향후 민주당과 오바마 행정부 내의 조율을 거쳐 더욱 정교화된 외교정책으로 현실화될 전망이다.

오바마는 「미국의 리더십을 새롭게 하며」라는 제목의 이 기고문에서, 그동안 부시 행정부가 해온 일방주의적이고 강압적인 외교정책을 비판하고 미국이 모범을 보이는 솔선수범과 국제협력을 통한 외교의 리더십을 확보해야 한다고 주문했다. '강요가 아닌 모범의 지도력으로 쇄신해야'라는 주제를 담고 있는 이 기고문은 오바마가 후보 시절에 쓴 것으로 이후 현실 정치의 역학 관계에 따라 현실과 타협하는 선에서 일부 수정하기도 했지만, 정치인 오바마가 지닌 외교정책과 철학을 명징하게 보여준다는 점에서 향후 오바마 행정부의 중요한 외교정책으로 나타날 전망이다.

특히 한반도 문제에 대해 "북한과 관계를 개선하려는 한국을 경시한 것은 동맹국을 잘못 대한 것"이라고 적시하며, 부시 행정부가 포용 정책을 편 김대중·노무현 정부를 압박한 것을 대표적인 잘못으로 꼽아 부시 행정부와 같은 강경 강압 외교를 펼치고 있는 이명박 정부와 현저한 외교 철학적 차이를 드러내며 향후 갈등을 예고하고 있다.

오바마는 이 기고문에서 "많은 미국인들은 이제 세계 문제에 나설 것 없이 국내 문제나 잘 하는 것이 좋겠다고 생각할 수도 있다. 하지만 그것은 잘못이다. 미국이 혼자서 금세기의 위협을 감당할 수도 없고 미국을 제외한 나머지 국가들끼리 감당할 수도 없다. 우리는 손을 뗄 수도 없고 다른 국가들에게 복종을 강요할 수도 없다. 행동과 모범으로 세계를 이끌어 나가야만 한다"고 언급, 미국의 외교정책이 과거처럼 일방주의적이고 강압적인 역사를 탈피해 국제협력과 미국의 모범을 통한 지도력 회복의 필요성을 역설했다.

그는 이어 "그런 지도력을 발휘하기 위해서는 미국인의 안전과 복지는 국경 너머에 살고 있는 사람들의 안전과 복지에 달려 있다는 인식이 필요하다. 지도력을 쇄신하려면 이라크 전쟁을 적절히 끝낸 다음 중동 전체로 관심을 넓혀야 한다. 수니파와 시아파 간의 내전에 군사적 해결책을 강요할 수 없다는 사실을 괴롭더라도 인정해야 할 때가 됐다. 동시에 이라크 내전의 종식을 중재할 이 지역과 세계를 포괄하는 외교 구상을 출범시켜야 한다. 이 구상이 신뢰를 얻으려면 미국이 이라크에 항구적인 기지 설치를 도모하는 게 아님을 분명히 해야 한다"고 중동문제 해결의 중요성을 지적했다.

오바마는 또 "미국의 안전은 국경 밖 세계 사람들의 안전에 달려 있다. 이라크전의 수렁에서 빠져나온다면, 부시 행정부가 오랫동안 방치해 온 이스라엘과 팔레스타인 간의 분쟁 해결로 돌릴 수 있다. 우리의 출발점은 항상 중동에서 우리의 맹방인 이스라엘의 안전에 대한 분명하고 강력한 약속이 되어야 한다"며 "우리는 중동 전역에서 미국의 외교력을 되살려야 한다. 무력 사용도 배제하지 않아야 하겠지만 이란과의 직접적인 대화를 꺼려서는 안 된다. 통상 규제를 강화하고 교역국의 압력을 증대시켜 이란이 핵계획에 따르는 비용이 늘어나도록 하는 데 주력해야 한다"고 밝혀 이스라엘의 중요성과 함께 이란 핵 문제 해결 의지를 밝혔다.

그는 "지도력을 쇄신하기 위해서는 즉시 군의 증강에 착수해야 한다. 국방부에 따르면 이란 외의 곳에서 새로운 위기가 발생할 때 대응 태세를 갖춘 군부대가 미국 내에 단 하나도 없다. 우방을 돕고 대규모 학살 행위에 대응하기 위해 '방위 외의 무력 사용'을 검토해야 한다. 하지만 '방위 외의 무력 사용'은 다른 국가들의 분명한 지지와 참가를 얻도록 모든 노력을 기울여야 한다"며 "지도력을 쇄신하기 위해서는 핵이 테러리스트의 수중에 들어갈 위험에 대처해야 한다. 현재 전 세계 40여 개 국가의 민간 핵시설에는 고농축 우라늄이 열악한 보안시설 속에 보관돼 있다"며 핵문제 해결의 중요성을 강조했다.

그는 이어 "옛 소련에는 1만 5000개~1만 6000개의 핵무기와 그런 핵무기 4만 개를 더 만들 수 있는 우라늄과 플루토늄이 비축되어 있다. 미국은 4년 안에 취약한 장소에 보관되어 있는 모든 핵무기와 원료의 안전을 수립하고자 하는 세계적인 노력에 앞장서야 한다"며 "러시아의 능동적인 협력이 필요하다. 러시아의 민주주의 발전을 위한 노력을 소홀히 하지 말아야 하겠지만 핵무기와 원료의 안전을 확실히 하려는 노력에 먼저 서로 협력해야 한다. 미국은 차세대 핵탄두 생산을 서두르지 말고 포괄적 핵실험금지조약의 비준을 이끌어낼 수 있는 초당적 합의를 이루어내야 한다"며 러시아와의 협력 필요성을 지적했다.

그는 "내가 집권하면 즉시 5000만 달러를 투입하여 국제원자력기구(IAEA)가 관리하는 핵연료 은행을 설립하고 핵확산금지조약(NPT)을 수정해 나가겠다"며 "이란과 북한은 역내 무기 경쟁을 촉발해 중동과 동아시아에서 위험한 핵 위기 사태를 초래할 수 있다. 나는 군사적 방법을 배제하지 않을 것이다. 하지만 우선적 조치는 지속적이고 직접적이며 공격적인 외교가 되어야 할 것"이라고 이란과 북한 핵 해결에 대한 강한 의지를 피력했다.

대테러 전쟁 전략
지도력 쇄신 위해 약소국 재건 도와야

오바마는 대테러 전쟁과 관련, "테러에 대한 포괄적 전략은 약소국 재건을 돕는 것이다. 미국의 지도력을 쇄신하기 위해 테러에 대해 보다 효과적인 세계적 대응책을 마련해야 한다. 아프가니스탄과 파키스탄에 다시 주력하여 그들의 본거지에서 테러리스트를 상대해야 한다"며 "나는 파키스탄이 탈레반을 소탕하고 오사마 빈 라덴 일당을 추적하며 모든 테러 집단과의 관계를 청산하라고 '요청' 아닌 '요구'를 할 것"이라며 테러 문제 해결을 위한 적극적 정책 추진 방침을 밝혔다.

그는 "남아시아와 중앙아시아에서 미국인 살해 음모를 꾸미는 자들에게 안전한 피난처는 없어야 한다. 이런 조치가 성공하기 위해서는 정보기관들과 연계해야 한다. 단순한 조직개편 이상으로 정보기관의 개혁을 다시 검토해야 한다"며 "미국이 가진 모든 힘을 동원하는 포괄적 전략이 필요하다. 한 미군 사령관이 말한 것처럼 '국민이 존엄과 기회를 가졌을 때는 극단주의가 환영받을 기회는 완전히는 아니더라도 감소' 한다. 약소국을 강하게 하고 실패한 국가의 재건을 돕는 데 동맹국과 함께 투자할 필요가 있다"고 지적했다.

그는 "테러리스트들이 받드는 공포의 선지자들과 싸우려면 민주주의에 대한 가르침만으로는 부족하다. 미국은 온건세력에 힘을 실어 주기 위해 교육과 의료복지, 무역과 투자라는 기회를 수출하고 정치개혁파와 시민사회에 대한 꾸준한 지원에 모든 노력을 경주해야 할 것"이라고 강조했다.

대아시아 정책
"중국과는 일면 경쟁하고 일면 협력"

오바마는 특히 한반도 문제에 대해 부시 행정부가 포용정책을 편 김대중·노무현 정부를 압박한 것을 대표적인 잘못으로 꼽고 "동맹 관계, 동반자 관계, 그리고 공동의 위협에 대처하는 데 필요한 제도를 재구축해야 한다. 이는 우리가 다른 국가에 비준하라고 윽박지른다고 해서 되지 않는다. 우리는 동맹국에 너무나 자주 상반된 신호를 보내 왔다. 이라크 전쟁의 필요성에 대한 유럽의 망설임을 일축했다. 아시아에서는 북한과의 관계를 개선하려는 한국의 노력을 경시했다"고 부시 행정부의 대한반도 정책의 잘못을 거듭 명쾌하게 추궁했다.

그는 중국을 포함한 대아시아 관계에 대해 "중국이 부상하고 일본과 한국이 목소리를 높이고 있다. 아시아에서 상호협정이나 정상회담, 6자회담 같은 특별한 조치 이상의 보다 효과적인 틀을 수립하기 위해 노력해야 한다. 필리핀의 테러 조직에서부터 인도네시아의 조류독감에 이르기까지 동아시아 국가들과의 포괄적인 대응 인프라가 필요하다"며 "중국은 21세기의 공통된 문제를 해결하는 신흥 강대국의 책임을 져야 한다. 중국과는 일면 경쟁하고 일면 협력할 것이다. 브라질·인도·나이지리아·남아프리카 등 주요국 간의 협력이 필요하다. 국제질서에서 이들 국가의 일정한 몫을 분배해야 한다. 그러기 위해서는 유엔의 대폭적인 개혁이 필요하다"고 지적했다.

그는 "미국은 세계 최대의 온실가스 방출국으로서 앞장서야 할 책임이 있다. 다른 많은 나라들이 배기가스를 줄이기 위해 노력하고 있는데 우리는 10년에 10퍼센트 이상씩 꾸준히 증가시키고 있다"며 "내가 대통령이 되면 탄소 배출을 크게 줄일 수 있는 탄소배출권 거래제를 제정할 생각이다. 에너지를 보다 더 효율적으로 사용하고 재생에너지 의존도를 높이며 바이오 연료의 잠재력을 이용함으로써 미국을 외국산 석유에 대한 의존으로부터 해방시키도록 노력할 것"이라며 온실가스 문제에 대한 적극적인 국제협력을 약속했다.

또한 "중국은 곧 미국을 제치고 세계 최대의 온실가스 방출국이 될 것이다. 클린 에너지의 개발이 유럽과 아시아 주요 국가들과의 관계에서 주요 과제가 되어야 한다"며 "기후변화에 대한 세계적 대응책이 필요한데 거기에는 공해 물질을 가장 많이 방출하는 미국·중국·인도·유럽연합·러시아를 위시해 배기가스 방출을 줄이기 위한 구속력 있고 강제할 수 있는 약속이 포함되어야 한다. 2050년까지 저탄소 에너지에 대한 전 세계 수요는 연간 5000억 달러 규모의 시장을 조성할 수 있다"고 말했다.

대외원조 확대와 부패와의 전쟁으로 위대한 미국 시대 열 것

오바마는 대외원조와 관련, "ODA(대외원조)를 늘리고 부패와의 전쟁을 요구할 것이다. 세계 속에서 미국의 지도력을 쇄신하기 위해 나는 인류의 공통성에 투자하여 공동안전을 강화하겠다"며 "대통령이 되면 (전 세계의 정치적 자유, 빈곤퇴치 등) 난제를 해결하기 위한 예산을 2012년까지 500억 달러로 두 배 늘리겠다. 지난 20년간 미국의 대외원조는 물가상승률을 뒤따라가는 수준이다. 지원을 늘리되 정부 내부를 썩게 하는 부패와의 전쟁을 강력하게 요구할 것이다. 후원자여서가 아니라 자신의 불완전함을 잘 아는 동반자라는 마음가짐으로 할 것"이라고 미국의 국제사회에 대한 지도력 쇄신 방침을 구체적으로 밝혔다.

그는 "외교정책은 국민이 이해하고 그 성공에 따른 몫이 있다고 생각하지 않는 한, 정부가 자신의 걱정에도 귀를 기울인다고 믿지 않는한 성공할 수 없다. 미국민을 위한 안전과 기회에 투자하지 못하면 해외원조를 늘릴 수 없다. 미국 근로자들에게 도움을 주지 않는 한 빈곤국의 발전을 촉진하기 위한 통상 협상에 나설 수가 없다. 미국민이 절약할 의사가 없는 한 외국 석유에 대한 의존을 줄일 수도 없고 온난화 현상을 해결할 수도 없다"며 "새로운 세대가 또 하나의 위대한 미국 시대에 대해 이야기할 때라는 데 미국민도 동의하리라 생각한다"고 미국민들의 협조를 당부했다.

대이라크 전쟁
철군 통한 이라크 전쟁 조기 종식

일리노이주 상원의원 시절부터 명분 없는 이라크 전쟁에 거듭 반대해 온 오바마는 집권시 16개월 안에 이라크에 파병된 자국 군인들의 완전한 철수를 핵심 공약으로 제시했다.

오바마는 대선 과정에서 외교안보 문제에 대한 경험이 부족한 점을 만회하기 위해 상원 외교위원장인 조지프 바이든 의원을 러닝메이트로 삼는 한편, 7월 20일부터 오바마가 직접 아프가니스탄·이라크·요르단·이스라엘 등 중동과 독일·프랑스·영국 등 유럽을 순방하면서 외교문제에서도 과거 존 F. 케네디 대통령 못지않게 미국 중심의 국제사회 통합에 나서겠다는 입장을 보여 왔다.

그는 당시 대선후보로 나선 첫 순방에서 이스라엘의 안전보장과 팔레스타인의 독립국가 건설에 기초한 아랍-이스라엘 분쟁 해결을 약속하고, 21세기의 위협에 맞서서 유럽연합과 공동으로 대처하며 북대서양조약기구(NATO)을 강화해 나간다는 정책을 내놓아 관심을 모았다.

오바마는 대외정책의 핵심으로 미국의 젊은이 수천 명과 이라크와 아프가니스탄의 민간인 수백만 명의 목숨을 앗아간 부시 행정부의 이라크 중심 외교안보 전략을 강력하게 비판해 왔다. 이라크 철군을 핵심 정책으로 제시한 오바마는 이라크 방문 당시 미군의 미래를 좌우할 수도 있는 이라크 철군 협상을 부시 대통령의 퇴임 전에 급하게 통과시키면 안 된다고 말하고, 자신이야말로 이라크 전쟁을 안전하고 책임감 있게 종결시키고 미국의 관심을 알카에다와 탈레반 등 실질적인 위협에 집중시킬 수 있는 유일한 후보라고 강조했다.

이처럼 오바마 캠프는 이라크에서의 미군 작전에 대해 그동안 여러 차례 입장을 표명하면서 부정적인 시각을 보여 왔다. 특히 "의회 예산국(CBO)의 자료에 따르면 5년간의 이라크 전비가 1조~2조 달러에 이른다. 미국의 노력을 중요한 곳에 집중해야 할 때"라며 아프가니스탄에 대한 집중적인 승리 전략의 필요성을 강조했다.

오바마는 특히 이라크전이 승리는커녕 수렁에 빠진 상황으로 악화하고 있는 것과 관련, 아프가니스탄과 파키스탄에 있는 알카에다와 전투하기 위해 이라크 전쟁에 투입된 군사력을 아프간 전투로 전환해야 한다는 견해를 제시했다. 2010년 여름까지 이라크에 주둔 중인 미군을 철수한다는 '16개월 내 철군 완료'를 이라크 전쟁의 최종 목표로 설정하고, 알카에다의 본부인 아프가니스탄을 치겠다는 것이다. 그는 이라크에서 철수하는 대신 이라크나 파키스탄이 테러 세력의 온상이 되지 못하도록 민주화를 통해 정치적 안정을 달성토록 지원하겠다는 방침을 정했으며, 특히 이라크 난민을 위해 20억 달러를 지원하며, 파키스탄 군부가 국민의 지지를 회복할 수 있도록 장기간 재정지원을 함으로써 테러 집단과의 연계를 차단한다는 구상을 제시했다.

오바마는 매케인측이 "이라크에서 미군이 떠날 경우 발생할 혼란이 우려된다. 철군은 적절치 않다"고 자신을 공격한 데 대해 "국가 재정이 파탄나고, 7500억 달러의 구제금융 계획을 실현하기 위해서 막대한 채권을 팔아야 하는 상황이다. 지금은 탈레반과 테러리스트들이 근거하고 있는 아프가니스탄에 군대를 투입해야 할 때"라고 주장해 왔다.

대한반도 정책
북미 대화 통한 해결책 모색

오바마는 민주당의 대북 정책과 마찬가지로 북한의 핵무기 프로그램을 종식시켜야 하며, 그 해결책으로 6자회담의 틀을 유지하는 동시에 북·미 양자 대화를 통한 해결을 모색한다는 입장을 밝혀 왔다.

그는 북핵 문제를 해결하는 데 있어 6자회담만으로는 부족하며 동맹국인 한국·일본과의 협력과 조정을 통해 북·미 간에 직접 대화를 가질 필요가 있다는 입장이다. 이에 따라 대북 정책의 목표를 비단 북한의 비핵화에만 맞추지 말고 북한의 인권, 불법적인 활동, 정치·경제적 개혁, 재래식 무기 위협 감축까지 포괄적으로 다뤄야 한다는 기존 공화당의 입장과 큰 차이를 보여 왔다.

오바마는 2008년 2월 11일 미국 상원 외교위원회에서 '남북한 정부에 보내는 메시지'를 통해 "북한 핵 문제의 경우, 현 미국 정권의 불안한 접근 방식 등으로 인해 북한의 핵무기 보유를 확대하는 결과가 초래됐다. 북한에 어떠한 환상도 갖고 있지 않는 내가 집권하면, 단호하고 지속적으로 '한반도 비핵화'를 계속 추진할 것"이라고 밝히며, 북핵 해결 의지를 강조했다.

오바마는 이 같은 자신의 북핵 구상과 관련, 북한이 완전하고도 검증 가능한 방식으로 핵 프로그램을 제거한다면 6자회담 당사국들은 북한에 대해 경제적 지원, 제재 완화, 안보보장은 물론 궁극적으로 미국과의 관계 정상화라는 밝은 미래를 제시해야 한다면서, 6자회담만으로는 충분하지 않으며 미국과 북한 간의 직접적이고 원칙 있고 단호한 자세의 협상이 병행돼야만 한다는 입장을 여러 차례 밝혔다.

오바마측은 미국이 북한에 개입 정책을 써야 하는 이유는 북한을 신뢰해서가 아니라 신뢰하지 못하기 때문으로, 북한이 영변 핵시설을 재가동하겠다는 의도는 수용할 수 없는 역행이며 납치자 문제를 포함해 제반 문제들이 북미 관계 정상화 이전에 해결돼야 한다고 말했다.

또한 앞으로 대북 외교에 대해 인내심 있는 외교가 최선의 선택이지만, 북한이 미국과의 합의사항에 대해 지시하고 재교섭하려고 시도하는 것은 허용하지 않을 것이라며 원칙 있는 대북 정책을 펼치겠다는 입장을 보이고 있다.

오바마측은 북핵 검증 체계를 확보하기 전까지 (테러리스트 명단 삭제 등) 제재를 해제해서는 안 되지만 일단 검증에 대한 합의가 이뤄진다면 단계적인 '행동 대 행동'의 원칙에 따라 한반도 평화 체제를 향해 나아가야 하며, 무력 사용을 이용 가능한 정책 수단에서 완전히 제외하지 않는 동시에 직접 대화라는 강력한 외교적 수단도 협상 테이블에서 배제하지 않는다는 입장이다. 따라서 대통령 취임 후 북한 김정일 국방위원장과 직접 협상 방식인 북·미 정상회담이 이뤄질 가능성도 적지 않다.

오바마는 김정일 국방위원장과의 만남에 대해 그동안 "조건 없이 외국 지도자들과 만나겠다"고 밝혀 왔다는 점에서 북·미 간 정상회담 개최 가능성이 그 어느 때보다 큰 상황이다. 그러나 실질적 성과를 거두려면 매우 신중한 준비가 있어야 한다는 점에서 북핵 6자회담 및 북한 정부와의 양자 협의 과정을 통해 정상회담 여부를 결정할 것으로 보인다.

이와 관련, 오바마 선거캠프의 외교정책 자문으로 활동했던 도널드 그레그 전 주미대사는 미국이 적극적인 외교 활동을 통해 북한과 대화해야 한다는 원칙을 밝히면서, 특히 오바마가 한반도 통일 전에 비핵화가 이뤄져야 하며 공식적으로 평화조약이 체결돼 한국전쟁이 종료되고 긴장완화와 외교 관계가 조성되며, 궁극적으로 한국인이 통일을 선도해 한반도가 통일돼야 한다고 말해 왔다는 점을 강조했다.

그레그 전 대사는 "오바마는 검증할 수 있는 북한의 비핵화를 원한다. 북한과의 대화와 관계 형성, 그리고 외교 관계 구축이 있어야 한다고 믿는다. 오바마는 의견의 불일치가 있더라도 대화를 해야 한다고 생각한다. 북한 같은 독재국가의 변화는 외부 강요가 아니라 국가 내 지도력에 의해 이뤄져야 하며 엄격하고 신중한 참여, 대화가 있어야 한다"고 강조해, 북한과의 대화가 결코 쉽게 이뤄지지 않을 것임을 강조했다.

그는 오바마의 동북아시아 동맹국들과의 관계 및 각종 위협에 대한 접근법과 관련해, "미국의 군사력이 동아시아 지역에서 안정과 위협을 억제하기 위해 요구되는 한, 미국은 아시아에서 요구되는 군사력을 유지해야 한다. 이라크에 상당한 미 군사력이 집중되어 있는 것을 감안하여 미국은 동아시아 지역에서 실질적이고 확고한 장기 전략을 세워야 한다. 오바마가 대통령이 되면 미국의 오랜 동맹국들인 일본·한국·호주·태국·필리핀 등과의 관계를 돈독히 할 것이다. 지역의 안정과 위협에 대응하기 위해 동맹국들과의 일대일 관계뿐만 아니라 아세안(ASEAN) 등 다자간 협상 기구도 적극 활용할 것이다. 특히 최근 경제적으로 국제정치적으로 중국이 크게 성장했는데, 중국은 북한의 핵문제를 해결하는 데 중요한 역할을 했을 뿐만 아니라 수단 다르푸르에서 대량 학살을 중단시키고 짐바브웨와 미얀마에서 국가 운영이 좋은 방향으로 나가도록 영향을 미쳤다. 미국은 중국이 옳은 판단을 하도록 유도해 나갈 것"이라고 밝혀, 중국 등 동북아시아 국가들과 적극 협력할 것임을 밝혔다.

그는 또 북한의 핵개발 프로그램에 대한 오바마의 대응에 대해 "오바마는 6자회담을 통한 외교적 노력을 지지한다. 이러한 외교적 노력의 궁극적인 목표는 완벽하고 검증 가능한 북핵 프로그램의 제거다. 부시 행정부는 북한을 악의 축으로 지목하며 임기 초반 6년간 북한과 대화를 하지 않았다. 그 결과 북한은 1994년의 합의사항을 이행하지 않겠다며 핵물질을 추출해 2006년 10월 핵실험을 감행할 수 있었다. 이에 놀란 부시 행정부는 지난 2년간 북한과 대화를 했으며, 미국과 북한의 직접 대화는 6자회담을 크게 진전시켰다. 북한의 핵 프로그램이 완벽히 제거되기 전까지는 북핵 기술이 다른 국가로 확산되지 않도록 해야 할 것"이라고 비핵화의 성공적인 추진을 강조했다.

그는 또 한반도 통일에 대한 지지 여부 및 한반도 통일에 대한 청사진과 관련, "거의 모든 한국민들은 남북한의 통일이 피할 수 없는 것으로 인식하고 있다. 미국뿐만 아니라 오바마도 한반도의 통일을 지지한다. 그러나 통일 시점과 방식에는 상당한 이견이 있다. 오바마는 그런 현안은 장기적으로 한국민들이 결정해야 할 사항이라고 믿고 있다. 한반도 비핵화와 평화협정 서명을 통해 한국전쟁을 공식적으로 종결짓는 것은 미국이 수행해야 할 중요한 이슈다. 또한 비무장지대의 긴장을 약화시키기 위해 북한의 협조를 얻어내는 것도 해야 할 일이다. 통일을 이루기 이전에 선결적인 사안들이 있다. 북한 인권 문제 같은 이러한 선결 조건들은 외부로부터 변화를 이끌어내기 어렵다. 오히려 북한이 직접 이러한 선결 조건을 해결하는 것이 국익에 도움이 된다는 것을 깨달아야 할 것"이라고 밝혔다.

그는 향후 한·미 관계에 대해 "과거 두 나라의 관계를 보면 상당히 좋았던 사례가 많다. 노태우 대통령과 조지 H. W. 부시 대통령, 빌 클린턴 대통령과 김대중 대통령의 관계 등이다. 그러나 조지 W. 부시 대통령과 김대중, 노무현 대통령의 관계는 철학과 목표가 항상 상충되는 시기였다. 그러나 정권들이 사이가 좋지 않았던 시절에도 한국은 미국의 동맹국으로서 상당한 역할을 했다. 이라크에 대한 한국군 파병, 6자 회담에서의 적극적인 활동, 한반도에 주둔한 미국군에 대한 지지 등이다. 미국 시민들이 오바마를 미국 대통령으로 선출하는 것은 한국에서 한·미 관계를 새롭게 만들어 갈 좋은 기회"라고 한·미 관계의 발전 가능성을 긍정적이고 낙관적으로 보았다.

한미FTA에 비판적
자동차 분야 재협상 요구할 듯

한미자유무역협정의 경우 오바마는 부시 행정부에서 맺어진 협정문이 결함을 갖고 있다는 입장이어서 취임 후 논란이 될 전망이다. 그는 대선 경선 초기에는 한미FTA가 미국 노동자들에게 매우 불리한 협정이 될 것이라며 비준 반대 및 재협상 입장을 밝혔다. 특히 상호주의에 입각해 "한국이 미국에 자동차를 파는 만큼 미국도 한국 (시장)에 (자국의) 자동차를 팔 수 있어야 한다"며 자동차 시장 분야에 대한 문제를 집중 제기했다.

그러나 오바마는 대선이 진행되면서 FTA 자체를 반대하는 것은 아니지만 한미FTA의 경우 한국에 일방적으로 유리하고 자동차 협상 등에서 중대한 결함이 있다고 주장을 일부 수정하는 다소간의 입장 변화를 보였다.

전반적으로 오바마가 한미FTA에 대해 비판적인 기조를 유지하고 있고, 특히 한미FTA에서 미국산 자동차의 한국 시장 접근 문제가 해결되고 무역 확대에 따른 불균형을 시정하기 위한 무역조정법안이 처리되면 내년에 의회를 통과하게 될 것이라는 입장을 밝힘에 따라 한·미 간에 FTA 재협상 논란과 실제 재협상이 벌어질 가능성을 배제할 수 없다.

오바마 캠프의 일부 인사들이 이와 관련, 선거 과정에서 "오바마 후보는 자유무역을 신봉하고 있으며, 대선에서 승리하면 내년에 의회를 통과할 것으로 확신한다"는 다소 유연한 입장을 밝혔지만, 이는 선거를 앞둔 대외용 발언에 불과하다는 평가가 있다. 오바마가 그동안 줄

곧 한미FTA에 반대해 왔다는 점에서 본격적인 재협상 논의가 이뤄지면 한·미 간에 대대적인 논란이 벌어질 전망이다.

그레그 전 대사는 "오바마 후보는 자유무역협정이 미국과 상대 국가 모두에게 이익이 되어야 한다고 생각한다. 특히 자유무역협정은 어느 사업 분야에서는 크게 해를 끼칠 수 있다고 본다. 예를 들어 한국의 축산업은 자유무역협정으로 크게 위험에 빠질 것이다. 이러한 상황은 미국에서도 일어날 것이다. 미국의 자동차 산업은 크게 타격을 입을 것이다. 오바마 후보는 이러한 문제점들이 해결되기 이전에 자유무역협정이 체결되는 것을 반대한다. 오바마 후보는 자유무역협정이 상호 이익이 되는 방향으로 바뀌어야 한다고 생각한다. 예를 들자면 한국과 미국이 같이 새로운 대체에너지를 사용하는 자동차를 개발하고 이를 통해 양국이 서로 이익을 볼 수 있을 것으로 생각한다"고 밝혀, 한·미 간 윈-윈을 위한 다양한 협력이 이뤄질 것으로 전망했다.

이처럼 오바마가 기본적으로 철저한 미국의 이익 지키기를 강조함에 따라 미국 정부는 대외적으로 보호무역주의 경향을 보일 가능성이 크다. 그런 점에서 한국의 대미관계도 통상 문제 등의 경우 불편한 관계가 될 가능성을 배제할 수 없는 상황이다. 오바마 행정부의 거센 공세에 맞서기 위해서는 치밀한 대미 전략과 함께 국내 피해 분야에 대한 대책 수립, 대국민 의견수렴과 설득이 전제돼야 할 것이다. 결코 무모하거나 낭만적인 환상으로 한미FTA 문제를 대해서는 안 될 것이다.

대북관계 발언

"(북한이 핵실험을 한 이상) 대북 제재가 작동하도록 해야 한다. 어느 시점에서는 미국이 6자회담과 병행해 북한과 양자대화를 시작하는 게 옳다."
                                      -2006년 10월 22일, NBC TV 인터뷰

"북한·이란과 대화를 안 하는 것을 벌주는 것으로, 대화하는 것을 보상하는 것으로 보는 (부시 행정부의) 입장을 이해할 수 없다."
                          -2006년 11월 22일, 시카고지구문제위원회 주최 연설회

"북한이 '불량국가'라는 착각에 사로잡혀 있어서는 안 된다. 협상에서 강경한 태도를 견지해야 하지만, 대화도 하지 않은 채 벌을 줘서도 안 된다."
                       - 2007년 2월 10일, 대선 출마 선언 직후 아이오와주 연설회

"북한의 핵무기 프로그램을 제거하기 위해 노력해야 한다."
                      -2007년 4월 23일, 시카고 글로벌어페어위원회 주최 강연회

"북한의 핵무기 프로그램을 제거하기 위해 강력한 국제적 협력을 이끌어내야 한다. 북한 핵문제를 다루기 위한 '국제연대'를 만들어야 한다. 첫 번째 대처 수단으로는 지속적이고 직접적이면서 공세적인 외교 활동이 선택돼야 한다."
                              -2007년 6월 12일 〈포린어페어즈〉 기고문

"탈북자들이 북한으로 송환돼 탄압을 받아서는 안 되며, 탈북자들은 국제법에 합당한 보호를 필요로 한다."

-2007년 7월, '북한 자유를 위한 한인교회연합'에 보낸 지지 서한

"북한과 이란, 쿠바 등과 같은 국가들의 지도자들과 만날 용의가 있다. 대화를 하지 않는 게 이들 국가를 벌주는 것이라는 생각은 어리석은 것이다. 로널드 레이건과 존 F. 케네디 대통령도 소련을 악의 제국이라고 비난하면서도 계속 대화를 했다. 우리는 개선의 여지를 찾아낼 의무가 있다."

-2007년 7월 23일, 유튜브 민주당 대선후보 토론회에서
'대통령이 되면 집권 첫 해에 북한이나 이란, 시리아, 쿠바, 베네수엘라
지도자들을 조건 없이 만날 용의가 있느냐'는 질문에 대한 답변

"불량국가 지도자들과 직접 대화를 하는 게 미국의 안보를 지키는 데 필요하기 때문에 이들과 대화할 힘과 용기를 지닌 대통령이 필요하다."

- 2007년 7월 28일, 아이오와주 유세

"인도와 파키스탄, 북한이 핵무장 국가 클럽에 합류했고, 이란은 문을 두드리고 있다. 이란과 북한 같은 나라에게 (핵무기 개발의) 빌미를 제공하는 것을 중단해야 할 때다. 미국이 비핵화를 주도해야 할 때다."

-2007년 10월 2일, 시카고 유세

"새 대통령은 적과 기꺼이 대화하려고 해야 하며 (분쟁과 기아 등으로) 곤란을 겪는 국가에 더 좋은 친구가 돼야 한다."

-2007년 11월 28일, 뉴햄프셔주 포츠머스 정책포럼

"나는 북한에 대해 어떤 환상도 갖고 있지 않다. 우리는 한반도 비

핵화를 지켜내기 위해 단호해야 할 뿐 아니라 양보해서도 안 된다. 한반도 비핵화 과정에서 한·미 양국간 단합과 공동 목표를 확신할 수 있도록 한국민의 국익에 관심을 집중해야 한다."

-2008년 2월, 미국 상원 외교위원회 발언

"이라크전을 계기로 북한은 새로운 핵무기를 만들었고, 부시 행정부가 당초 공언과는 달리 유화적 외교 노선을 추구하고 나서기 전에 핵실험까지 했다."   -2008년 3월 19일, 노스캐롤라이나 파예트빌 연설

"북한이 시리아의 핵무기 제작에 도움을 줬을지도 모른다는 점에 심기가 여간 불편하지 않다. 이런 활동은 미국이 북한과의 직접 대화를 중지한 기간에 발생했다. 이런 문제 때문에 내가 그동안 동맹국뿐 아니라 적성국과도 대화를 해야 한다고 계속 강조했던 것이다."   - 2008년 4월 27일, 북한-시리아 핵 커넥션 관련 논평

"나는 우리의 동맹국과 친구뿐 아니라 시리아·이란·북한·베네수엘라 같은 우리의 적들과도 강력한 외교를 주도해 나갈 것이다. 나는 지도자들을 만날 것이며 준비는 하되 조건 없이 만날 것이다. 나는 이들 지도자들에게 그들이 어떻게 변해야 하는지를 명료하게 설명할 것이다. 북한과 대화를 하지 않았던 게 북한의 핵개발로 이어졌고 (그제야) 대화를 해야만 했었다는 것을 깨닫게 됐다. 6자회담은 불완전하기는 하지만 적어도 진전을 이뤄냈고 북한으로 하여금 (무기를) 내려놓게 했다."

-2008년 5월 17일, 사우스다코타 기자 간담회

"북한과 이란처럼 핵무기비확산조약(NPT) 규정을 어긴 국가들에 대해서 자동적으로 강력한 국제적 제재에 직면토록 하기 위해

NPT를 강화함으로써 핵확산을 강력히 저지하겠다."

-2008년 6월 2일, 홈페이지 대선 공약

"(북핵 신고는) 진일보한 것이지만 다른 후속 조치들도 필요하다. 대북 제재의 해제는 북한의 향후 약속 이행 여부에 따라 결정돼야 한다. 북핵 신고에 대한 중요한 의문들은 여전히 풀리지 않았다. 미 의회는 대북 테러지원국 지정이 해제되기 전 45일간 북한의 신고와 검증 절차가 적정한지 여부를 자체 점검해야 한다."

-2008년 6월 26일, 북한 핵신고 관련 성명

"(미국이 대북 테러지원국 지정 해제와 적성국교역법 적용 해제를 발표한 데 대해) 우리는 이를 신뢰해야 하지만, 검증도 해야 한다." -2008년 7월 2일, 오하이오주 제인즈빌 사회복지시설 방문 당시

"(불량국가 지도자들과 만나 대화하겠다는 입장과 관련해) 우리(미국)의 이익에 부합된다면 적절하다고 판단되는 장소와 때에 적절한 지도자와 만나겠다." - 2008년 7월 15일, 워싱턴 D.C. 연설

"북한이 불법적인 핵프로그램을 검증이 가능한 방식으로 포기하는 것을 거부한다면 강력하고 더 큰 제재에 직면하게 될 것이다."

-2008년 7월 16일 인디애나 퍼듀대학 연설

"탈북 난민들의 절망적인 상황은 반드시 해결해야 할 부당한 권리 침해다. 그들이 강제송환돼 처벌되는 일이 있어서는 안 되고, 그들은 국제법에 따라 난민으로 보호받아야 한다."

-2008년 7월 18일, '북한 자유를 위한 한인교회연합'에 보낸 지지 서한

"미국과 대화를 하지 않고 있을 때 북한은 핵무기 8개를 개발했고 대화를 시작했을 때 우리는 핵무기와 핵 시스템을 해체할 가능성이 있는 상황에 도달했다." —2008년 7월 24일, CBS방송 인터뷰

"우리가 응징하려는 사람들과 대화를 하지 않겠다는 생각은 그동안 효과를 발휘하지 못했다. 이란과 북한에서도 그런 생각은 먹히지 않았다. 우리가 북한을 '악의 축'으로 규정하고 대화를 단절한 뒤 북한은 핵능력을 4배로 키우고 미사일을 시험발사까지 했으나, 부시 행정부가 태도를 바꿔 대화를 시작했을 때 몇 가지 진전을 이룰 수 있었다. 상대를 벌주기 위해 대화를 하지 않는 방법을 취하는 것은 성과를 거두지 못했다. 이란과 북한을 고립시키려는 미국의 노력이 이들의 (핵개발) 노력을 가속화시켰다. 내가 대통령이 되면 이런 정책에 변화가 올 것이다. 전제조건 없이 만난다는 것이 아무런 준비 없이 만난다는 것을 의미하는 것은 아니다. 낮은 단계의 외교적 접촉을 통해 대화 범위를 넓혀 가는 것이다."

— 2008년 9월 26일, 미시시피대학 대선 TV 토론회

"북한이 합의를 이행하지 않으면 즉각 응분의 대가를 치를 것이라는 데 대한 명확한 이해만 있다면 부시 대통령이 북한을 테러지원국 명단에서 삭제하기로 한 결정은 적절한 대응이다. 이제 북한이 핵시설을 복원하려던 노력을 중단하고, 핵시설을 국제원자력기구(IAEA) 감독 아래 돌려놓으며, 영변 핵시설 불능화를 완료하고 북한의 핵 신고의 정확성을 확인하기 위한 철저한 검증 체제를 이행하는 데는 국제사회와 완전 협력하는 게 필수적이다. 만약 북한이 철저한 검증을 거부한다면 우리는 다른 6자회담 참가국들과 에너지 지원을 중단하고 최근에 철회한 제재를 다시 가하며 새로운 제재를 검토해야 한다." —2008년 10월 12일, 미 국무부 발표 이후 성명

한미자유무역협정 관련 발언

"현재와 같은 형태로는 FTA를 지지하지 않는다. 미국산 자동차·쇠고기·쌀 산업에 미칠 협정의 영향과 노동환경 보호조치의 결여에 심각한 우려를 갖고 있다."

-2007년 4월, 한미FTA 타결 후 재협상 논란이 있을 당시 대변인을 통해

"나는 자동차·쌀·쇠고기 등 우리의 핵심 산업과 농업 부문 그리고 노동·환경 기준의 보호에 적절한 주의를 기울이는 협정을 통해 한·미 양국간 무역투자 증대 방안을 찾고자 한다. 그러나 유감스럽게도 한미FTA는 이러한 기준을 충족시키지 못하고 있다."

-2008년 2월 11일, '이명박 대통령의 취임을 맞이하여' 미 상원 의사록

"미국이 명백하게 최고의 안전기준을 갖고 있음에도 불구하고 한국과 일본에는 쇠고기를 수출할 수 없다. 미국은 더 강한 협상을 해야 한다."

-2008년 5월 16일, 사우스다코타주 연설

"나는 심각한 결함이 있는 한미FTA에 반대한다. 특히 미국의 각종 제조업 수출품과 농업제품에 대한 효과적이며 집행 가능한 시장접근을 확보함에 있어 한미 FTA는 턱없이 부족하다."

-2008년 5월 23일, 부시 대통령에게 보낸 공개서한

"한국이 수십만 대의 차를 미국에 수출하면서도 미국 차의 한국 내 수출은 수천 대로 계속 제한하도록 하는 협정은 현명한 협상이라고 생각하지 않는다. 나는 자유무역이 미국 소비자들의 돈을 절약하고, 미국 수출업자들을 위한 사업을 창출하며, 전 세계적으로 부를 확대한다고 믿고 있지만, 조지 부시 대통령이나 (공화당 대

통령 후보인) 존 매케인 의원처럼 어떤 무역협정이든 모두 좋은
무역협정이라고 생각하지는 않는다."

-2008년 6월 16일, 미시간주 연설

오바마는 2008년 미국 대통령선거 민주당 내 경선에 이어 공화당 후보와
이뤄냈다. 부시 행정부의 끝없는 실정과 금융위기로 인한 민심의 이반, 두 차려
대적 가치관 등 복합적 원인이 오바마의 승리라는 이변을 이끌어낸 것이다. 미국
승리에는 많은 변수가 있다. 특히 오바마와 민주당의 승리 이면에는

2008년 미국 대선

결한 본선까지 승리하면서 1년 전만 해도 누구도 예상하지 못했던 역사적 성취를

잡고 끝없는 전쟁에 내모는 공화당에 대한 싫증, 다원화되고 세계화된 미국인들의 힌

감히 상상조차 하지 못한 흑인 대통령을 만들어낸 이번 대선

다양한 변수들이 녹아 있다

오바마가 승리할 수 있었던 9대 변수

...오바마는 2008년 미국 대통령선거 민주당 내 경선에 이어 공화당 후보와 맞대결한 본선까지 승리하면서 1년 전만 해도 누구도 예상하지 못했던 역사적 성취를 이뤄냈다. 부시 행정부의 끝없는 실정과 금융위기로 인한 민심의 이반, 두 차례 정권을 잡고 끝없는 전쟁에 내모는 공화당에 대한 싫증, 다원화되고 세계화된 미국인들의 현대적 가치관 등 복합적 원인이 오바마의 승리라는 이변을 이끌어낸 것이다. 미국 내에서도 감히 상상조차 하지 못한 흑인 대통령을 만들어낸 이번 대선 승리에는 많은 변수가 있다. 특히 오바마와 민주당의 승리 이면에는 다양한 변수들이 녹아 있다. 주요 변수로는 ■희망과 변화 어젠더를 선점한 오바마의 경쟁력 ■미국의 퇴조를 이끈 사상 최악이었던 부시 행정부의 끝없는 실책 ■월가에서 시작된 최악의 금융위기로 촉발된 경제난 ■부시 행정부의 테러와의 전

쟁으로 악화된 대외 이미지 ■명확한 승리 전략 만들어내지 못한 매케인 후보 ■최악의 러닝메이트 카드 선택한 매케인 캠프의 실책 ■매케인 캠프의 네거티브 전략 역효과 ■8년 야당 끝에 똘똘 뭉친 민주당의 백악관 탈환 집념 ■베이비붐과 Y세대 유권자들의 변화 열기 결집 ■급성장한 흑인·히스패닉·아시안 등 소수민족 정치력의 급성장 등을 들 수 있다.

이와 관련, 2004년 대선 때 부시 진영 선거캠프를 담당했고, 지난 대선에서 ABC방송 선거분석가로 활동한 매슈 다우드는 매케인이 패배할 수밖에 없는 이유 다섯 가지, 즉 오바마가 승리할 수밖에 없었던 이유 다섯 가지를 제시했다.

그는 매케인 후보가 부시 대통령과 같은 공화당 출신이며, 8년간의 공화당 통치에 염증을 느낀 유권자들의 '바꿔 열풍' 등 정치적 환경이 패배 요인의 60%를 차지한다고 꼽았다. 나머지 40%는 매케인 후보 자신의 문제로, 그중 20%는 매케인 후보가 자신의 브랜드 이미지를 유권자들에게 어필하는 데 실패한 탓으로 분석했다. 특히 매케인이 생애 전반에 걸쳐 당리당략에 얽매이지 않는 '매버릭' 이미지를 키워 왔지만, 보수적 기독교 복음주의자 및 부시 대통령과의 관계 설정을 놓고 고민하면서 자신만의 정치색을 잃었다는 분석이다. 또 새라 페일린을 부통령 후보로 지명한 것도 10%의 패착으로 지적됐다. 언론의 집중적인 검증 공세에 시달리면서 자질을 의심받게 된 페일린 후보 탓에 그 역시 '정치적 기회주의자'로 비쳐지게 됐다는 것이며, 7%는 세 차례의 TV 토론에서 오바마 후보를 압도하지 못한 것, 나머지 3%는 경제위기에 대한 효과적인 대응책 마련에 실패한 점이라고 그는 분석했다.

희망과 변화 어젠더 선점한 오바마의 경쟁력

가장 큰 승인은 정치와 역사에 대한 긍정적이고 낙관적인 믿음으로 끝없는 정치적 성취를 이뤄 온 오바마 자신의 노력이었다. 오바마는 법률과 정치 영역에서 국가와 사회에 봉사하고 헌신하면서도 동시에 자신의 부가가치를 한없이 높이는 윈-윈 전략으로 대통령에 당선되는 이변을 낳았다. 미국뿐 아니라 전 세계를 놀라게 한 이 같은 오바마의 정치적 약진은 삶의 가치와 원칙을 확고하게 세운 뒤 이를 위해 초지일관해 온 오바마와 오바마 캠프의 노력 덕분이다.

오바마는 어떤 가치에 얽매이지 않고 사람들의 삶, 특히 어려운 소외계층의 삶을 개선시킬 수 있는 따뜻한 정치를 끊임없이 희구하고 열망해 왔다. 그는 언론 인터뷰를 통해 "제 이슈는 중도주의자인가 아니면 자유주의자인가 하는 점이 아니다. 그 이슈가 효과가 있을 것인가, 사람들의 삶을 개선하기 위한 효과적인 연대를 구축할 수 있는가. 그것이 효과가 있다면 중도적인지, 보수적인지, 자유주의적인지 관계없이 그것을 지지해야 한다"며 자신이 이념과 성향보다는 실제로 사회를 위해 봉사하고 헌신해 성과를 내는 데 온 힘을 기울이고 있음을 강조해 왔다.

그러면서도 그는 진보적 가치를 소홀히 하지 않는다. 오바마는 "진보적 전통, 평등한 기회의 가치, 일하는 가족을 위한 투쟁, 인권으로 가득한 외교정책, 시민의 자유에 대한 강한 믿음, 환경을 위한 훌륭한 청지기가 되기를 원하는 것, 정부가 중요한 역할을 갖고 있다는 생각, 기회는 모든 사람들에게 열려 있다는 것, 그리고 힘있는 자들이 힘없는 자들을 짓밟지 않는다는 것 등의 가치관이 뿌리내린 정치인이 바로 나"라고 밝히며, 그 같은 사회를 만들기 위한 변화와 희망의 최일선에 자신이 서 있음을 자랑스러워했다.

오바마의 승리는 실제로는 무수한 흑인들이 교육과 복지에서 소외되고 할렘과 슬럼가를 떠도는 현실 속에서도 자신의 정체성과 삶의 자세를 비관하지 않고 변화와 희망을 만들어내기 위해 노력해 온 삶의 자세에서 나왔다. 그렇기에 중앙정치 무대에 입문한 지 3년 만에 대선 출마를 선언해 막강한 힐러리 후보를 꺾고, 재력과 조직력을 갖춘 공화당의 매케인 후보마저 제치고 백악관에 입성하는 기적을 만들어낸 것이다. 그런 면에서 오바마는 그가 존경하는 에이브러햄 링컨, 마틴 루터 킹의 삶에 근접하는 첫 발길을 성공적으로 떼면서 미국 역사의 한 페이지를 장식한 데 이어 미지의 시험대에 든 새로운 역사를 시작하고 있는 셈이다.

변수 2 미국의 퇴조 이끈
사상 최악이었던 부시 행정부의 끝없는 실책

『손자병법』에 싸우지 않고 이기는 것이 최고의 승리라는 구절이 나온다. 바로 상대인 매케인 진영이 속수무책으로 무너질 수밖에 없었던 이유는 공화당이 부시 대통령이 저지른 잇따른 실정과 실책으로 자멸 분위기에 빠져들어 있었던 객관적 상황에 따른 것이기도 하다. 오바마가 자력으로 이끈 성공 요인도 중요하지만, 레임덕(Lame Duck)을 넘어서 사실상 데드덕(Dead Duck)에 접어든 부시 행정부가 이라크 전쟁과 각종 스캔들 등으로 사상 최악의 지지율을 기록하는 최악의 실정으로 인해 오바마는 상대의 전력을 극소화하고, 자신의 전력을 극대화할 수 있는 최고의 호기를 맞았던 것이다.

부시 대통령은 7000억 달러 구제금융안에 대한 하원 표결을 앞두고 정치적 고향인 텍사스주 공화당 의원들에게 일일이 전화를 걸어 통과를 부탁했으나, 텍사스주 공화당 의원 19명 중 찬성한 의원은 4명에 불과했다. 임기를 4개월 남기고 사실상 정치적 사망 선고를 받은 부시에 대한 공화당 내의 실망과 질책은 매우 컸다.

이에 대해 〈워싱턴포스트〉는 하원 부결 사태를 "최악의 패배(the worst defeat)", "가장 심각한 레임덕(the lamest of lame ducks)"이라고 묘사하며 임기 말 부시 대통령의 무능력을 비판했다. 또한 단순히 '인기 없는 대통령'이 아니라 '통치력을 의심받는 대통령'으로 전락하면서 권력 통제불능 상태인 '데드덕'과 '브로컨 덕(Broken Duck)'이라는 표현이 난무했다. 〈워싱턴포스트〉는 "이번 표결은 한때 공화당 하원의원 사이에서 탄탄한 지지를 자랑하던 부시가 영향력을 완전히 잃어버렸다는 놀라운 신호다. 부시에 대한 국민과 의회의 신뢰는 제로에 가깝다"고 쓸 정도였다.

이라크 전쟁으로 인해 부시 대통령은 2009년 1월 퇴임을 앞두고 각종 불명예 기록을 양산해 왔다. 갤럽 조사 기준으로 부시 대통령의 지지율은 2008년 7월 초 사상 최저치인 23%를 기록한 데 이어 중순에도 28%로 20%대를 오가면서 최악의 대통령 반열에 올랐다. 리처드 닉슨 대통령이 워터게이트 사건으로 탄핵 위기 속에서 사임 직전에 놓인 사상 최저치를 경신한 부시 대통령에 대한 불신은 해외뿐만 아니라 미국 내에서도 역사상 가장 높은 수준으로 올라간 것이다. 또 지난 6월 말 조사에서 부시 대통령에 대한 지지율이 24%를 나타낸 가운데 딕 체니 부통령에 대한 지지율도 18%를 보여 체니 역시 사상 최악의 부통령으로 기록됐다. 이에 따라 부시 대통령-체니 부통령은 사상 최악의 대통령과 부통령 러닝메이트로 기록될 전망이다.

민주당 소속인 앨 고어 전 부통령은 조지 W. 부시 행정부를 "무능하고 태만하며 실패한 정권"으로 규정한 뒤, "미국민은 지나간 8년의 실정이 또 4년간 되풀이되는 것을 참아낼 수 없다. 8년간의 부시 행정부 외교정책은 역사상 가장 심각한 실책의 연속이었다"고 부시 행정부의 실정을 비판한 뒤 오바마가 주창해 온 변화와 희망의 필요성을 강조했다. 부시 행정부 8년 동안의 갖은 실정은 '깨끗하고 개혁적인 보수 정치'를 자임하며 선거운동에 나서려는 매케인의 날개를 꺾어 버린 천형과도 같은 역할을 했고, 반대로 오바마에게는 날개를 달아 준 결정적 승리 요인이 됐다.

변수 3
월가에서 시작된 최악의 금융위기로 촉발된 경제난

주변 변수도 오바마에게는 호재였다. 뉴욕 월가의 금융위기는 미국 대통령선거의 판도를 완전히 뒤흔들면서 한때 부상했던 '페일린 효과'

를 한방에 날려 버렸다. 서브프라임 모기지 부실 사태로 촉발된 금융위기가 세계 경제를 뒤흔들면서 오바마에게는 예상치 않은 원군이 됐다. 이로 인한 경제위기는 공화당이 강세인 이라크 전쟁 등 외교안보 현안을 후순위로 제치면서 대선 최대 쟁점으로 부상했고, 집권 공화당과 매케인 후보에게는 최대의 악재가 됐다. 특히 매케인은 금융위기 사태 초반에 "미국 경제는 기초가 튼튼하다"고 말해 경제문제에 문외한이라는 평가와 함께, 중간중간 말을 바꾸는 등 금융위기 정국에서 허둥댔다는 평가를 받았다.

경제위기 탈출 대처 방안과 미국 경제의 펀더멘털 논쟁이 불붙으면서, 선거 변수는 순식간에 경제위기를 헤쳐 나갈 지도자가 누구이고 누가 믿을 만한 계획을 보여주느냐, 즉 경제 리더십 논쟁으로 바뀌었다. 매케인은 금융위기가 터진 뒤 "위기에 처한 미국 경제를 매케인과 페일린이 바로잡을 것"이라는 '경제위기'란 제목의 광고를 내보낸 데 이어 플로리다 유세에서 "미국 경제의 펀더멘털은 강하지만 어려운 시기를 맞고 있다. 월가를 청소하겠다"고 밝혔으나, 이미 유권자들의 뇌리에는 '부시의 경제 무지=매케인의 경제 무능력'이라는 등식이 박힌 뒤였다.

반면 오바마는 금융위기가 터진 직후 아침일찍 폴 볼커 전 연방준비제도이사회 의장, 로버트 루빈, 로런스 서머스 전 재무장관 등과 전화 회의를 열어 위기에 적극 대처하는 경제 지도자의 이미지를 선보였다. 그는 콜로라도 유세에서 "대공황 이래 가장 심각한 금융위기다. 매케인은 부시 행정부 8년의 규제완화와 똑같은 철학을 답습하고 있다. 매케인은 자신의 집이 있는 세도나와 권력의 복도(워싱턴) 사이에서 무슨

일이 일어나고 있는지도 모르고 있다"며 월가의 금융위기를 매케인과 한묶음인 공화당의 실정 때문이라고 공격했다.

특히 최근 월가에서 시작된 경제위기가 레이건-부시로 이어지는 공화당의 감세 정책과 탈규제 정책의 결과라는 분석이 우세하게 나타나면서, 공화당 성향인 앨런 그린스펀 전 연준 의장은 앞으로 2기 행정부에서 3.3조 달러의 감세를 주장하는 매케인의 정책에 대해 "돈 빌리는 감세는 안 된다"며 공화당의 감세와 규제완화에 대한 반성을 내놓았다. 매케인의 입장을 더욱 곤혹스럽게 만든 사건이었다.

특히 매케인은 세 차례에 걸친 TV 토론에서 노련한 정치인의 면모를 과시하며 오바마를 공격하려 했으나, 금융위기를 "부시 행정부의 지난 8년간 정책 실패에 대한 심판이며 매케인은 부시 정권의 연장"이라고 비판한 오바마에게 도리어 밀리면서 오바마의 승세를 굳히는 역효과를 내고 말았다. 부시 행정부의 실정으로 기록된 금융위기로 인한 경제 쓰나미 현상은 사실상 대선 막판 구도를 오바마 승리로 고착화시킨 결정적 변수였다.

변수 4
부시 행정부의 테러와의 전쟁으로 악화된 대외 이미지

미국은 국제사회에서 부시 행정부의 이라크와 아프가니스탄 침공 등으로 인해 호전적인 일방주의 외교정책을 강요하는 오만한 국가로 낙인찍혀 왔다. 그럼에도 불구하고 아프가니스탄 전쟁은 알카에다 본부에 영향을 주지 못하고 있고, 이라크 전쟁은 이라크 민간인 수백만 명과 미국의 젊은이 수천 명의 목숨을 앗아가고도 연일 곳곳에서 테러와 반군들과의 교전이 벌어지는 등 한마디로 미국의 수렁이 되고 있다.

또 테러와의 전쟁을 지나치게 강조하는 바람에 다른 나라들과 외교적 마찰을 빚는가 하면, 각국에 미국의 정책을 강요하다시피 하는 문제로 국제사회에서 고립되는 최악의 사태를 맞게 됐다. 뿐만 아니라 네오콘 등 신보수주의자들과 기독교 복음주의자 그리고 유태인들의 막강한 영향력을 등에 업고 기독교 문명을 아랍 국가들에 전파하려 하고, 노골적인 친이스라엘 정책으로 국제 외교 무대에서 영국과 한국·일본만이 미국을 돕는다는 말이 나올 정도로 독단적인 행태를 보여 왔다.

이 같은 부시 행정부의 외교안보정책과 이라크 전쟁에 적극 찬성해 온 매케인이 부시 행정부와 쌍둥이라는 오바마측의 공격은 성공적이었다. 각종 유세와 TV 토론에서 오바마는 '매케인=부시'라는 등식을 들이대며 매케인을 호전적이고 공격적인 인물이라고 맹비난했고, 매케인은 이를 성공적으로 막아내지 못함으로써 오바마의 우위를 허용했다. 이라크 전쟁을 적극 지지한 매케인이 이라크 전쟁에 발목이 잡히면서 6년째 이어지는 전쟁에 싫증이 난 미국인들의 반전 분위기를 전혀 감지하지 못한 것이 결정적인 실책이 된 셈이다. 미국민들의 전쟁에 대한 두려움과 날마다 이어지는 사망 소식에 대한 염증을 간파하지 못한 채 9·11 테러 사건 당시의 애국심에 의존했고, 힘 위주의 미국 우선주의가 가진 맹점을 정치적으로 풀어내지 못한 미숙한 정치력이 선거 실패로 이어진 것이다.

물론 이는 그동안 정치 개혁을 주장하고 깨끗한 정치를 해왔음에도 워싱턴 정치 서클의 악순환 구조에 계속 머무른 데다 태생이 군인 출신인 만큼 극단적인 전쟁에 대한 지지 입장을 가진 매케인이 지닌 한계이기도 하다.

변수 5
명확한 승리 전략 만들어내지 못한 매케인

공화당 지지자들 사이에서도 매케인의 전략과 전술에 비판의 목소리가 높았다. 매케인은 오랫동안 초당파로 활동하면서 과감하게 중앙정치의 폐해를 개선하며 정치 개혁에 나섰던 자신의 강점을 부각시키지 못했고, 부시와의 차별화에도 성공하지 못했다.

매케인은 2000년 대선 당시 공화당 경선에서 조지 W. 부시 당시 텍사스 주지사와 대결하며 공화당의 기성 가치에 도전한 점과 평소 초당적 입법 활동을 편 점이 전국 무대에서 인정받았으나, 2001년 9·11 테러 이후 부시 대통령의 이라크 전쟁과 테러와의 전쟁을 적극 지지하면서 초당파 이단아라는 이미지가 사라졌다. 이러한 변신이 당내 경선에서는 부시와 거리가 먼 인물이라는 점에서 유리하게 작용했으나 대선에서는 불리하게 작용한 것이다.

매케인은 당내에서도 전통적인 공화당 지지자들의 지지를 제대로 끌어내지 못했다. 당내 보수적 인사들과 지지자들은 부시의 감세안에 반대, 표현의 자유를 침해한다고 믿었던 매케인-파인골드 선거자금법 추진과 이민에 대한 관대한 입장, 테러리즘과 관련된 포로들에 대한 강압적 처우 반대 등 공화당의 전통적인 보수주의 노선과 대립각을 세웠던 매케인을 과거 부시를 응원할 때처럼 열렬하게 지지하지 않았다.

보수 성향의 공화당 지지자로서 네오콘의 대부이자 칼럼니스트인 윌리엄 크리스톨은 2008년 10월 13일자 〈뉴욕타임스〉에 기고한 글에서 매케인 후보에게 대놓고 "선거운동본부 책임자부터 잘라 버려라. 더 이상 잃을 것도 없지 않느냐"고 캠프진을 맹비난했다. 크리스톨은 "선거운동 전략은 오락가락하는 데다, 캠프 운영의 미숙함은 가히 독극물 수준"이라며 "앞으로 남은 3주간 이런 식으로 선거운동이 계속되면 매케인 후보는 패배할 수밖에 없을 것"이라고 한탄했고, 이는 막판으로 가면서 서서히 현실로 나타났다.

매케인은 최악의 지지를 받고 있는 부시 대통령과 철저하게 차별화 전략을 택해야 했음에도 불구하고, 차별화 전략을 실행에 옮길 결정적 기회를 놓쳐 버렸다. 극우진영으로부터 이단아에 초당파라는 비난 공세에 시달린 매케인은 당내 지지 기반을 공고히 하고 자신에게 배타적인 공화당 내부의 분위기를 일신하기 위해 부시와의 차별화에 적극 나서지 않았다가 결국 오바마가 시도한 '매케인=부시'라는 공식을 추인하고 만 것이다. 부시의 이라크 전쟁에 적극 찬성한 것과 부시의 다른 정책들과 다른 색깔을 내지 못한 것, 게다가 월가의 금융위기 당시 경제위기를 해결할 수 있는 능력을 보여주지 못함으로써 마지막 기회까지 잃어버린 셈이다.

보수 성향의 정치 컨설턴트인 크레이그 셜리는 "최근의 금융위기 이후 부시 행정부가 제시한 구제금융 정책을 반대하지 않음으로써 '매케인과 부시는 다르다'는 생각을 유권자들에게 심어 줄 수 있는 기회를 놓쳤다"고 지적하며, 이를 결정적인 실책으로 꼽았다.

변수 6
최악의 러닝메이트 카드 선택한 매케인 캠프의 실책

매케인 캠프는 장고 끝에 힐러리의 경선 패배에 실망한 여성 표와 중도파 백인 및 중도 성향의 민주당원들을 끌어들이기 위해 중앙정치 경험과 인지도가 전무한 새라 페일린 알래스카 주지사를 부통령 후보로 전격 영입하는 승부수를 던졌다.

그러나 이 승부수는 매케인의 발목을 잡은 최고의 악수였다. 페일린 선정에 문제가 있었지만, 이후 언론의 혹독한 검증 공세를 이기고 전당대회에서 화려하게 데뷔해 공화당의 지지율을 끌어올렸던 부통령 후보 새라 페일린을 제대로 활용하지 못한 점도 결정적인 패착이었다. 매케인 캠프는 전국무대 경험이 일천한 페일린을 양대 공중파 방송에 섣부르게 출연시켰다가 결국 유권자들의 야유를 자초했으며, 페일린 효과는 도리어 나중에 독이 됐다.

〈워싱턴포스트〉는 10월 17일치 사설에서 오바마에 대한 지지를 공식적으로 밝히면서 "오바마 후보 지지를 선택하는 걸 쉽게 만든 데는 매케인 후보의 선거운동에 대한 실망감도 일정하게 작용했다"며 "특히 전혀 준비가 안 된 부통령 후보를 지명한 무책임이 큰 역할을 했다"고 지적했다. 보수 성향의 언론인 데이비드 브룩스는 〈애틀랜틱 먼슬리〉 인터넷판과 한 인터뷰에서 "새라 페일린 부통령 후보는 공화당의 치명적 암 덩어리"라며 페일린을 맹비난하는 등 공화당 내에서도 페일린에 대한 실망의 목소리가 높았다.

특히 페일린이 공화당과 매케인 후보를 위해 헌신하기는커녕 자신의 정치적 미래를 도모한다는 비판이 높아지면서 페일린 효과는 도리어 매케인의 지지율을 갉아먹었다. 주지사 시절의 각종 스캔들이 뒤늦게 샅샅이 공개되고, 극단적인 보수주의 목소리를 내면서 일부 극우 계층에서의 인기는 올라간 데 반해 미국민들의 전반적인 지지는 갈수록 하락하는 역효과를 냈던 것이다.

여성 표를 확보하기 위해 제대로 된 검증 시스템도 없이 주먹구구식으로 고른 페일린 카드는 사실상 매케인의 선거 패배를 부른 최악의 원인이었다. 페일린은 이번 선거의 변수가 된 금융위기 대처 능력을 비롯해 외교안보 분야의 경륜과 경험도 전혀 없고, 인종주의적으로도 분열주의적 양상을 드러낸 데다, 막판 네거티브 공세를 주도하면서 미국민들의 정치에 대한 염증을 부채질했다.

페일린 카드의 실패는 특히 고령인 매케인의 갑작스런 유고 사태에 대한 우려에서도 그대로 드러났다. 필자와 만난 미국 지인들은 매케인의 유고시 페일린이 과연 미국을 이끌 수 있느냐에 대해 하나같이 회의적인 시각을 보였다. 워싱턴을 포괄하는 미국 정치를 전혀 모르는 데다 미국민을 통합할 어떤 가치도 제시하지 못하고, 초기 미국 정치에 대한 무지를 그대로 드러내면서 자질론을 불러일으킨 페일린이 매케인의 유고시 대통령직을 승계할 경우 미국은 혼란과 국제적 위상 추락 등의 부작용을 겪게 될 것이라는 지적이었다. 특히 공화당을 항상 지지해 온 보수 성향의 군인들은 페일린이 현재 위기에 빠진 이라크 전쟁이나 아프가니스탄 전쟁을 효과적으로 이끌고 끝낼 어떤 지도력도 갖추지 못했다며 이번에는 공화당을 찍을 수 없다는 견해를 잇따라 표명했다.

이에 따라 톰 리지 전 펜실베이니아 주지사나 조지프 리버먼 상원의원처럼 관록도 있고 초당적 정치인이란 평을 듣는 인사들을 러닝메이트로 해 매케인의 '이단아' 이미지를 부각시키는 것이 유권자들에게 호소력이 있었을 것이라는 평가도 나왔다.

변수 7
매케인 캠프의 네거티브 전략 역효과

매케인 진영은 선거가 종반으로 접어들면서 오바마에게 역전을 허용하고 금융위기로 인해 격차가 벌어지자, 전격적으로 오바마에 대한 네거티브 공세를 강화했다.

매케인은 10월 9일 위스콘신주 유세에서 직접 오바마에 대한 공세에 나섰다. 매케인은 1960년대 미국 내 자생적 테러리스트였던 윌리엄 에이어스와 "갓 댐 아메리카" 발언의 주인공인 제레미아 라이트 목사 등 오바마와 관련된 인물들을 거론한 뒤, "오바마 의원은 분명 급진적이며 극좌파적 기록을 갖고 있다"고 말했다.

또 오바마가 금융위기의 원인이 된 국채 모기지(주택담보대출) 업체 패니메이·프레디맥으로부터 돈을 받았다는 주장을 되풀이했다. 매케인의 발언이 나올 때마다 매케인 후보의 유세장에 모인 지지자들은

"노바마(Nobama : 오바마 반대)", "(오바마는) 사회주의자"라고 외치며 오바마를 한목소리로 비난했다.

새라 페일린은 한술 더 떴다. 페일린은 오바마를 빌 에이어스와 결부시키며 '테러리스트' 파문을 일으켰으며, 이후 유세장마다 오바마를 공산주의·무정부주의자로 둔갑시키며 "오바마는 위험한 인물"이라고 주장해 중도 성향 미국인들의 눈살을 찌푸리게 했다. 플로리다 유세에서는 페일린의 선동적 발언에 자극받은 한 청중의 입에서 "그를 죽여라"는 극단적인 발언까지 나왔다. 그런가 하면 유세를 취재한 한 방송사의 흑인 TV 카메라맨은 흑인을 비하하는 모욕적 언사에 시달려야 했다.

매케인 캠프는 네거티브 광고에도 매달렸다. 매케인측은 "진짜 오바마는 누구입니까? 그는 위험하고 경험 없고 미국을 수치스럽게 생각합니다. 버락, 진실은 어디 있나요?"라는 내용의 90초짜리 TV 광고로 오바마를 헐뜯었다.

그러나 매케인측의 네거티브 공세는 과거 2000년과 2004년 부시 대통령측이 사용해 성공했지만, 2008년 선거전에서는 이 같은 선거운동 방식에 염증을 낸 미국인들의 외면으로 결국 실패로 돌아갔다. 뿐만 아니라 도리어 공화당과 매케인에 대한 부정적인 인식만 강화시키는 결과를 가져왔다.

전쟁을 일으킨 부시 대통령의 공세에 휘말려 8년간 어려운 야당 생활을 한 민주당도 이번에는 똘똘 뭉쳤다. 힐러리가 경선에서 패한 뒤 분열 조짐이 보였지만, 적절한 유화책과 거리두기로 결국 힐러리와 빌 클린턴 전 대통령을 끌어들인 오바마 캠프는 민주당을 한목소리로 단결시키는 데 성공했다.

민주당 정치인들도 적극적이었다. 과거 후보였던 앨 고어 전 부통령과 존 케리 상원의원이 모두 오바마 지지를 선언했고, 낸시 펠로시 하원의장 등 민주당 지도부도 당내 경선이 끝나고 오바마가 후보가 되자 한목소리로 오바마 대통령 만들기에 나섰다. 인종차별에 대한 우려도 나왔지만 민주당은 더 이상 부시와 공화당에게 끌려갈 수 없다는 강한 입장을 가졌고, 결국 이는 오바마의 백악관 입성으로 이어졌다.

이 같은 분위기는 지난 8월 말 열린 민주당 전당대회에서 여실히 드러났다. 공화당 전당대회는 빈자리 채우기에 급급할 정도로 부시 행정부의 실정에 따른 사기 저하가 역력한 반면, 민주당 전당대회는 자리 구하기가 하늘의 별 따기일 정도로 열기가 자못 뜨거웠다.

오바마가 후보 수락 연설을 하는 전당대회 마지막 날, 7만 6천 명 수용 규모의 콜로라도주 덴버 인베스코 미식축구장에서 열린 옥외 집회는 좌석은 물론 운동장을 꽉 채운 대의원들까지 8만 5천 명에 달하는 군중이 운집해 정권교체의 열기를 내뿜었다. 오바마가 미국 전역의 프라임 시간대인 오후 8시 10분에 등장하자 인베스코 경기장은 환호와 열기로 가득 찼다. 이어 오바마가 자신의 주요 정책을 하나하나 열거하고 8년간의 공화당 실정과 매케인의 문제를 지적하는 한마디 한마디에 이들 관중은 환성과 연호로 답하는 등 민주당의 정권교체 열기는 사상 유례가 없었다.

특히 전당대회는 오바마를 미국을 대표하는 정치인으로 자리매김하는 정교한 시나리오에 따라 축제 형식으로 진행됐다. 민주당측 브레인과 전문가들이 함께하는 포럼 형태의 자유로운 토론회가 곳곳에서 열리고, 각 지역 대의원과 의원들을 묶는 축제를 곳곳에서 개최해 민주당의 정체성과 오바마의 정책 프로그램을 선전하고 대선 승리를 다짐했다. 민주당이 승리할 수밖에 없는, 똘똘 뭉친 분위기였던 것이다.

오바마는 선거를 1주일 앞둔 10월 28일 최대 격전지이자 역대 대선의 승부처로 꼽히는 오하이오주를 찾아 캔턴 시민센터에서 가진 유세에서 "일주일 후에 우리는 공포와 분열 대신, 희망과 단합 그리고 모든 기성 권력에 대한 변화를 선택할 수 있다"고 말했다. 민주당 지도부도 유세에 동반해 오바마에 대한 지지를 호소했다.

민주당은 막판 잡은 승기를 놓치지 않기 위해 민주당과 공화당을 포괄하는 '미국의 승리'라는 대승적 슬로건을 내걸었고, 오바마 역시 "민주당, 공화당"이라는 단어는 네 번씩만 언급하고 "희망, 변화"를 각각 18번씩이나 반복하면서 대승적 변화의 시대를 열자고 역설하는 등 정권탈환을 위한 전략적 총공세에 나섰다.

변수 9
베이비붐과 Y세대 유권자들의 변화 열기 결집

이번 선거에서는 그동안 정치에 무관심했던 30세 미만 젊은 유권자들이 대거 참여했다. 오바마가 경합 지역은 물론 50여 년 만에 처음으로 기독교 복음주의자들이 버티고 있는 바이블벨트 등 남부의 '레드 스테이트'에서도 승리한 배경에는 냉전과 산업화 시기를 살았던 '베이비붐 세대(Baby Boomers : 1946~1964년 출생자)'의 반란과 '밀레니엄 세대(Millenial Generation : 1979~1990년 출생자)'인 'Y세대'의 활발한 정치 참여가 있었다. 미국은 이로 인해 1776년 건국 이후 232년 만에 한때 노예였던 흑인이 대통령에 오르는 선거혁명을 맞았다.

베이비붐 세대는 베트남전 반대와 냉전 및 산업화 시대를 겪은 탓에 일관되게 이라크 전쟁에 반대해 온 오바마에게 긍정적인 평가를 해왔다. 특히 백인 베이비붐 세대는 갈팡질팡하는 극우 성격의 부시 행정부가 주도하는 보수적인 미국 사회의 분위기에 대해 넌덜머리를 내온 탓에 변화와 희망을 감성적이면서도 동시에 논리적으로 호소해 온 '검은 케네디' 이미지의 오바마에게 쏠리는 경향을 보여 왔다.

이 같은 오바마에 대한 지지는 베이비붐 세대들이 포스트 베이비붐 세대를 대표하는 주자를 지지하는 것으로, 자신들과 다른 경험을 한 새로운 사고방식을 가진 세대를 대변하는 흑인 오바마에게 투표한 것은 베이비붐 세대가 미국 정치에 새 바람을 기대하고 있다는 의미다.

역시 오바마를 열광적으로 지지하는 Y세대는 1970년대 말에 태어나 21세기에 유·청년기를 맞았다고 해서 '밀레니엄 세대'라고 불린다. 각 방면에 대한 관심이 다양하고, 현실에 대한 이해가 깊어 정치적 이념에 경도된 기성세대와 판이하다. '디지털 키드', '키보드 세대'로 불릴 정도로 인터넷 등 디지털 문화에 익숙하다. 가상공간에서 이들의 적극적인 활동이 오바마의 가파른 상승세의 원동력인 셈이다.

밀레니엄 세대 유권자는 2차 세계대전 이후에 태어난 베이비붐 세대에 이어 전체의 21%인 4400만 명을 차지하는데, 이들은 이번 대선에서 다른 선거에서 볼 수 없는 뜨거운 정치참여 열기를 보였다. 전국 규모의 학생운동단체인 공익연구그룹(SPIRG) 조사에 따르면 이번 대선에서 이들의 투표율은 70% 이상으로, 이는 50%를 밑돌았던 2004년 대선과는 크게 달랐다는 분석이다. 이들 세대는 21세에서 18세로 처음 투표 연령이 낮아진 1972년 대선에서의 투표율이 55%였는데, 이후 2000년까지 계속 낮아져 40%선까지 떨어졌다.

그러나 이라크 전쟁 등으로 미국 젊은이들의 전사 소식이 속속 들려오고 양극화가 극심해지면서 2004년 대선을 기점으로 투표율이 올라가기 시작했다. 2006년 중간선거, 그리고 올해 각 당 경선을 거치면서 이들의 선거 참여가 크게 늘면서 70%가 넘는 투표율을 보였던 것이다. 이들은 올해 초 코커스, 프라이머리와 본선 유세 등에서 뜨거운 참여 열기를 보였다. 오바마 후보가 지난 1월 민주당 첫 경선인 아이오와에서 힐러리 클린턴에게 전격적인 승리를 거두며 기선을 잡은 것이나 포틀랜드, 캔사스시티 등에서 7만, 10만 명의 청중을 모으고, 8월 콜로라도주 덴버 전당대회에서 8만 5천명의 뜨거운 열기를 모은 것도 이들 젊은 유권자들의 자발적인 지지가 있었기 때문이다.

기성정치에 무관심했던 이들 젊은 세대의 정치 참여는 미국의 국제적 위상이 추락하는 가운데 자신들이 처한 어려운 현실과 미래에 지도자의 리더십이 미치는 영향에 대한 자각 때문으로 분석되고 있다. 이들은 경기침체로 학자금 대출 비용이 늘어나고, 취직 기회와 저축 여지가 사라지고 있으며, 부시 행정부가 일으킨 이라크 전쟁 등 세계 각지에서의 전쟁으로 많은 젊은이들이 명분 없는 죽음을 맞고 있는 데 대해 우려해 왔다. 이들은 자신들이 중년이 됐을 때 기후 변화에 따른 지구온난화 위협을 감내해야 하고, 늙은 부모의 건강보험 비용을 책임지는 등 미래에 대한 걱정이 큰 탓에 공화당 8년 집권을 심판하고 민주당 지지로 돌아선 것이다. 이들은 또 흑인과 어울려 사는 생활을 해오면서 오바마에 대한 인종차별적 시각도 별로 없는 탓에 공화당의 각종 네거티브가 별로 영향력을 미치지 못했다.

변수 10
흑인·히스패닉·아시안 등 소수민족 정치력의 급성장

민주·공화 양당은 대선을 앞두고 그동안 다소 경원시했던 히스패닉·아시안계 등 소수계 미국인의 지지를 끌어내기 위해 총력전을 펼쳤다. 양당은 특히 13명의 선거인단을 가진 버지니아주가 초접전 상태라고 판단해, 투표율이 낮은 소수계를 집중 공략했다. 버지니아는 1964년 이후 공화당이 계속 대선에서 승리했지만, 최근 워싱턴 D.C.와 가까운 버지니아주 북부에 젊은층이 대거 늘면서 이번 대선에서는 민주당이 승리했다. 이곳에는 한국인을 포함한 아시안 등 소수인종들이 밀집해 살고 있는 곳이 많다.

오바마는 특히 이민자를 포함, 인구가 갈수록 늘고 있는 히스패닉 유권자들을 집중 공략했다. 소수인종이면서도 감성적인 접근과 이민 정책에서 이민자에 우호적인 민주당에 대한 히스패닉들의 지지가 늘면서 오바마는 그동안 공화당의 아성으로 매케인이 선전해 온 서부의 뉴멕시코와 네바다에서도 지지세를 늘려 왔다. 9월 말 ABC뉴스의 여론조사에서 히스패닉 유권자들은 시간이 지날수록 오바마를 더 지지해 오바마(57%)는 매케인(33%)을 크게 앞섰다.

이에 대해 AP통신은 "새로 등록한 소수계 유권자들은 오바마를 지지하는 성향이 강하다"고 분석했다. 히스패닉들은 백만장자 집안에 장가간 매케인이 자신의 집이 몇 채인지도 모르는 사례를 들며 "중산층이 되려고 애쓰는 우리에게 상류층 매케인은 너무나 먼 사람"이라고 말하는 등 매케인에 대해 비판적이었다.

또한 정치적 영향력이 높아지고 있는 한인들도 과거 공화당 지지 일색에서 오바마 지지로 급속히 돌아섰다. 한인들은 당초 공화당 지지 성향이 높았지만, 선거전이 본격화하면서 민주당으로의 정권교체 가능성이 커지자 힐러리 클린턴 상원의원을 적극 지지하는 움직임을 보였다. 뉴욕을 찾은 힐러리의 선거운동 모금 행사를 열고, 수만 달러를 전달하는 등 힐러리를 적극 지지했던 것이다. 그러나 미국 사회에서 오바마 열기가 폭발적으로 높아지면서 한인들 사이에서도 오바마를 지지하는 기운이 높아졌다.

김동석 한인유권자센터 소장은 "아이오와 코커스 현장에서 오바마의 캠페인(선거운동)을 직접 보기 전까지는 흑인 대통령이 아직은 아니라는 단정을 했다. 경선 현장에서 비로소 오바마의 바람을 알아차렸다. 오바마의 바람은 선거운동(캠페인)이 아니고 사회운동(무브먼트)이었다"며 "돈이 안 드는 캠페인을 목격하고서 비로소 오바마의 힘을 실감했다. '변화(Change)와 희망(Vision)'이란 두 단어만 갖고서 무지무지한 힘을 만들고 있었던 것이다. 오바마의 능력이 반이고 시민의 요구가 반이었다. 그 반반이 맞아떨어지게 한 그것이 오바마의 전략이었다. 그 태풍의 위력은 끊임없이 온라인상으로 쏟아져 들어오는 선거기금의 액수가 설명하고 있었다. 정치무관심층이 움직였고 정치혐오층이 관심을 나타냈다. 공화·민주 양당의 중간 지대에서 선거 때마다 날아다니는 무당적자들이 열광을 했다"고 설명했다.

그는 "260년 전의 독립전쟁이, 그리고 150년 전 노예해방을 위한 남북전쟁이 당시엔 전혀 가능해 보이지 않았었다. 미국의 지식인들은 이번 대선전을 가리켜 미국 역사상 세 번째의 대변혁을 예고하는 선거전쟁이라 말하고 있다"며 한인과 소수민족뿐만 아니라 세계를 들뜨게 한 오바마 열풍을 설명했다.

부통령 조지프 바이든은 누구인가

...미국 차기 부통령이 된 조셉 또는 조지프 바이든 상원 외교위원장은 달변에 카리스마가 넘치는 6선 의원으로 미국 의회 내에서 대표적인 외교·안보 전문가로 꼽힌다. 1942년 펜실베이니아주 스크랜턴의 노동자 집안에서 4명의 자녀 가운데 맏이로 태어났으며, 델라웨어대학과 시라큐스대 로스쿨을 졸업하고 잠시 로펌에서 일했다.

가톨릭 신자인 그는 36년간 상원의원 생활을 하면서 델라웨어주 윌밍턴의 자택에서 서류 가방을 들고 기차로 출퇴근한 것으로 유명하다. 1972년 그가 의회에 진출한 지 몇 주 뒤 아내가 자녀 셋을 데리고 크리스마스 쇼핑에 나섰다가 교통사고를 당해 아내와 생후 몇 개월 안 된 딸이 숨지고 두 아들이 중상을 입었다. 그 후로 두 아들을 돌보기 위해 매일 기차를 타고 의회로 출퇴근한 것이 40년 가까이 이어진 것이다.

1977년 교사인 질 트레이시 제이콥스와 재혼해 딸 애슐리를 얻었으며, 두 차례 뇌동맥류 진단을 받아 사경을 헤맸으나 현재는 완치됐다. 첫 아내와의 사이에 얻은 큰아들 보는 현재 델라웨어주 법무장관이다.

7선의 관록 자랑하는
미국을 대표하는 외교안보 전문가

델라웨어주가 워낙 작은 탓에 1972년 29세의 나이로 상원에 첫발을 들여놓은 데 성공한 바이든은 이후 자유주의적 투표 성향을 보이면서 7선의 관록을 자랑하는 거물급 정치인으로 성장했다. 어린 시절 말더듬이였으나 피나는 노력과 훈련 끝에 달변가로 변신했으며, 지금까지 36년간 외교안보 분야를 중심으로 활발한 의정 활동을 펴왔다.

1987년부터 1994년까지 법사위원장을 지냈으며 외교위원장으로서 미 의회 내 최고의 외교안보 전문가로 미국인들의 깊은 신뢰를 받고 있다. 대유럽·대중동·대아시아 등 외교 전반에 대해 해박하고 학구적인 경륜을 갖고 있으며, 세계 각 지역의 현안에 대해 깊은 이해를 갖고 있다는 평가를 받는다. 미국의 의정 중계 케이블TV CSPN에 중계되는 그의 모습은 합리적이면서도 미국의 국익에 위배되거나 인권·자유·평등 등 민주주의의 기본 가치에 어긋날 경우, 끈질기게 핵심을 파고드는 질문으로 사람들의 관심을 끌어 왔다.

그는 당초 오바마가 경선을 했던 힐러리 상원의원과 다른 전문가들을 집중적으로 접촉하면서 부통령 후보에 이름을 올리지 못했다. 그러나 8월 그루지야 사태 발발 후 미하일 사카슈빌리 대통령의 초청으로 그루지야를 방문해 언론의 집중 조명을 받았다. 이후 외교문제에 경험이 거의 없는 오바마의 단점을 보강하고, 오바마 캠프와 대선 후 출범할 새 행정부의 안정감에 대한 논의가 잇따르면서 부통령 후보감으로 부상했다.

바이든은 스스로 대선 경선에 여러 차례 뛰어드는 등 정치적 야심을 드러내 왔다. 1987년에는 민주당 대선후보 경선에 뛰어들었다가 킬 키녹 영국 노동당 당수의 연설문을 표절했다는 시비에 휘말려 중도 사퇴하기도 했다. 2007년 다시 경선에 나섰지만 지지 부족으로 일찌감치 선두권에서 멀어져, 결국 아이오와 경선이 시작되기도 전에 포기했다. 한때 힐러리 쪽으로 기운 듯했으나 오바마가 후보가 된 뒤 오바마를 적극 지원했다.

한반도 문제에도 관심 깊은 민주당의 대표적 비둘기파

바이든은 특히 한반도 문제에 관심이 많을뿐더러, 남북한 핵심 현안을 줄줄 꿰고 있는 지한파 의원으로 분류된다. 과거 독재정권 시절에는 한국의 민주주의에 깊은 관심을 표명해 왔고, 북핵 문제가 발생한 1990년대 초부터는 북한 핵 문제를 다뤄 왔으며, 한미자유무역협정 등 다른 한반도 현안에도 관심을 나타내면서 한·미 관계 발전을 위해 노력해 왔다.

민주당의 대표적인 비둘기파 의원으로 꼽히는 그는 2007년 12월 당시 이명박 대통령 당선자에게 축전을 보내 "한미동맹의 중요성에 대한 인식을 같이하고 한반도 평화와 안보를 위해 굳건한 한미동맹이 유지되도록 노력할 준비가 돼 있다"면서 "북한 핵 프로그램 폐기와 한반도의 항구적 평화 구축 과제보다 더 긴밀한 협력을 요하는 것은 없다"고 강조한 바 있다.

바이든은 북한 문제와 관련, 2006년 10월 북한 핵실험 이후 대북 압박보다 북·미 간 직접 대화를 주장했다. 그의 보좌관으로 한반도를 포함한 아시아 문제에 해박한 프랭크 자누지는 지난 3월 북한을 방문해 한국전쟁 당시 실종된 미군 병사 유해 발굴 재개, 미국 내 한인들의 북한 가족 상봉 문제 등에 대해 논의했으며, 이를 바이든 의원에게 보고한 것으로 알려졌다. 자누지는 2004년 존 케리 후보 진영에서 활약했고, 2008년 선거에서는 오바마 진영에서 핵심적인 역할을 해 향후 오바마 행정부에서 중책을 맡을 전망이다.

그는 7월 31일 한미의원외교협의회 참석차 미국을 방문한 한나라당 박진 의원을 면담한 자리에서 한미동맹 강화와 북핵 문제 해결을 위한 미 의회 차원의 지원을 약속하기도 했다.

외교안보 경험 없는 오바마 대신
외교안보정책 주도 전망

이 같은 경력을 가진 바이든은 향후 이라크와 아프가니스탄 전쟁의 후유증과 문제점을 개선하기 위해 가장 효율적이면서도 미국의 국익에 맞는 전쟁 종식을 통해 미국이 맞고 있는 경제·사회·문화적 위기를 수습하는 데 나설 가능성이 크다.

그가 외교 안보 분야에서의 명성에 걸맞게 한미동맹과 북핵 협상 등 한반도 문제에 정통한 지한파 의원이라는 점에서 오바마 행정부의 대한반도 정책 형성에 직·간접으로 영향을 미칠 공간이 클 것임을 예고하고 있다. 오바마의 경우 외교안보 분야에서 활동할 기회가 없었기에, 향후 북미 관계가 진전돼 북·미 정상회담이나 관계 정상화가 논의되는 단계에서 바이든이 결정적 역할을 할 가능성이 높다.

특히 한반도에 대한 오바마의 시각은 '악의 축'인 북한 김정일 국방위원장을 직접 만날 용의가 있다거나 한미FTA에 대한 부정적 시각을 갖고 있는 정도에 불과하다. 이에 따라 부시 행정부에서 딕 체니 부통령이 사실상 외교안보 분야를 좌지우지했듯이 바이든 부통령이 대외문제를 총괄하고, 오바마는 자신의 위상을 높이는 데 활용하면서 국제적 지도자로의 부상을 염두에 둘 가능성이 크다.

그는 선거가 끝난 뒤 자신의 비서실장으로 클린턴 정부에서 일했던 변호사 로널드 클라인을 임명했다. 클라인은 앨 고어 전 부통령의 비서실장을 지냈으며, 이에 따라 두 번째로 부통령 비서실장을 맡게 됐다. 그는 2005년부터 투자회사 레볼루션의 이사로 일해 왔다.

오바마2.0 | 2008년 미국 대선

오바마 내각

...사상 첫 흑인 대통령 시대를 연 오바마는 금융위기에서 시작된 미국 경제의 위기를 타파해야 하고, 이라크·아프가니스탄 전쟁을 종식시켜야 하며, 국제무대에서 실추된 미국의 리더십을 회복해야 한다는 3대 핵심 과제를 안고 있다. 오바마는 이 같은 위기 상황임을 고려해 민주당의 색채를 띠면서도 향후 정책에서 공화당의 적극 협조를 받을 수 있도록 초당파적 성격을 가진 내각을 구성했다.

오바마 캠프는 부시 행정부와 내각 인수·인계 작업에 나서고 있으며, 이는 오바마의 발언을 통해서도 확인되고 있다. 금융위기 발발 이후 거의 매일 헨리 폴슨 재무장관과 전화 통화를 하면서 위기 극복에 고심했던 오바마는 노스캐롤라이나주 샬럿에서 "정권 인수는 누가 선거에서 이기든 매우 중요하며 (대통령과 당선자측의) 협조 하에 이뤄져야 한다. (금융위기) 저글링을 새로운 사람에게 하도록 하는 것은 위험하다"고 밝힌 뒤 실제로 부시 행정부의 로버트 게이츠 국방장관을 유임시키는 등 신속하게 실력 중심의 내각 구성 행보를 보였다.

오바마는 10월 15일 열린 매케인과의 3차 TV 토론에서도 "핵무기 확산방지 법안 마련을 위해서 공화당의 리처드 루가 상원의원과 나토(북대서양조약기구) 전 최고사령관 제임스 존스와 함께 일하기도 했다"며 공화당 인사를 내각에 기용할 수 있음을 강력하게 시사했고, 결국 제임스 존스를 백악관 국가안보회의 보좌관에 임명했다.

백악관 선임고문 액셀로드
수석고문 라우즈 활동 관심

먼저 백악관의 진용에 관심이 쏠리고 있다. 오바마의 장자방인 데이비드 액셀로드는 부시 정부에서 칼 로브가 맡았던 백악관 선임고문직에 낙점됐다. 오바마 캠프의 핵심 선거전략가로서, 오바마 당선에 혁혁한 공을 세운 '일등공신'으로서의 역할을 인정받았고 향후 오바마 정권의 큰 그림을 그리는 '정권 디자이너'의 역할을 맡은 셈이다.

피트 라우즈 오바마 후보 비서실장은 백악관 수석고문으로 지명됐다. 워싱턴 정가에 정통한 라우즈 비서실장은 2005년부터 오바마 당선인과 호흡을 맞춰 온 최측근이라는 점과 의회에 정통하다는 점에서 향후 오바마 행정부에서 정부와 의회에 관한 전반적인 상황을 총괄하게 된다.

백악관 고문직에는 앨 고어 전 부통령의 보좌관을 지낸 리사 브라운

'법과 정책을 위한 전미헌법협회(ACS)' 집행이사와 오바마 당선인의 상원의원 사무소 운영 책임을 맡았던 크리스 루가 내정됐다. 그레고리 크레이그 전 국무부 정책기획실장은 백악관 법률고문에 임명됐다.

클린턴 정부의 국가안보회의(NSC)에 몸담았던 모나 섯픈과 상원의원 보좌관 출신인 짐 메시나도 백악관 부실장으로 임명되면서 오바마의 정책 구상을 다듬게 될 워킹그룹과 백악관의 핵심 인사로 속속 인선됐다.

인수위의 각 워킹그룹도 활동 중이다. 클린턴 정부에서 국무부 차관을 지낸 대니얼 타룰로 조지타운대 교수는 경제 분야 워킹그룹을 이끌고 있다. 타룰로 교수는 미 무역대표부(USTR) 대표 후보로 거론되고 있다.

외교안보 분야 워킹그룹은 수전 라이스 전 국무부 아프리카 담당 차관보와 제임스 스타인버그 전 NSC 부보좌관이 이끌고 있다. 라이스 전 차관보는 오바마 행정부에서 외교정책 우선순위를 매기고 향후 이행 계획을 마련하는 실무총책을 맡게 된다. 대표적 흑인 출신의 외교안보 정책통으로 꼽히는 수전 라이스는 매들린 올브라이트 전 국무장관의 인맥으로, 클린턴 행정부에서 국무부 차관보에 기용됐던 인물로 '공화당의 콘돌리자 라이스, 민주당의 수전 라이스'라는 신조어를 만들어내는 등 오바마 행정부의 외교 분야에서 새 스타로 주목받고 있다.

수전은 스탠퍼드대에서 역사학을 공부했으며, 자신을 행정부에 기용한 클린턴 전 대통령과의 인연에도 불구하고 대선 경선 초기부터 오바마 지지를 선언할 정도로 오바마 진영 내에서는 충성도가 높다는 평가를 받고 있다. 클린턴 행정부에 몸담기 전에는 매킨지 앤드 컴퍼니에서 경영 컨설턴트로 활동했고, 공직에서 물러난 뒤로는 브루킹스연구소 선임연구원으로 활동하면서 오바마 정권 외교정책의 근간이 될 청사진을 마련했다. 라이스는 유엔 주재 대사에 내정됐으며 벌써부터 국무장관을 맡게 된 힐러리와 외교안보정책을 놓고 신경전을 벌이고 있다.

NSC 보좌관 물망에 오르내렸던 스타인버그도 클린턴 행정부 시절인 1996년부터 2000년까지 NSC 부보좌관으로 일했고, 라이스처럼 브루킹스연구소에서 2001년부터 5년간 활동했다. 그는 최근 신미국안보센터(CNAS) 소장 커트 캠벨 전 국무부 차관보와 함께 『힘든 정권이양 : 정권 출범시 외교정책 난제』라는 저서를 공동집필했다.

기술·혁신·정부개혁 부문 워킹그룹에는 구글의 소날 샤 사회공헌 부문 책임자와 함께 지난 민주당 대선 경선에 참여했던 빌 브래들리 상원의원의 보좌관이었던 블레어 레빈 미디어 전략가, 줄리우스 게나초스키 전 연방통신위원회 수석자문역이 참여하고 있다.

에너지·환경 분야의 경우에는 캐럴 브라우너 전 환경보호국장이 워킹그룹을 이끌었으며, 교육 분야는 린다 달링-해먼드 스탠퍼드대 교수가 책임지고 정책 우선순위를 정리해 왔다.

비서실장에 정치자금 전문가로
공세적 정치 능한 이매뉴얼 임명

오바마의 백악관 비서실장에는 시카고 태생의 램 이매뉴얼(49) 하원의원(민주·일리노이주)이 임명됐다. 〈워싱턴포스트〉와 〈USA투데이〉는 오바마가 직접 비서실장 자리를 맡아 달라고 제안했고, 이매뉴얼은 이

를 수락했다고 전했다. 오바마와 지역구가 같은 이매뉴얼은 오바마와 호흡이 맞는 정치인으로, 싸움닭 스타일의 강한 개성을 지녔으며 선거자금 모집과 정치 전략의 귀재로 평가받고 있다.

이매뉴얼은 민주당이 다수당으로 장악하고 있는 하원에서 민주당 의원들 사이에서 낸시 펠로시 의장, 스테니 호이어 원내대표, 짐 클라이번 원내총무에 이어 랭킹 4위의 당 핵심 의원으로 꼽히고 있다.

이매뉴얼은 2003년 시카고 북쪽의 일리노이주 5선거구에서 하원의원으로 당선됐으며, 2006년 선거에서 민주당 의회선거운동위원회 위원장을 맡아 선거자금 모집과 선거운동 과정에서 맹활약했다. 이에 따라 이미 차기 민주당 전당대회 의장으로 선출된 상태로 민주당의 기대주로 각광받고 있는 인물이다.

이매뉴얼은 강한 개성이 톡톡 튀는 스타일과 정치자금 모금 능력에서 주목을 받고 있으며, 2006년 민주당리더십위원회의 브루스 리드 의장과 함께 『계획 : 미국을 위한 핵심 아이디어들』을 저술하기도 했다.

TV 드라마 〈웨스트 윙〉에 등장하는 터프한 실용주의자 조시 라이먼 백악관 비서실 차장은 바로 이매뉴얼을 모델로 만든 캐릭터다. 1990년대 후반 3년간 투자은행에서 일하면서 1800만 달러의 수입을 올릴 정도로 수완이 뛰어난 이매뉴얼은 이스라엘에서 태어난 유태인 부모 아래서 교육을 받았다. 소비자권리단체인 '일리노이 퍼블릭 액션'을 통해 정치 활동을 시작한 그는 정치 입문 후 특히 정치자금 모금에서 두각을 나타내면서 일리노이 지역과 미국 전역에서 주목받는 정치인으로 급성장했다. 이매뉴얼은 1984년 폴 사이먼 민주당 의원의 선거운동을 적극 도왔으며, 1988년 민주당 의회선거운동위원회 선거운동국장을 맡았고, 1991년 걸프전 때는 자원해 이스라엘 북부 지역에서 민간인으로 근무하기도 했다.

한편 이러한 그의 태생과 정치 활동 성향으로 볼 때, 지나친 친이스라엘 정책과 다소 호전적인 정책이 펼쳐질 것이라는 우려도 나오고 있다. 그의 아버지는 무장 시오니스트 운동가였고, 어머니는 거리 시위에 어린 아들 셋을 데리고 나갈 정도로 이스라엘에 대한 애정이 깊었던 것으로 보이며 그 역시 친이스라엘주의자로 꼽히기 때문이다. 향후 그의 행보 여부에 따라 화약고인 중동 평화를 통해 세계 평화를 달성해야 하는 오바마의 앞길에 상당한 걸림돌이 될 수도 있다는 지적이다.

이매뉴얼은 1991년 아칸소 주지사였던 빌 클린턴 민주당 대통령 후보의 경선에 참여해 재정국장으로 일할 당시, 주저하던 클린턴을 설득해 초반에 경선이 치러지는 뉴햄프셔의 정치자금 모금 행사를 주관하고 전국적인 정치자금 모금을 공세적으로 전개하는 전략을 성공시키면서 민주당 내 실력자로 떠올랐다.

이 과정에서 클린턴의 돈독한 신임을 받은 이매뉴얼은 1993년부터 1998년까지 클린턴 행정부에서 백악관 선임고문을 맡았다. 초기에는 정치문제를 담당했으나 후반기에는 정책과 전략선임고문으로 활동했다. 그는 특히 1993년 백악관 로즈가든에서 열린 이스라엘과 팔레스타인 간의 오슬로 협정식을 치밀하게 준비해 클린턴을 국제적 지도자로 부각시킴으로써 "천부적인 정치적 감각을 지닌 참모"라는 평가를 받았다. 오슬로 협정은 이스라엘의 라빈 총리와 팔레스타인해방기구(PLO)의 아라파트 의장 간에 이뤄진 합의로, 이 협정을 통해 이스라엘은 PLO를 합법적인 팔레스타인 정부로 인정하고, PLO도 이스라엘의 존재 근거를 인정하여 공존 가능성을 제시한 역사적 사건으로 꼽힌다.

그는 2002년 열린 민주당 일리노이주 하원 예비 경선에서 승리한 뒤 본 선거에서 공화당의 마크 오거스티를 제압하고 하원의원으로 의정 활동을 시작했다. 2005년에 민주당 의회선거운동위원회 위원장을 맡은 뒤 민주당 전국위원회(DNC) 의장인 하워드 딘과 선거 전략을 놓고 이견을 보였지만, "승리하는 것이 모든 것이다"라는 자신의 정치적 좌우명과 실제 정치 현장에서의 역할을 성실하게 이행해 결국 2006년 중간선거를 승리로 이끄는 수훈을 세웠다. 클린턴 전 대통령과의 특수관계로 민주당 대선 경선 당시 힐러리 지지를 선언했으나, 오바마가 경선에서 승리한 뒤로는 오바마의 정치자금 모집에 총력을 기울였다.

그는 다양한 사회 현안에 대해 진보적 입장을 보여 왔으며, 대통령은 미국민을 위해 정교한 비전과 철학 및 정책을 내놓아야 하고, 국민들이 의료보험 혜택을 입을 수 있도록 해야 한다는 시각을 갖고 있다. 그러나 민주당의 다른 의원들과 달리 부시 대통령의 이라크 전쟁에 대해서는 찬성하는 입장을 보였다.

노스웨스턴대학에서 '스피치와 커뮤니케이션'을 전공한 이매뉴얼은 뉴욕 사라 로런스칼리지에서 발레를 배웠으며, 시카고에서 계단을 오르내리며 어머니와 춤을 추는 낭만적 기질도 갖고 있다는 것이 미국 언론의 평가다. 반면 워낙 상대의 감정과 자존심을 건드리는 공격적인 스타일로 '킬러 전략가', '논스톱 펀드 레이저', '입이 험한 성난 불독'이라고 불리는 등 일에 대한 성취 동기와 실현에서는 '완벽하다'는 평가를 받는다. 그래서 AP통신이 "이매뉴얼은 실용주의에 기반을 둔 효율적 일처리에 평판이 있다"고 평했을 정도로 깔끔한 일처리로 주변에서 호평과 악평을 함께 받아 왔다.

정치자금을 모으는 데 최고의 실력을 갖고 있는 이매뉴얼은 기행에 가까운 일화도 많다. 1996년 클린턴이 대선에서 재선을 확정지은 직후 열린 축하 만찬장에서 이매뉴얼은 스테이크를 자르는 칼을 들고 정적들의 이름을 부르며 "죽어(Dead), 죽어, 죽어"라고 외쳐 화제를 모았다. 대선 승리 분위기에 취해 주변을 웃기기 위한 다소 유머러스한 행동이었지만, 평소 그의 완벽한 일처리를 아는 이들은 이후 그를 '램'이란 이름 대신 근육질 배우 실베스타 스탤론이 주연한 영화의 주인공인 '램보'로 바꿔 불렀다.

자신의 심기를 불편하게 한 여론조사원에게 썩은 생선을 우편물로 보냈다는 다소 유쾌하지 않은 일화도 전해지고 있다. 선거자금 모금 과정에서 새벽 3~4시에 전화해 모금을 채근하고, 전화를 받지 않으면 15분 단위로 계속 전화하며, 기부금이 적으면 그 자리에서 기부금 약정서를 찢어 버리거나 면박을 주는 일도 서슴지 않는 강심장을 지녔다.

오바마는 그를 비서실장에 임명하면서 "이매뉴얼보다 일을 더 잘하는 사람은 없다. 새 행정부가 직면할 도전적 이슈들에 대해 깊은 안목을 갖추었다"고 평가했다. 백악관과 의회가 대립할 때 오바마를 위해 무자비하게 칼을 휘두르기를 서슴지 않고, 백악관의 목표를 달성하기 위해 공화당과도 막후 협상을 성공적으로 이끌 캐릭터라는 점에서 오바마가 선택한 이매뉴얼은 비서실장 재임 기간 오바마를 위해 적지 않은 성과를 거둘 것으로 워싱턴 정치권은 평가하고 있다.

라이벌 힐러리 클린턴
세 번째 여성 국무장관 맡게 돼

민주당 경선 라이벌이었던 힐러리 다이앤 로댐 클린턴(61) 민주당 상원의원의 대선 후 행보는 세계의 관심을 모은 핵심 사안이었다. 오바마가 당내 최대 파벌인 클린턴 사단을 이끌고 있는 힐러리와 남편 빌 클린턴 전 대통령과의 관계를 어떻게 정립할지가 향후 오바마의 국정운영에 큰 영향을 미칠 수 있기 때문이다. 오바마는 당선 후 힐러리에게 국무장관직을 제안했고, 힐러리는 1주일 가량의 고민 끝에 오바마의 제안을 받아들였다. 국무장관은 행정부 각료 가운데 최고위직으로, 힐러리가 국무장관이 되면 여성으로는 매들린 올브라이트와 콘돌리자 라이스 장관에 이어 세 번째가 된다.

1993년부터 2001년까지 퍼스트레이디였으며, 민주당 소속의 뉴욕주 상원의원을 지낸 뒤 민주당의 유력한 2008년 대선후보로 막판까지 치열한 경합을 펼쳤던 힐러리는 오바마와의 경선에서 패한 뒤 정치생명이 끝날지도 모르는 큰 위기를 맞았다.

그러나 오바마 행정부에서 사실상 부통령에 버금가는 2인자 역할을 할 수 있는 국무장관을 맡게 됨에 따라 국제적 영향력과 인지도를 끌어올릴 수 있게 됐다는 점에서 극적으로 기사회생하게 됐다. 미국의 국무장관은 국내 문제에도 관여하고 세계 각국을 상대로 각종 외교를 담당하는 중책이라는 점에서 대외활동 능력과 반경이 뛰어난 힐러리로서는 실제적인 국정 경험을 통해 자신의 경력을 관리할 수 있는 중대한 계기를 맞은 셈이다.

정권인수위원회 등 오바마 캠프 내부에서는 힐러리가 개성이 강한 데다 정치적 야망을 갖고 있어 국무장관직을 수행하기에는 적절치 않을 수 있다는 반대의 목소리도 컸지만, 오바마가 힐러리의 기용을 강하게 원해 사실상 결정이 내려진 것으로 전해졌다. 이에 따라 오바마는 당장 국정운영에서는 클린턴 사단의 힘을 더해 탄력을 받겠지만, 향후 4년 뒤 대선을 노리며 오바마의 정책에 대해 오바마 스타일이 아닌 힐러리 스타일로 종종 대립각을 세우며 공공연히 야심을 드러낼 힐러리라는 '가시'를 안은 채 국정을 운영해야 하는 부담을 안게 됐다.

워싱턴 정가는 힐러리가 입각함으로써 민주당 내 최대 갈등 요소를 미연에 방지하는 효과가 있다며, 오바마가 거물급 정치인들로 '스타 탕평 내각'을 구성해 대공황 이후 최악의 경제위기를 헤쳐 나가려는 '링컨'식 내각 구상을 속속 실천하고 있다고 평가했다. 실제 링컨은 당내 라이벌이던 윌리엄 헨리 시워드 상원의원을 국무장관에 임명한 것을 필두로 샐먼 체이스와 에드워드 베이츠 등 공화당 경선 후보 3명과 민주당 정적들을 중용하면서 "우리에겐 가장 강한 사람들이 필요하며, 내게는 그들이 국가를 위해 복무할 기회를 박탈할 권리가 없다"고 말했다. 영국의 일간 〈파이낸셜타임스〉는 "힐러리가 대선 기간 30회 이상의 유세와 50회 이상의 모금 이벤트에 참석하는 등 오바마를 돕기 위해 노력함으로써 오바마 진영의 신뢰를 얻었다"고 분석했다.

힐러리는 일리노이주 시카고에서 1947년 10월 26일 아버지 휴 엘즈 워스 로댐과 도로시 하월 로댐 사이에서 태어나 1965년 웨슬리여대에 입학하여 정치학을 전공했으며, 예일대 로스쿨에 입학한 후 학회지 편집자, 아동학연구소 등에서 활동했던 재원이다.

1971년 같은 예일대 로스쿨 학생이던 빌 클린턴과 데이트 끝에, 빌 클린턴이 컬럼비아주 변호사 시험에 낙방하고 아칸소주 시험에 합격 하자 클린턴을 따라 아칸소로 이사한 뒤 1975년 10월 11일에 결혼했다. 빌 클린턴은 1974년 선거에서 패배했으나 1976년 아칸소의 지방법관 으로 선출됐다. 로즈 법률회사에서 변호사로 일하던 힐러리와 클린턴 은 1977년 어린이 보호 재단인 '어린이와 가족들을 위한 아칸소 대리 인협회' 공동창업자가 되었으며, 지미 카터 대통령의 임명으로 법적지 원재단 이사가 되어 1981년까지 일했다. 클린턴이 1978년 아칸소 주지 사로 선출된 뒤 클린턴의 임명으로 농촌지역건강지원위원회 회장을 맡은 힐러리는 의료 혜택을 받지 못하던 아칸소주 가난한 지역들의 의 료시설 확충을 위해 연방 예산을 확보하는 실적을 올렸다. 1982년부터 1992년까지 아칸소 교육표준위원회 회장을 맡아 활약한 것을 비롯해 1987년부터 1991년까지 미국변호사협회 여성회원 회장을 지냈다. 〈내 셔널 법학지〉가 뽑은 미국에서 가장 영향력 있는 변호사 100인으로 두 차례 선출됐으며, 이 시기에 아칸소주에 본부를 둔 TCBY와 월마트 이 사를 지내기도 했다.

힐러리는 1992년 빌 클린턴이 민주당 대선 후보가 되어 대통령에 당 선되자, 최초로 석사학위 이상을 가진 퍼스트레이디로서 엘리노어 루스벨트 이후 가장 영향력 있는 퍼스트레이디가 됐다. 그리고 1998년 뉴욕 상원의원인 다니엘 패트릭 모이니한이 은퇴를 발표하자, 민주당 인사들의 출마 권유로 2000년 11월 7일 열린 선거에 나서 55%의 지지를 얻어 당선됐다. 힐러리는 상원의원으로서 예산위원회, 국방위원회, 환경과 공적사업위원회, 건강·교육·노동·연금위원회와 노년층을 위한 특별위원회에서 활동했으며, 2001년 9·11 테러 참사 이후에는 복구를 위한 기금 조성에 나서 214억 달러의 기금을 모으는 데 큰 역할을 했다.

한편 국방위원회 위원으로 아프가니스탄에서의 군사작전을 지지한 힐러리는 탈레반 정권에 억압받는 아프간 여성들의 삶을 개선하는 데 이러한 테러와의 전쟁이 도움이 될 것이라는 의견을 표명하면서, 2002년 10월 이라크 전쟁에도 찬성표를 던졌다. 이는 이후 대선에서 논쟁거리가 되면서 반대표를 던진 오바마와 달리 힐러리의 정치 이력에 큰 오점을 남겼다. 그럼에도 2004년 치러진 상원의원 선거에서 67%의 표를 얻어 재선에 성공했다.

2007년 〈타임스〉와 〈포브스〉가 뽑은 가장 영향력 있는 100인 중 한 명으로 선정되기도 한 힐러리는 2007년 1월 20일 웹사이트의 동영상을 통해 대통령 선거 출마를 공식 발표했다. 그 뒤 치러진 아이오와주 예비선거에서는 패배했으나 2008년 1월 8일에 열린 뉴햄프셔 예비선거에서는 승리하면서, 미국 최초의 여성 대통령에 대한 기대감을 높였다. 그러나 슈퍼화요일과 미니슈퍼화요일에서 오바마의 '변화와 희망'이라는 화두를 따라잡지 못해 열세를 만회하지 못하고 결국 2008년 6월 4일 오바마가 과반의 대의원을 확보함에 따라 민주당 대선 후보 경선에서 패했다.

　대선 패배의 상처를 안은 힐러리로서는 국무장관에 임명될 경우 자신의 대중성을 높이고, 외교안보 분야에서 국제적 명성을 쌓을 수 있다는 점에서 힐러리측과 워싱턴 정치권 모두 환영하고 있다.

　미국의 대표적 외교전문가인 헨리 키신저 전 국무장관은 뉴델리에서 열린 세계경제포럼(WEF)의 인도경제정상회의에서 "힐러리는 아주 지적이며, 결단력을 보여줬다. 아주 훌륭한 임명이 될 것"이라며 "그것(힐러리의 국무장관 기용설)이 사실이면 두 가지를 보여주는 것이다. 오바마 당선자로서는 독립적이고 강한 개성을 가진 인사를 내각에 임명하는 용기를 보여주는 것이고, 힐러리로서는 자신이 패배한 사람에게 승복하는 의지를 보여주는 것"이라고 지적한 뒤, 이를 '윈-윈 카드'라고 규정했다.

　클린턴 전 대통령 역시 부인인 힐러리가 국무장관으로 임명되면 훌륭한 국무장관이 될 것이라고 밝히며, 이를 적극 환영했다. 클린턴 전 대통령은 이날 쿠웨이트 중앙은행 주최로 쿠웨이트에서 열린 경제 학술회의에 참석한 자리에서 "오바마가 그녀에게 맡기기로 결심해 함께 일하게 된다면, 그녀는 정말 훌륭한 국무장관이 될 것이라고 본다"며 "그녀는 경선이 끝난 뒤에도 그의 당선을 위해 아주 열심히 일했으며, 나도 마찬가지였다. 그러나 그녀는 어떤 자리를 제공받겠다는 기대나 희망을 갖고 일한 것은 아니다"라고 말했다.

보건후생장관에 대슐
국방장관에 게이츠 유임

톰 대슐

로버트 게이츠

오바마 행정부의 최고 실세 중 한 명으로 꼽히는 톰 대슐 전 민주당 상원 원내대표는 보건후생부 장관에 내정됐다. CNN 보도에 따르면 대슐 전 원내대표는 오바마의 제의를 수락했으며, 백악관에 신설될 보건 관련 총책임자 자리까지 맡기 위해 오바마와 협상을 벌이고 있는 것으로 알려졌다. 대슐은 보건후생장관 취임 후 오바마가 내년 대통령 취임 후 국회에 제출하게 될 의료보험 개혁 관련 법안의 입안을 책임질 전망이다.

사우스다코타 출신인 대슐 전 의원은 지난 2004년 선거에서 공화당 후보에게 패해 상원의 원직을 상실했다. 그는 현재 전 공화당 대선후보였던 밥 돌 전 의원의 추천으로 법률회사인 앨스턴 & 버드 워싱턴 사무소의 '특별 공공정책 자문관'을 맡고 있으며, 조지타운대학의 조지타운 공공정책연구소 방문교수로 강의도 하고 있다. 대슐과 수십 년간 정치를 같이 해온 피트 라우즈와 스티브 힐더브랜드 등이 오바마 캠프에서 비서실장과 전략가로 4년째 오바마를 보좌하면서, 대슐의 영향력이 워낙 막강한 점이 장점이자 단점으로 동시에 작용하고 있다.

그의 부인 린다 역시 영향력 있는 로비업체인 '베이커 도널슨'에 등록된 로비스트라는 점과 린다의 고객 중 일부가 보건문제와 관련돼 있다는 점에서 오바마의 최종 인선 과정에서 변수가 될 가능성도 있으나, 그가 등록된 로비스트는 아니라는 점에서 장관 임명이 유력한 상황이다.

국방부 장관의 경우 로버트 게이츠 현 국방장관이 이라크·아프가니스탄 전쟁 상황을 감안해 유임이 확정되었다.

행정부 인사로는 국토안보부 장관에 재닛 나폴리타노 애리조나 주지사가 내정됐다. CNN에 따르면 그동안 유력한 내각의 장관 후보로 거론돼 온 나폴리타노는 향후 미국의 대내외 치안과 안전을 담당한 국토안보부 장관을 맡게 됐다. 공화당 색채가 강한 나폴리타노는 오바마의 대선 라이벌이었던 존 매케인 의원의 출신지인 애리조나에서 2002년 주지사가 돼 2006년 재선에 성공했다. 그녀는 이번 대선에서 매케인 후보의 사실상 본거지인 애리조나에서 민주당 표를 예상보다 많이 이끌어내 주목을 받았다. 시사주간지 〈타임〉이 뽑은 '미국 최고 주지사 5인'에 선정됐고, 힐러리 클린턴 상원의원과 함께 여성단체로부터 '워싱턴을 이끌 2008년 8명의 여성 정치인'으로도 꼽혔다. 2004년 대선 때는 존 케리 후보의 러닝메이트로 거론되는 등 정치적 영향력도 막강하다.

당초 부시 행정부의 대테러 전략을 주도해 온 마이클 처토프 장관 유임설이 돌았으나, 오바마와 액셀로드 등이 도·감청 논란과 테러 용의자 고문수사 파문 같은 오점을 털어내기 위해 대테러 관련 부서 수장들을 경질키로 방향을 잡았다고 미 언론들은 보도했다.

중앙정보국(CIA) 국장은 현 마이크 헤이든(63) 국장 유임 가능성과 함께 새로운 인물 기용설도 나오고 있다. 이와 관련, 오바마는 중앙정보국 국장에는 2주 전 중앙정보국의 극비 프로그램에 대한 브리핑을

통해 호의적 평가를 받은 헤이든 현 국장의 유임을 진지하게 검토 중
이라는 언론보도가 잇따랐다.

경제위기 막을 재무장관에 가이스너
국가경제위원회 위원장에 서머스

티머시 가이스너

로런스 서머스

당면한 최대 현안인 경제위기 소방수 역할을
담당할 재무부 장관 후보에는 오바마가 수시로
조언을 구하고 있는 티머시 가이스너 뉴욕연방
준비은행 총재가 내정됐다.

가이스너는 경제위기를 수습할 사령탑으로
시장에 변화와 개혁의 메시지를 전달한다는 차
원에서 오바마 행정부의 첫 재무장관으로 적합
하다는 평가를 받아 왔다. 미국중앙은행에서
벤 버냉키 연방준비제도이사회 의장에 이은
2인자로, 7000억 달러에 이르는 구제금융계획
을 주도해 온 가이스너 총재는 현 재무장관인
헨리 폴슨을 도와 경제위기 대책을 이끌어 온
점이 기용 사유라고 NBC는 전했다.

클린턴 대통령 시절 재무장관을 지낸 로런스 서머스 전 재무장관도
오바마를 지지하면서 하버드대 경제학과 학장직을 끝내고 유세에 뛰
어들어 경제위기에 대한 조언을 오바마에게 해왔다는 점에서 적극 검

토됐으나, 현재 경제위기를 극복하는 것이 중요하다는 점 때문에 결국 가이스너가 장관직을 맡게 됐다.

오바마는 11월 24일 시카고 정권인수위 사무실에서 행정부의 재무장관에 내정된 티머시 가이스너 등이 참석한 가운데 기자회견을 갖고 차기 행정부의 경제팀 인선 결과를 발표했다.

오바마는 자신의 행정부에서 '신(新)뉴딜정책'을 총괄하는 대통령 직속 국가경제위원회(NEC) 위원장에는 로런스 서머스 전 재무장관을, 대통령 경제자문위원회(CEA) 의장에는 크리스티나 로머 UC 버클리대 경제학과 교수를 내정하고, 흑인 여성인 멜로디 반즈 전 미국진보센터(CAP) 정책 담당 부회장을 백악관 국내정책위원회 위원장에 지명했다.

재무장관을 맡게 된 가이스너는 지난 1997년 한국 등 아시아 외환위기 때 직접 한국을 찾아와 구제금융안에 서명을 받아 갔고, 멕시코 외채위기 해결에도 직접 관여하는 등 금융위기의 해결사로 진가를 발휘해 왔다. 한국 외환위기 때 국제통화기금의 구제금융과 선진 7개국의 100억 달러 지원 방안을 도출해 낸 주역이었던 그는 지난 10월 한국과 연방준비제도이사회(FRB)와의 300억 달러 통화스와프 협정 체결에도 결정적인 역할을 해 한국과의 인연이 주목을 받고 있다.

가이스너는 주택시장 거품붕괴와 더불어 서브프라임 모기지 부실 사태로 촉발된 미국발 금융위기가 심화하는 과정에서 2008년 3월 JP모건으로 하여금 파산 위기에 직면한 투자은행 베어스턴스를 인수하도록 중재 역할을 한 데 이어 9월 투자은행인 리먼 브라더스의 파산보호 신청과 보험사인 AIG의 구제를 주도하기도 했다.

뉴욕 브루클린 출신으로 오바마와 동갑내기인 가이스너는 태국 방콕 국제고등학교를 졸업했으며, 미 뉴햄프셔주 하노버에 있는 명문 사립인 다트머스대학에서 아시아학 학사학위를, 존스홉킨스대학에서 동아시아 경제학 석사학위를 받았다. 젊은 시절 중국과 일본, 인도, 태국 등지에서도 생활한 아시아통인 그는 일본어와 중국어에도 능통한 것으로 알려졌다. 1988년 재무부에 들어가 클린턴 행정부에서 초고속 승진을 거듭, 30대 후반에 국제담당 차관을 지낸 그는 40대 후반에 행정부 내 최고의 경제사령탑인 재무장관에 오르게 됐다.

국가경제위원회(NEC) 의장으로 내정된 로런스 서머스(53) 전 재무장관은 자신의 수제자격인 티머시 가이스너 재무장관 내정자와 함께 미국의 경제위기를 극복하고, 향후 큰 그림을 주도하는 역할을 맡게 됐다. 서머스는 2010년 벤 버냉키 연방준비제도이사회(FRB) 의장의 퇴임 후 후임으로 임명될 것으로 워싱턴 정가와 경제계는 전망하고 있다.

그는 재무부에서 차관, 부장관에 이어 장관을 지내고 하버드대학 총장을 지내는 등 화려한 경력을 갖고 있으며, 클린턴 정부에서 로버트 루빈에 이어 1999년부터 2001년까지 재무장관으로 재직할 때는 미국 경제의 최장기 호황을 이끌었다. 노벨경제학상 수상자인 폴 새뮤얼슨이 그의 삼촌이며, 역시 노벨경제학상을 탄 케네스 애로우는 그의 외삼촌으로, 세계적인 경제학자들이 배출된 집안에서 성장했으며, 그 역시 당대 최고의 경제학자 가운데 한 사람으로 꼽힌다. 하버드대학에서 마틴 펠드스타인에게서 수학했으며 28살에 최연소 하버드대 정교수가 될 정도로 재능이 뛰어나지만, 때로는 거만하고 독선적인 성향을 보인다는 점에서 팀워크에는 문제가 있다는 비판도 나온다.

그를 재무장관에 추천했던 루빈 전 장관과 함께 균형재정과 규제완화, 세계화를 기치로 한 자유무역을 신봉하는 입장이며 이 때문에 노조와 진보적 성향의 민주당 이념가들로부터 비판을 받았으며, 때로는 공화당의 경제정책과 가깝다는 평가를 받기도 했다. 하버드대 총장 재직 시절 "과학과 수학 분야에서 여성이 남성보다 못한 것은 사회적 요인 때문이 아니라 선천적인 차이 때문일 수 있다"는 성차별적 발언을 했다가 사과했고, 이후 숱한 구설수로 총장직에서 중도하차했다. 1991년 세계은행 근무 당시 아프리카의 일부 국가에 독성 쓰레기 저장소를 건립할 수 있음을 시사하는 메모에 서명한 사실이 알려져 곤욕을 치르기도 했다.

가이스너와 서머스가 경제정책을 주도하는 가운데 백악관 수석경제보좌관으로 기용될 제이슨 퍼먼(38), 백악관 예산국장으로 내정된 피터 오스자그(39) 현 의회 예산국장, 백악관 경제자문위원회 의장에 내정된 오스탄 굴스비(39) 시카고대학 경제학 교수 등도 이들과 힘을 합해 1930년대 대공황 이후 사상 최대의 위기 국면에 놓인 미국의 경제 개혁을 주도해 나갈 전망이다.

이들은 자유무역을 지지하고, 균형예산을 중시하며, 빈부격차를 줄이기 위한 세제 개혁을 지지하는 실용적 중도주의자들이라는 점에서 미국의 향후 통상정책이 우려했던 것처럼 극단적인 보호무역주의로 치닫지는 않을 것으로 전망되고 있다.

그러나 미국이 천문학적인 재정 및 무역적자라는 쌍둥이 적자에 시달리고 있는 데다 유례없는 금융위기를 맞고 있어, 대외 통상 측면에서 외국에 대한 각종 압력이 크게 증가할 전망이다.

한편 백악관 예산을 총지휘할 오스자그 의회 예산국장은 2007년

1월부터 의회 예산을 총괄하는 현직을 맡아 왔다. 그는 브루킹스연구
소에서 경제연구 부국장을 맡는 등 다양한 경험을 가진 경제학자로 꼽
히고 있다. 프린스턴대학 출신으로 런던정경대학에서 경제학 박사학
위를 받았으며, 클린턴 행정부 시절 대통령 경제정책 특별보좌관과 선
임고문 등을 맡아 의회와 백악관의 예산 흐름에 정통하다는 평가를 받
고 있다.

상무장관에 리처드슨
USTR 대표에 자유무역 지지자 커크

빌 리처드슨

론 커크

상무부 장관에는 유엔 대사와 에너지부 장관을
지낸 빌 리처드슨 뉴멕시코 주지사가 내정됐
다. 리처드슨 주지사는 국무장관 후보로도 거
론돼 온 유력 정치인으로 클린턴 정부 당시 여
섯 차례나 북한을 방문하는 등 미국 정계의 대
표적인 북한통이라는 점에서 외교안보 분야를
맡길 희망했으나 힐러리가 국무장관으로 내정
되면서 상무부 장관을 맡게 됐다. 리처드슨은
민주당 대선 후보 경선에 나섰다가 중도하차한
뒤 오바마 지지를 선언하고 히스패닉계를 결집
하는 데 큰 역할을 했다.
　　당초 시카고에서 활동해 온 여성 기업가이며

오바마 후보의 주요 정치자금 모금원 역할을 맡았던 페니 프리츠커가 상무장관에 유력했으나, 막판 인사 검증에 따른 부담으로 리처드슨으로 바뀌었다. 시카고 출신으로 오바마 캠프 선거자금 모금을 맡았던 프리츠커는 이에 따라 백악관 및 시카고 사단을 연결하는 다른 직책을 맡게 될 전망이다. 프리츠커는 하얏트호텔 체인 소유주인 프리츠커 가문 출신으로, 경제전문지 〈포브스〉가 선정한 '미국 400대 부자' 순위에서 135위(재산 28억 달러)에 올라 있다. 하버드대를 졸업하고 스탠퍼드대에서 MBA를 취득한 뒤 하얏트 체인 장기임대시설 사업을 맡아 왔다.

한편 오바마는 무역대표부(USTR) 대표에 당초 베세라 의원을 지명키로 했던 것과 달리 론 커크 전 댈러스 시장을 임명했다. 커크(54) USTR 대표 내정자는 흑인 최초로 댈러스 시장에 당선된 인물로, 북미자유무역협정(NAFTA)의 대표적 옹호자다.

한때 USTR 대표로 사실상 확정되다시피 했던 하비에르 베세라 하원의원은 본인의 고사로 의회에 남게 됐고, 역시 유력한 후보였던 대니얼 타룰로 조지타운대 교수는 연방준비제도이사회(FRB) 이사에 내정됐다. 베세라 의원은 미국이 체결한 자유무역협정(FTA)에서 미국 노동자들의 권익보호를 강력하게 주창해 왔다는 점에서 한미FTA 원안 비준에 걸림돌이 될 것이라는 관측이 제기된 반면, 커크 내정자는 자유무역을 적극적으로 옹호해 온 인물이라는 점에서 오바마 행정부와의 무역 마찰을 우려해 온 한국으로서는 다소 안도할 수 있게 됐다.

커크 내정자는 흑인 최초로 댈러스 시장에 당선된 후 댈러스를 북미자유무역협정의 수도로 만들겠다고 밝혔고, 재임 당시 미국과 멕시코 간 '북미자유무역 프리웨이' 건설을 주장하는 등 자유무역을 통한 경제 활성화를 주장해 왔다.

　이번 인선과 관련해 커크가 로버트 졸릭 전 USTR 대표만큼 국제적 지명도가 없으며 워싱턴 정가 인맥도 없어 격이 떨어지고, 민주당 소속 의원들에 대한 설득에도 한계가 예상된다는 비판도 있지만, 댈러스의 선출직 시장을 두 차례 지냈다는 점에서 미국 수출업체들의 권익단체인 전미무역비상위원회의 칼 코언 회장은 "의회 의원들은 선출직으로 공직 생활을 한 USTR 대표와 함께 일하는 데 편안함을 느낀다"고 말하는 등 호의적인 반응도 나오고 있다.

　오바마는 후보 시절 기회 있을 때마다 자동차 분야에서 한국과 미국 간 심각한 무역 역조 현상을 지적하면서 한미FTA 재협상이 필요하다고 주장해 왔으나, 차기 행정부의 각료 인선 과정에서는 커크 전 시장 등 자유무역을 주장하는 인물들을 대거 경제팀에 발탁해 오바마의 시각 변화 여부가 주목된다.

　오바마는 이들 각료 내정자들을 발표하면서 "경기회복에는 몇 개월이 아니라 몇 년이 걸릴 것이고, 상황이 호전되기 전에 더 나빠지겠지만 과감하고 신속하게 대응한다면 경제가 나아질 것"이라며 "고용창출과 금융시장의 안정 등을 위해 투입돼야 할 액수가 상당하지만 이 돈을 헛되게 쓰지 않고 책임성을 갖고 집행할 것"이라고 말했다.

월가 개혁 선봉장 SEC 위원장에
여성 변호사 샤피로

 오바마는 월가발 금융위기에 대응하고 주식시장에 대한 감독을 담당할 증권거래위원회(SEC) 위원장에 여성으로는 최초로 메리 샤피로(53) 금융서비스감독원(FSRA) 원장을 지명했다.

변호사 출신인 샤피로는 과거 SEC 위원으로 6년간 근무했으며, 클린턴 행정부 시절인 1994년 상품선물거래위원회(CFTC) 위원장을 지내기도 했다. 듀크에너지와 크래프트 식품의 이사회 멤버로 활동하고 있으며, 주식시장 자율규제기구인 금융서비스감독원(FSRA) 원장도 겸직하고 있다.

샤피로는 1929년 대공황 이후 주식시장을 감독하고 투자자들의 신뢰를 회복하기 위해 창설됐으나 최근 월가의 붕괴에 이어 버나드 메이도프 전 나스닥 위원장이 거액의 다단계 금융사기를 벌인 사실이 드러나면서 주식시장 감독 기능이 사실상 와해됐다는 비판을 받아 온 SEC 개혁을 담당하게 된다.

오바마는 그동안 미래의 또 다른 금융위기를 예방하기 위해 월가의 규제들을 대폭 개혁해야 한다고 주장해 왔으며, SEC 등 시장규제 기구들의 구조 개혁에 큰 관심을 보여 왔다.

오바마 행정부의 내무장관에는 히스패닉계인 켄 살라자르 상원의원(콜로라도주)이 임명됐다. 초선의 살라자르 의원은 에너지 자원과 공유지에 관한 전문가로 1990년부터 1994년까지 콜로라도주 자연자원부를 맡았다. 미 내무부는 자원과 환경에 대한 광범위한 감독권을 지니며 공유지의 석유 및 가스 채굴과 국립공원 등을 감시하는 기능을 맡고 있는 에너지 자원 환경 부처다.

그는 2004년 상원의원 선거에 당선, 플로리다주의 공화당 소속인 멜 마르티네스 상원의원과 함께 1977년 이후 히스패닉계로는 처음 상원의원이 됐다. 2007년 뉴저지의 밥 메넨데스 상원의원이 합류함으로써 상원의 '히스패닉 3총사'로 불린다. 살라자르는 콜로라도 알라모사 출신으로 12세기경 미국으로 옮겨온 스페인 조상의 5대손이다.

콜로라도대학에서 정치학을 전공한 뒤 미시간대 로스쿨을 다닌 살라자르는 상원의원이 되기 전에는 변호사를 거쳐 1998년부터 2004년까지 콜로라도주 검찰총장을 지냈다. 검찰총장 재직 시절 환경 범죄를 철저하게 단속했으며, 조직 범죄 등에도 철퇴를 가했고, 소비자 보호와 어린이 보호를 위한 다양한 활동으로 주목을 받았다.

주택도시개발장관에 도노번
경제위기의 근원 주택 거품 걷어낼까

오바마는 주택도시개발장관에 뉴욕시 주택보전·개발위원회 위원장으로 오는 2013년까지 중·저임금 가정을 위해 16만 5000채의 주택을 건립하는 마이클 블룸버그 뉴욕시장의 주택계획을 총괄 지휘해 온 숀 도노번(42)을 임명했다.

오바마는 주례 라디오 연설을 통해 도노번에 대한 인선 결과를 발표하면서 "그는 주택개발부를 이끌 충분한 경험을 갖췄다"며 "정부는 (주택 위기 극복을 위해) 재무부를 시작으로 연방예금보험공사(FDIC)에 이르기까지 합심하고 또 협력해야 한다. 이런 노력에 주택도시개발부만큼이나 중요한 곳은 없다"고 도노번의 향후 역할에 대한 기대감을 피력했다.

도노번과 함께 뉴욕시의 일을 해온 찰스 슈머(뉴욕·민주당) 상원의원은 "도노번은 뉴욕시 사상 가장 뛰어난 주택정책 책임자였다. 주택위기가 심각한 이 시점에서 정부의 주택정책을 이끌 최적임자"라며 위기에 놓인 미국의 주택 및 도시 정책을 잘 담당할 것으로 전망했다. 마이클 블룸버그 뉴욕시장도 "도노번은 기존의 공공 분야 주택에 대한 개념을 개인 및 비영리 주택 분야로 옮기면서 주택문제의 해법을 제시했다"고 극찬했고, 앤드류 쿠오모 뉴욕주 검찰총장 역시 "도노번은 공공 서비스 통합, 강한 지도력 기법에서 놀라운 기록을 보여줬고, 향후 오바마 행정부에서 주택 및 도시 문제를 진전시킬 최고의 선택이 될 것"이라고 찬사를 보냈다.

　도노번은 오바마 행정부 각료 중 최연소자로 클린턴 행정부 당시 주택도시개발부에서 부차관보로 재직했으며, 뉴욕과 이탈리아에서 건축가로 활동한 데 이어 학계 및 민간 부문에서도 주택 관련 연구와 업무를 수행하는 등 풍부한 경험을 갖췄다는 평가를 받고 있어 기대감이 높아지고 있다.

　뉴욕대와 모교인 하버드대에서 주택 관련 정책을 연구했으며, 의회에 설치됐던 '밀레니엄 주택위원회' 자문역을 맡았고, 2004년 마이클 블룸버그 뉴욕시장이 이끄는 뉴욕시 주택정책 담당 책임자로 임명되기 전에는 프루덴셜 모기지 캐피털사에서 일하는 등 학계·민간 건설 부문·행정부에서 주택 관련 업무와 연구를 수행해 온 전천후 리베로 장관이 될 것으로 전망된다.

　특히 도노번은 지난 대선 기간에는 현업을 떠나 오바마의 대선 캠프에서 자문역으로 활동, 오바마의 돈독한 신임을 받고 있다는 점에서 그의 행보가 주목받고 있다. 특히 오바마가 대선 승리에 기여한 반대급부로 주택도시개발장관을 히스패닉계 몫으로 해야 한다는 히스패닉계의 압력에도 불구하고 도노번을 차기 행정부의 주택정책 책임자 자리에 임명했다는 점에서 오바마의 신임을 등에 업은 그의 추진력이 미국 경제위기의 진원지로 꼽히는 주택위기를 해결해 낼지 관심이 모아지고 있다.

에너지장관에 노벨상 수상자 스티븐 추
대체에너지 시대 열까

오바마가 에너지장관으로 내정한 1997년 노벨 물리학상 수상자인 스티븐 추(60) 로런스버클리국립연구소(LBNL) 소장은 '대체에너지와 재생에너지 연구, 특히 탄소 제로 에너지 개발의 세계적인 리더'로 불린다. 대체 및 재생 에너지 연구에 골몰해 온 추 소장은 그동안 대체에너지 연구를 강조해 온 오바마와 에너지 분야에서 코드를 잘 맞출 대표적 인물로 꼽히고 있다. 그는 라스베이거스 인근 유카산에 핵폐기물처리장을 건설하는 것에 반대하는 등 대부분의 에너지 및 환경 정책에서 오바마와 비슷한 입장을 갖고 있다.

추 내정자는 에너지부 고유의 업무인 핵에너지 및 핵무기 개발 등을 관장하게 되며, 동시에 에너지 차르(energy czar)와 함께 미국의 대체에너지와 재생에너지 연구 증대와 관련한 실무 및 저탄소 에너지 자원 개발 업무를 담당하게 된다. 노벨상 수상자가 장관에 처음 기용되는 파격적인 인사라는 점에 미국 언론들은 국제적 명성을 가진 추 소장이 정치현장에서 미국이 당면한 에너지와 환경 문제를 잘 풀어낼 수 있을지 주목하고 있다.

추 소장은 LBNL이 바이오 에너지, 인공광합성, 태양에너지 중심으로 연구 주제를 바꾸도록 하는 등 대체에너지와 신에너지 개발정책을 주도해 온 과학자로서, 그동안 온실가스 배출 문제에 있어 단호한 대책을 촉구해 왔다. 그는 지난 6월 워싱턴에서 한 강연에서 "1000달러 (약 140만 원)만 더 쓰면 에너지를 효율적으로 쓰는 집을 지을 수 있다. 하지만 미국인들은 그럴 돈이 있으면 대리석 싱크대를 만들고 싶어한 다"고 미국인들의 성향을 비판하며, 대체 및 재생 에너지 개발에 힘을 기울여 왔다.

중국계인 추 소장은 로체스터대학과 버클리대학을 졸업한 뒤 1978년 벨연구소를 거쳐 1987년 스탠퍼드대 물리학과로 옮겨 학과장을 지냈 다. 벨연구소에서 동료들과 원자냉각법을 개발, 그 공로를 인정받아 1997년 노벨물리학상 공동수상의 영예를 안았다.

이후 기후변화와 에너지 문제에 관심을 갖게 되면서 2004년 LBNL로 이직, 연간 예산이 6억 5000만 달러(약 8700억 원)에 이르는 거대 연구소 인 에너지부 산하의 LBNL을 잘 이끄는 리더십을 발휘해 왔다는 평가 를 받고 있다. 오바마와 직접적인 인연이 전혀 없고, 워싱턴 정가와도 거리가 먼 비정치적 성향의 인물인 추 소장은 에너지부 핵심 업무인 핵무기 문제에 대해서도 경험이 거의 없다는 점에서 향후 행보에 대한 우려의 목소리도 없지 않다. 그는 2007년 경원대 가천 바이오 나노연 구원의 명예원장 겸 명예교수로 위촉되면서 한국과 인연을 맺었다.

한편 오바마는 에너지 정책을 대통령에게 보고하는 총괄책임자격 으로 백악관에 신설되는 '에너지 차르' 에는 캐럴 브라우너(53) 전 EPA 청장을, 환경보호청(EPA) 청장에는 뉴저지 주 환경보호청 위원인 리사 잭슨을, 백악관 산하 환경의 질 개선위원회(CEQ) 위원장에는 낸시 서 틀리 로스앤젤레스 부시장을 선임했다.

이 같은 에너지 분야 관료들의 인선은 미국의 에너지 · 환경 정책이 녹색 친환경으로 대전환될 것임을 예고한 것으로, 오바마는 앞서 일자리 250만 개 창출을 약속하는 신뉴딜정책을 발표하면서 친환경 대체에너지 분야에서 새로운 일자리를 창출하겠다고 밝혔다.

백악관에 신설되는 오바마의 친환경 에너지 정책의 차르로 내정된 브라우너 전 청장은 클린턴 행정부에서 EPA 청장을 8년간 역임하는 최장수 기록을 세웠으며, 글로벌 환경전략 회사인 얼브라이트 그룹 수장으로 일해 왔다.

〈월스트리트저널〉은 브라우너가 오바마 환경 에너지 팀의 핵심 보직인 백악관의 에너지 차르가 되면 환경과 기후변화, 친환경 에너지 정책 전반을 관장할 것으로 보고 있다. 브라우너 내정자는 또 평소 저탄소 대기 환경 보호에 적극적인 입장을 보여 왔고 부시 행정부가 거부했던 주정부의 자치 청정공기 규제 법안을 옹호하는 입장이어서, 앞으로 대규모 친환경 에너지 규제 강화가 예상된다고 이 신문은 전했다.

한편 리사 잭슨 EPA 청장 내정자는 클린턴 정부에서 브라우너의 부하 직원으로 일했기 때문에 두 사람의 호흡이 잘 맞을 것으로 보인다.

환경의 질 개선위원회(CEQ) 위원장에 내정된 낸시 서틀리 로스앤젤레스 에너지·환경 담당 부시장은 캘리포니아 지역 수질개선 분야의 전문가로 꼽힌다. 경선에서 힐러리를 위해 뛰었고 동성연애자로 알려진 서틀리 부시장의 기용은 중국계 동양인으로는 처음 장관에 기용되는 스티븐 추 소장의 내정과 함께 오바마 인선의 초당파적 색깔을 잘 보여준다는 평가를 받고 있다. 미국 언론들은 오바마가 동성애자인 서틀리를 백악관 요직에 기용한 것과 관련해 당파와 인종, 성별은 물론 성적인 성향까지 넘어서는 폭넓은 인재등용 원칙을 보여준 것으로 평가했다.

오바마는 학력격차 축소와 경쟁력 확보를 목표로 하는 오바마 행정부의 교육개혁을 담당할 교육부 장관에 아니 덩컨(44) 시카고 교육감을 임명하며 강한 개혁 의지를 표명했다.

오바마는 12월 18일 덩컨을 교육부 장관으로 지명하면서 "일자리와 성장으로 가는 길은 교실에서 시작된다. (미국의) 고등학교 중퇴율이 다른 선진국에 비해 월등히 높은데, 이는 도덕적으로 받아들일 수 없고 경제적으로도 지지할 수 없는 일"이라고 덩컨의 향후 개혁 행보에 기대감을 보였다.

오바마의 하버드대 동문이자 20년 지기 농구 파트너인 덩컨은 대선 기간 오바마의 교육 공약의 밑그림을 그렸다. 그는 다양한 인센티브 제시를 통한 양질의 교사 양성, 미취학 아동의 조기교육 확대, 대학 등록금 세액공제 지원, 공교육 투자 확대 등을 제안했으며, 부시 행정부의 '낙오학생 방지법'(학교가 일정 기준에 미달하면 제재를 받는 법)에 대해서는 학력격차 축소라는 기본 취지에는 공감하지만 학생들을 획일화된 시험에 가둘 수 있다며 비판적 태도를 보여 왔다.

특히 덩컨이 2001년 시카고 교육감을 맡은 뒤, 학업성취도가 떨어지는 학교의 문을 닫고, 교사들에게 성과에 기반해 차등 급여를 주는 등 개혁을 이끌어 긍정적 평가를 받았다는 점에서 오바마는 덩컨이 자신의 실용주의 개혁 노선을 이뤄줄 것으로 기대하고 있다.

오바마는 덩컨에 대해 "차터스쿨(자율형 공립학교)을 둘러싼 논쟁이 한창일 때, 그는 과감하게 우수한 차터스쿨 설립을 지지했다. 반대하는 목소리가 있어도, 무능한 교사를 퇴출시키고 유능한 교사로 대체하는 과정을 원만히 이끌었다"고 말했다. 〈뉴욕타임스〉는 "덩컨은 학업 성취도를 높이기 위해 교사와 학교에 책임을 지워야 한다는 쪽과 학력 격차 해소를 위해 학교 바깥의 다양한 사회적 지원이 병행돼야 한다는 쪽의 논쟁에서, 양쪽의 매니페스토에 모두 서명한 유일한 대도시 교육감"이라고 덩컨의 개혁에 기대감을 보였다.

노동장관에 히스패닉계의 '친노동' 솔리스

오바마 행정부의 노동장관에는 힐다 솔리스 하원의원이 임명됐다. 솔리스(51) 노동장관 내정자는 히스패닉계 여성으로 로스앤젤레스의 히스패닉 주민 밀집 지역에서 다섯 차례 연방 하원의원에 당선됐다.

니카라과와 멕시코계 이민노동자 가정 출신으로 민주당 내 가장 진보적인 의원 중 한 명으로 꼽히며, 노동권 보장을 위한 입법 활동을 주도해 왔다. 오바마도 상원에서 공동발의자로 참여했던 노동조합 결성권 강화 입법인 '노동자자유선택법'의 하원 발의자로서, 친노동계 성향이면서 자유무역에는 비판적인 입장을 취해 왔기 때문에 미국 최대 노동조합인 산별노조총연맹(AFL-CIO)은 솔리스의 노동장관 내정을 크게 반기고 있다.

솔리스의 입각으로 오바마 내각에는 빌 리처드슨 상무장관 내정자, 켄 살라자르 내무장관 내정자까지 합쳐 모두 세 명의 히스패닉계 인사들이 기용됐다. 캘리포니아 주립 폴리테크닉대학과 서든캘리포니아대학을 졸업했으며, 워싱턴의 연방기관 두 곳에서 일한 뒤 정치에 입문했다. 환경문제에 대해 깊은 관심을 가져왔고, 환경과 노동문제에 대한 헌신적 활동으로 2000년에는 존 F. 케네디 커리지 어워드를 수상했다. 일레인 차오 노동장관은 〈AP〉와의 인터뷰에서 "솔리스는 노동조합원을 위해 그들의 권리를 보호하는 데 앞장설 것"이라고 전망했다.

농무장관 오른 경선 라이벌 빌색
미국 농업 책임진다

민주당 후보 경선에 나섰던 톰 빌색(58) 전 아이오와 주지사가 오바마 행정부의 첫 농무장관을 맡게 됐다. 오바마는 12월 18일 기자회견을 갖고 아이오와 주지사로 활동하면서 친환경 대체에너지인 에탄올 개발에 앞장서 온 빌색을 농무부 장관에 기용했다고 밝혔다.

빌색은 고아 출신으로 아이오와 주지사를 연임하는 등 '아메리칸 드림'의 상징으로 여겨지는 입지전적 인물. 그는 민주당 대선후보 경선에 나섰다가 중도하차한 뒤 힐러리 클린턴 상원의원을 지지하면서 반오바마 행보를 보였다는 점에서 오바마의 링컨식 탕평인사 중 하나로 꼽힌다. 정치성향은 중도이며, 이라크전에는 반대하지만 즉각적이고 완전한 미군 철군에는 유보적 입장을 취해 왔다.

펜실베이니아주 피츠버그 태생인 빌색은 출산 직후 가톨릭 고아원에 버려졌으며, 몇 개월 뒤 부동산 중개와 보험 판매업을 했던 버드 빌색의 집에 입양됐다. 그러나 양어머니 돌리가 심한 알코올중독자여서, 빌색은 어린 시절 힘겨운 나날을 견뎌내야 했다. 빌색은 가톨릭 신앙의 힘에 의지해 자신을 잘 다스리면서 뉴욕 해밀턴대를 졸업한 뒤 알바니 로스쿨을 마쳤다. 로스쿨 재학 당시 아내 크리스티 벨을 만나 결혼한 뒤 아내의 고향인 아이오와주 마운트 플레전트에서 장인과 함께 변호사를 했다.

1987년 마운트 플레전트 시장에 출마, 당선되어 정계에 입문한 그는 1992년 아이오와주 상원의원에 당선된 데 이어, 1998년 민주당 출신으로는 30년 만에 아이오와 주지사에 당선되면서 유명세를 타기 시작했다. 2002년 아이오와 주지사에 재선된 빌색은 2004년 대선 당시 민주당 존 케리 후보의 유력한 러닝메이트로 물망에 올랐으나, 전국적 지명도가 높았던 존 에드워즈 전 상원의원에게 자리를 넘겨줘야 했다.

주지사 임기를 마친 뒤 2008년 대선의 민주당 후보 경선 도전을 선언하고 인터넷 선거운동 등에 적극 나서면서 화제를 모았으나, 자금력 부족이라는 현실정치의 높은 벽을 뛰어넘지 못하고 경선 레이스에서 조기 낙마했다. 그는 경선 당시 출사표를 던지면서 '나는 항상 '언더독'이었다. 그러나 나는 열심히 일하는 보통 사람들의 이야기에 감화

를 받았으며, 역경을 이겨내고 승리해 왔다"며 대선 승리에 대해 강한
의지를 보이기도 했다.

보훈장관에 일본계 신세키
다국적 행정부의 성패는?

오바마는 12월 6일 차기 보훈부 장관에 일본계
인 에릭 신세키(66) 전 육군참모총장을 내정했
다. 오바마는 이날 NBC와의 인터뷰에서 "신세
키 육군대장은 미국으로 귀환하는 미군이 존중
받을 수 있도록 할 적임자라고 생각한다"며
"도널드 럼스펠드 당시 국방장관의 계획보다
더 많은 군대가 필요하다고 주장했던 신세키 전 참모총장의 생각이 옳
았다"고 신세키 중용 방침을 강조했다.

아시아계 첫 4성 장군 출신인 신세키 전 참모총장은 지난 2003년 이
라크 침략 전쟁에 동원될 군사 인력 규모 문제를 놓고 부시 정부와 충
돌을 빚어 해임됐다. 베트남전에서 지뢰를 밟아 발을 다친 그는 이라
크 전쟁 직전 상원 청문회에 출석해 이라크전 종전 후 안정을 위해서
는 수십만 명의 병력이 필요할 것이라고 증언, 15만 명이면 충분하다
는 럼스펠드 당시 국방장관과 마찰을 빚은 끝에 임기를 채우지 못하고
해임됐던 것.

당시 신세키는 퇴임사에서 "우리는 10개 사단 병력을 갖고 12개 사

단을 필요로 하는 전략을 짜고 있음을 알아야 한다. 이는 우리 전력이 지탱할 수 있는 임무량을 초과하는 것"이라고 경고했고, 이 같은 주장은 부시 대통령이 2007년 초 이라크에 대한 미군 병력 증파를 결정하면서 뒤늦게 옳은 판단이었음이 입증됐다.

신세키과 럼스펠드의 갈등은 미 육군의 효율성을 제고하기 위해 추진했던 크루세이더 자주포 사업에서도 나타났다. 럼스펠드는 이 사업이 냉전 시대에는 효과적일지는 모르지만 기동성과 정밀성이 요구되는 21세기 육군에는 맞지 않는다며 반대 입장을 보이면서 신세키와 대립했다.

신세키 전 참모총장은 하와이에서 태어난 일본계 미국인이어서, 일본의 진주만 공격 67년을 기념해 이뤄진 이날 발표는 역사적으로 각별한 의미를 띠는 한편 오바마 내각의 인종적 다양성에 더 큰 의미를 갖고 있다는 평가를 받았다. 신세키 전 총장이 만일 상원의 인준 청문회를 통과하면 아시아계로는 처음으로 보훈장관직을 맡게 되며, 일본계인 노먼 미네타 전 교통장관(2001~2006), 중국계인 일레인 차오 노동장관(현직)에 이어 아시아 출신으로는 역대 세 번째 각료에 취임하게 된다. 신세키는 1965년 미 육군사관학교를 졸업했고, 듀크대에서 영문학 석사학위를 받았으며 1999년 6월 아시아계로는 처음으로 육군참모총장에 취임했다.

신세키의 기용에 대해 미국 언론들은 군의 각종 현안을 놓고 럼스펠드 전 국방장관과 시종 갈등을 빚었던 사실을 들어 "럼스펠드에 대한 복수"라는 표현으로 부시 행정부의 군사정책에 종언을 고하게 될 신세키의 복귀 의미를 진단했다.

국가안보회의 보좌관에
제임스 존스 전 나토 사령관

오바마는 중도파로 역시 경험이 풍부한 제임스 존스 전 나토(북대서양조약기구) 사령관을 백악관 국가안보회의(NSC) 보좌관으로 사실상 내정, 초당적 국가안보정책을 펴겠다는 의중을 내보였다.

존스 전 사령관은 해병대를 중심으로 미국과 유럽 지역에서 해온 40년 동안의 복무를 마친 후 2007년 1월 퇴역했다. 그는 이후 이라크 경찰과 군 병력의 테러 대응력을 조사하는 임무를 맡은 '이라크 보안군에 관한 의회독립위원회' 의장을 맡아 왔다. 또 2007년 11월에는 국무장관의 중동 안보 특사를 맡았으며, 2008년 11월 현재 미국 애틀랜틱카운실 의장을 맡고 있다.

한편 국가정보국(DIA) 국장에는 34년간 해군에 복무했던 데니스 블레어(61) 전 태평양함대 사령관이 내정됐다. 미국 내 16개 정보기관들의 정보 수집과 분석을 총괄하는 DNI 국장에 내정된 블레어는 중앙정보국 차장을 역임했다. 블레어는 2002년 4성 장군으로 전역할 때까지 정보기관에 근무해 온 대표적인 정보통으로, CIA 차장 시절 군부를 담당했고, 2007년까지 미국 정부를 위해 국방 문제를 연구하는 비영리단체인 국방분석연구소 소장직을 맡았다.

교통장관에 공화당계 라후드
초당파 내각 인선

 레이 라후드(63) 교통장관 내정자는 공화당 소속으로 14년간 하원의원으로 활동하면서 당파적 색채가 엷은 인물로 분류돼 왔다. 공화당계 인사로는 유임하게 된 로버트 게이츠 국방장관에 이어 오바마 행정부에 입각하는 두 번째 장관이 됐다. 라후드의 아들 샘이 공화당의 대선 후보였던 매케인 상원의원의 대선캠프에서 활약하는 등 공화당 소속임에도 일리노이주 출신인 오바마가 그를 잘 알고 있었다는 점에서 초당파 내각 인선의 대상이 됐다. 라후드 교통장관 내정자는 오바마의 지명을 받은 뒤 "미국의 교통시스템을 21세기 국가에 맞게 뜯어고칠 필요가 있다"고 말했다.

지난 1995년부터 일리노이주 18선거구의 하원의원인 라후드는 아랍계이며, 오바마처럼 토론에 능해 C-SPAN의 토론 프로그램을 진행한 탓에 미국인들에게 매우 친숙하다. 특히 클린턴 대통령의 탄핵안 투표 당시 사회를 맡았다.

일리노이주 브래들리대학을 졸업한 뒤 고교 교사, 지역청소년서비스국 국장, 의원 보좌관 등을 거쳐 정치에 입문했다. 링컨 대통령을 최고의 정치인으로 꼽는 그는 2009년 링컨 탄생 200주년을 기념하기 위한 '에이브러햄 링컨 탄생 200주년 위원회'를 설립하도록 하는 법안을 제정하기도 했다.

과학기술보좌관에 홀드런
CAST 의장에 바머스

오바마는 물리학자인 존 P. 홀드런 하버드대학 교수를 과학기술보좌관으로 임명하는 등 4명의 과학기술팀을 발표했다. 오바마는 12월 20일 주례 라디오 연설을 통해 이제 과학을 핵심 의제로 둘 시기라며 홀드런과 함께 국립해양대기청(NOAA) 청장에 제인 루브첸코 오리건주립대학 교수를 지명했다.

홀드런 교수는 기후변화의 원인과 결과에 대한 연구에 집중해 왔으며, 지속 가능한 개발 정책에 중점을 둘 것을 주장해 왔다. 또한 그는 핵무기에 대해서도 광범위한 연구를 진행해 왔다.

루브첸코 교수는 환경과 해양 생태 과학자로 인간과 환경, 생물학적 다양성, 기후변화, 지속 가능한 과학, 해양생물 생태계 보존, 바다와 지구 등을 주제로 연구를 하면서 환경보호의 중요성을 강조해 왔다.

기후변화 문제와 관련해 정부의 강력한 대응을 촉구해 온 두 사람의 지명으로, 지구 온난화 문제에 미온적이었던 부시 행정부와는 차별화가 예상된다. 이와 관련 〈NPR〉은 오바마 행정부는 부시 행정부와 다르게 기후변화 정책에 대한 반성과 함께 국제사회와 함께 적극적인 대처에 나설 것이며, 그 역할을 스티븐 추 에너지장관과 홀드런 보좌관이 함께 맡게 될 것으로 전망했다.

오바마는 또 대통령의 과학기술자문가협의회(CAST) 공동의장에 홀드런을 포함해 노벨상 수상자인 해럴드 바머스 전 국립보건원(NIH) 원장, 인간 게놈 연구 전문가인 에릭 랜더 MIT 교수 등 3명을 지명했다.

바머스는 에너지장관에 내정된 스티븐 추에 이어 오바마 팀에 합류한
두 번째 노벨상 수상자가 됐다.

대통령 특보 겸 백악관 의전비서관에
흑인 여성 로저스

오바마는 11월 24일 경제팀 인선과 함께 사상
처음으로 대통령 특보 겸 백악관 의전비서관에
흑인 여성인 데지레 로저스를 내정했다.

시카고 출신의 여성 금융사업가인 로저스는
전 남편인 존 로저스와 함께 오바마의 기금 및
각종 정치자금 모집책으로 활동하는 등 오바마
와 가까운 사이다. 또한 백악관 선임고문에 내정된 시카고 사단의 핵
심 인물인 밸러리 재럿과 절친해 11월 14일 시카고의 골드코스트에 있
는 고층 콘도미니엄에서 재럿의 생일 파티를 열어 주기도 했다. 이 자
리에는 오바마 부부도 참석했다. 로저스는 본격적인 대선 경선이 시작
된 2008년 1월 오바마를 위해 입장료 1000달러짜리 '웰컴 홈' 저녁 파
티를 열어 주면서 중용될 것이라는 평가가 나왔었다.

전 남편인 에어리얼인베스트먼트 설립자 존 로저스는 오바마 캠프
선거자금의 핵심 모집책의 역할을 맡은 데다 월가 금융시장에 대해 다
양한 조언을 해왔으며, 향후에도 막후 참모로서 중요한 역할을 할 것이
라는 점에서 데지레와 존 로저스의 향후 행보에 관심이 쏠릴 전망이다.

오바마 지지 선언
케리, 파월, 캐롤라인 행보 주목

존 케리 상원의원

콜린 파월 전 국무장관

캐롤라인 케네디

2004년 민주당 대통령 후보로 나섰던 존 케리 상원의원(매사추세츠주)의 행보도 주목 대상이다. 자신의 전문 분야인 외교안보를 담당하겠다며 국무장관을 노려 온 케리는 여러 경로를 통해 오바마에게 국무장관을 맡게 해달라는 요청을 했으나, 결국 초당파적 협력을 목표로 한 오바마의 큰 그림으로 인해 국무장관직을 힐러리에게 넘겨주고 말았다.

2008년 상원의원 선거에서 5선에 성공한 존 케리 상원의원은 이에 따라 행정부 입각을 포기하고, 조지프 바이든 차기 부통령의 후임으로 외교관계위원장을 맡아 향후 의회의 외교정책을 진두지휘하게 된다. 외교안보정책의 경우 의회가 행정부 못지않은 영향력을 갖고 있어 향후 행정부의 외교안보정책을 조율할 바이든 부통령과 함께 케리 상원 외교관계위원장의 행보에 따라 미국의 대외정책이 좌우될 전망이다.

〈보스턴글로브〉는 케리의 외교관계위원장 역할에 기대감을 나타내고, 오바마 차기 정부의 외교정책에 상당한 영향을 미칠 것으로 예상된다고 전망했다. 그는 2004년 민주당 대통령 후보로 나서 당시 조지 W. 부시 공화당 후보와 대결해 패한 뒤 의회에서 부시 행정부의 외교안보정책을 강도 높게 비판해 왔다.

조지 부시 대통령 아래서 국무장관을 지낸 4성 장군 출신의 흑인 정치인 콜린 파월은 행정부에 직접 입각하지 않고 각종 특사 등을 맡아 오바마의 대외정책을 돕는 역할을 맡게 될 전망이다. 오바마는 그동안에도 파월과 외교·군사 문제에 대해 자주 협의를 한 것으로 알려졌다. 그는 흑인으로서 합리적인 성품과 군과 외교에 대한 다양한 경험과 비전을 가진 파월을 크게 존경하고 있는 것으로 알려졌다.

파월은 선거를 불과 보름 앞둔 10월 19일 NBC방송의 〈언론과의 만남(Meet the Press)〉에 출연해 오바마가 대통령으로서 기준에 부합한다며 지지를 선언했다. 존 매케인 공화당 대통령후보의 유력한 러닝메이트로 거론됐던 파월은 "오바마 후보가 전환기에 적합한 대통령이 될 것이며, 이런 이유로 오바마를 지지한다"고 선언했다. 그는 "매케인과 오바마 모두 국가 최고통수권자가 될 자질을 갖췄으나 직면한 미국의 경제위기를 해결하고 세계에서 미국의 지위를 개선하는 데는 오바마가 더 적합한 인물"이라고 평가했다.

그는 "새라 페일린 공화당 부통령 후보가 위기시에 대통령직을 수행할 준비가 되어 있다고 생각하지 않으며, 매케인이 페일린을 러닝메이트로 삼은 것에 실망했다"고 밝히며 오바마에게 높은 점수를 줬다. 그는 자신의 오바마 지지 선언을 인종적 선입관으로 바라보는 시각을 의식해 "흑백 혼혈인 오바마 후보가 11월 4일 대선에서 당선된다면 흑인뿐 아니라 모든 미국인이 자부심을 느낄 수 있을 것"이라고 덧붙였다.

조지 W. 부시 대통령 행정부에서 초대 국무장관을 지냈고, 아버지 부시 대통령 집권 때는 흑인 최초의 합참의장으로 걸프전을 지휘했으며, 레이건 정부 때는 국가안보담당 보좌관을 지낸 풍부한 경험이 있다는 점에서 전격적인 국무장관 기용에 대한 전망이 나오기도 했으나, 오바마 캠프에서는 이미 고희를 넘은 고령의 파월이 민주당 내각에 합류하기보다는 해외 특사로 미국의 대외관계를 강화하는 다양한 활동을 할 수 있을 것으로 보고 있다.

오바마를 적극 지원한 케네디 가문의 일원이자 존 F. 케네디 전 대통령의 딸인 캐롤라인 케네디도 주목 대상이다. 민주당의 양대 세력인 클린턴 가문과 일정한 대립각을 세워 온 케네디 가문의 대표 주자로, 경선 초기부터 오바마를 적극 지원해 온 캐롤라인은 바티칸 또는 영국 주재 대사로 기용될 가능성이 점쳐졌으나, 힐러리의 국무장관 입각으로 공석이 된 뉴욕주 상원의원의 유력 후보로 거론되고 있다.

선거 승리를 위해 열심히 뛴 인물에 대해 공로 인사를 해야 한다는 분위기가 팽배하면서 가장 많은 공을 세운 것으로 인정받는 캐롤라인의 뉴욕주 상원의원 승계를 위해 케네디 가문의 대표 주자인 에드워드 케네디 상원의원 등이 총출동해 캐롤라인을 상원의원으로 만들기 위해 총력전을 펴고 있다.

캐롤라인은 오바마 캠프측의 의뢰로 부통령 후보 선정 작업을 맡았으며, 케네디 가문과 오바마를 연결시킨 주역으로 평가받고 있다.

캐롤라인은 당초 과거 영국 대사였던 조부가 "영국의 민주주의는 끝났다"는 정치적으로 부적절한 발언을 했다가 철수당했던 가족사적 아픔이 있다는 점에서 영국 대사로 나가 가문의 명예를 회복하고 싶다는 소망을 갖고 있었으나, 현재는 뉴욕주 상원의원직에 더 큰 포부를 보이고 있는 것으로 알려졌다.

〈뉴리퍼블릭〉이 선정한 '오바마 시대 30인' 면면 관심

미국의 보수 정치 잡지인 〈뉴리퍼블릭〉은 오바마의 내각과 백악관의 진용이 속속 확정되는 가운데 오바마의 시대를 만들어 나가는 데 영향력을 미칠 인물 30인을 선정, '오-리스트(O-list)'를 발표했다.

오바마 시대를 이끌어 나갈 가장 막강한 영향력을 가진 인물로는 백악관의 선임고문에 낙점된 데이비드 액셀로드 선거 캠프 수석 선거전략가가 꼽혔다. 부시 정부에서 부시의 선거 참모 칼 로브 전 백악관 실장처럼 대통령의 모든 일에 막강한 영향력을 미치게 될 액셀로드는 특히 오바마의 재선이 걸린 오는 2012년 대선에 꼭 필요한 인물이 될 것으로 분석했다.

2위는 백악관 비서실장에 내정된 램 이매뉴얼 하원의원. 그는 무자비하고 야비하다는 평가가 나올 정도로 충성심이 강하고 조직 단속력이 뛰어나다는 점에서 백악관 전반을 제대로 조율할 것으로 〈뉴리퍼블릭〉은 내다봤다.

3위는 역시 백악관 고문에 낙점된 오바마의 시카고 사단의 대표격인 밸러리 재럿. 밸러리는 시카고 인맥을 대표해 워싱턴 정치의 기존 관행 및 부시 행정부의 나쁜 유산과 싸우게 될 오바마를 최측근에서

도울 전망이다.

4위는 낸시 펠로시 하원의장. 힐러리와 달리 본인의 정치적 야망이나 야심보다는 진보 정치에 대한 강한 신념을 갖고 있고 막후 협상력이 뛰어나다는 점에서 상원과 하원을 장악한 민주당을 적극 독려해 오바마 대통령을 도울 것으로 평가됐다.

5위에 오른 톰 대슐 전 민주당 상원 원내대표는 본인의 희망에도 불구하고 백악관 비서실장 자리를 차지하지 못했으나, 보건후생장관을 맡아 오바마 행정부에서 막강한 영향력을 행사할 전망이다.

6위는 래리 서머스 전 재무장관. 하버드대 총장 시절 여성 수학 능력 비하 발언과 현 경제위기 상황에 대한 우려로 재무장관이 되지는 못했지만, 2010년 임기가 끝나는 벤 버냉키 연방준비제도이사회 의장 후임을 맡게 될 가능성이 크다.

7위는 데이비드 퍼트레이어스 미 중부군 사령관. 이라크 철군과 아프가니스탄 병력 증파로 이 지역 분쟁을 해결하고 싶은 오바마 대통령에게 중부군을 총괄하는 페트레이어스의 역할은 중요하다고 이 잡지는 분석했다.

8위는 조 바이든 부통령. 외교안보 분야의 미국 내 최고 전문가로 꼽히는 바이든 부통령은 딕 체니 부통령처럼 무소불위의 막강한 영향력을 행사하기보다는 국제사회의 협력 증진을 통해 미국의 위상을 높이고 각 지역의 분쟁을 종결하는 데 역량을 발휘할 전망이다. 대북 문제에 대해서도 햇볕정책의 열렬한 지지자였다는 점에서 그의 발언과 행보에 관심이 쏠릴 전망이다.

9위는 차기 백악관 대변인을 맡은 로버트 깁스 오바마 캠프 대변인,

10위에는 액셀로드와 함께 오바마 선거운동을 총괄했던 데이비드 플루프가 선정됐다.

11위에는 인수위 공동의장인 존 포데스타 미국진보센터 소장, 12위에는 제임스 스타인버그 전 NSC 부보좌관, 13위에는 백악관 고문을 맡게 된 피트 라우즈 오바마 후보 비서실장, 14위에는 오바마의 경제 책사인 제이슨 퍼먼, 15위에는 오스탄 굴스비 시카고대학 경제학 교수가 선정됐다.

16위에는 오바마와 친분 관계가 두터운 딕 더빈 일리노이주 상원의원, 17위에는 상원 외교관계위원장을 맡게 될 존 케리 매사추세츠주 상원의원, 18위에는 사상 첫 흑인 법무장관을 맡게 된 에릭 홀더, 19위에는 앤디 스턴 서비스노조국제연맹 위원장, 20위에는 국무장관을 맡게 된 힐러리 클린턴 뉴욕주 상원의원이 꼽혔다.

21위에는 재무장관을 맡게 된 티머시 가이스너 뉴욕 연방준비은행 총재, 22위에는 노벨평화상 수상자인 앨 고어 전 부통령, 23위에는 백악관 법률고문을 맡게 된 그레고리 크레이그 전 국무부 정책기획실장, 24위에는 오바마 대통령과 국제적인 코드가 잘 맞을 것으로 전망되는 니콜라 사르코지 프랑스 대통령, 25위에는 오바마의 자금정책통인 카산드라 버츠 미국진보센터 부소장, 26위에는 줄리어스 제나코프스키 오바마 캠프 자문역, 27위에는 조엘 베넨슨 오바마 캠프 여론조사담당, 28위에는 백악관 안보보좌관 기용이 유력한 수전 라이스 전 국무부 차관보, 29위에는 페니 프리츠커 하얏트 클래식 레지던스 최고경영자, 30위에는 필 그리핀 MSNBC 사장이 꼽혔다.

오바마, 국정 전반에서
국민 참여와 투명성 높이기 나서

오바마는 외부 단체와 공개회의에서 나온 모든 정책 자료를 공개해 인수팀 관계자들과 마찬가지로 주요 정책을 검토하고 의견을 개진하도록 함으로써 과거 정권인수 때와는 다르게 국민 참여와 투명성을 높여나가겠다고 발표했다.

존 포데스타 오바마 정권인수팀장은 외부 단체와 공개모임에서 나온 모든 정책 자료를 정권인수팀 공식홈페이지(www.change.gov)에 올려 검토하고 토론할 수 있도록 하겠다며, "이번 조치는 정권인수팀이 자료를 검토하는 같은 시간에 중요한 이슈와 구상에 대해 자리를 함께 하면서 적극적으로 대화할 수 있도록 일반 국민을 초대하는 것"이라고 설명했다.

그는 과거 정권인수 과정에서는 이러한 회의를 비공개로 해 국민 의사 반영 및 투명성이 낮았지만 이번에는 자료 공개와 적극적 의견 청취를 통해 투명성을 높이려 한다고 설명하면서, 과거 네오콘과 자신의 측근들에 의해 국정이 좌지우지됐던 부시 행정부의 실패를 우회적으로 질타했다.

실제 오바마는 자신이 최우선 정책 과제로 내세운 보건의료시스템 개혁을 위해 국민들에게 12월 15일부터 31일까지 주민토론회를 개최, 의료보험 사각지대 등 곳곳에서 허점이 노출된 보건의료 시스템에 대한 여론을 '브레인스토밍'을 통해 모아 줄 것을 요청하는 한편 공식 홈페이지를 통해 온라인으로 일반 국민들의 의견수렴에 착수했다.

또 차기 보건후생장관으로 내정돼 보건의료 분야 정권인수작업을 총괄하고 있는 톰 대슐 전 상원의원이 적어도 한 차례 이상 주민토론회에 참석하고, 주민토론회에서 수렴된 의견을 정리해 오바마 당선인에게 보고할 계획이다.

오바마는 "보건의료 시스템 개혁을 위해 우리는 무엇보다도 국민들과 대화하는 방법을 개혁해야 한다. 이같은 주민토론회는 우리의 보건의료 개혁 노력에 국민들이 직접 의견을 개진하는 좋은 방안이 될 것"이라고 적극적인 지지를 당부했다. 이 일을 진두 지휘할 대슐 전 상원의원은 "지금 우리가 원하는 것은 전국적으로 (보건의료개혁에 대한) 토론을 갖는 것"이라면서 "우리는 국민들의 아이디어를 원한다"고 밝혔다.

오바마의 이 같은 새로운 시도에 대해 〈워싱턴포스트〉는 "오바마의 백악관 입성을 도왔던 첨단기술과 풀뿌리 운동을 활용해 과거 보건의료 개혁 노력을 막았던 강력하고 뿌리 깊은 특수 이해 관계자들의 방해를 피해 가려는 것"이라고 분석했다.

앞서 15년 전 빌 클린턴 행정부가 집권과 함께 보건의료 개혁에 나섰지만 성공하지 못했던 전철을 반복하지 않기 위해 오바마 행정부는 보건의료 개혁에 최우선 순위를 두고 입법 작업에 박차를 가할 방침이라고 이 신문은 밝혔다.

평가 엇갈리는 대선 후
오바마 인수위와 행정부의 행보

오바마는 대선 승리 후 차기 행정부의 원만한 출범을 위한 인적 인프라를 구축하기 위해 내각 인선을 속속 발표하고, 미국 경제에 대한 신뢰를 잃은 전 세계 시장을 향해 "경제위기를 구할 준비가 돼 있다"는 메시지를 전달하면서 위기 탈출을 위해 총력을 기울였다.

대공황 이후 최대 경제위기와 이라크·아프가니스탄 전쟁을 수행하고 있는 특수한 상황과 위기의식으로 인해 오바마는 당선 후 불과 한 달여 만에 핵심적인 내각 인선 작업을 마치는 등 역대 어느 대통령보다 속도감 있게 당선자로서 국정의 중심에 자리했다.

오바마는 당초 당선 직후에는 조심스러운 행보를 보였다. 대선 직후에는 "미국 대통령은 한 명"이라며 되도록 현직의 부시 대통령을 배려하는 입장을 보였으나, 경제위기가 계속 심화될 조짐을 보이자 경제팀 인선 결과를 먼저 발표하고 뒤이어 외교안보팀을 인선하는 등 위기 극복에 적극 나서는 모습을 보였다. 미국 언론들은 오바마의 신속한 의사결정에 후한 점수를 주고 있으며, 이에 맞춰 오바마 인수위의 정권인수 작업도 순항하고 있다는 평가를 받고 있다.

오바마는 경제위기 극복과 관련, "1분도 허비할 틈이 없다"고 말할 정도로 경제팀 인선 발표에 총력을 기울여 추수감사절 연휴를 앞둔 11월 17일부터 19일까지 사흘 연속 시카고 인수위 사무실에 나타나 티머시 가이스너 뉴욕연방은행 총재를 재무장관에, 로런스 서머스 전 재무장관을 대통령 직속의 국가경제위원회(NEC) 위원장에 임명, 경제위기 해결을 위한 사령탑 구성을 마쳤다. 이들을 임명한 직후 뉴욕 증시의 다우존스 산업평균지수가 5일 연속 상승 행진을 이어갈 정도로 시장의 반응도 좋았다는 점에서 인사를 통한 위기극복 노력 메시지는 시장의 큰 호응을 받았다.

오바마는 외교안보정책과 관련, 북한과 이란으로 핵무기가 확산되지 않도록 해야 한다는 입장을 보여 북핵 문제를 비중 있게 다뤄 나갈 것임을 시사했다. 특히 민주당 내 대선후보 경선 과정에서 숙명의 라이벌이었던 힐러리 클린턴 상원의원을 국무장관에 기용한 것은 링컨식 포용정치를 재연했다는 평가와 함께 정치적 이해관계에 얽매이지 않고 실용 외교를 추구하겠다는 용인술로 호평을 받았다. 또 부시 대통령의 인맥으로 평가받는 로버트 게이츠 국방장관을 유임시키고, 중도 성향의 제임스 존스 전 나토 사령관을 국가안보보좌관에 임명하는 등 외교안보팀 인선은 대체로 주류 언론으로부터 긍정적인 평가를 받았다.

국토안보부 장관에 여성인 재닛 나폴리타노 애리조나 주지사, 법무장관에 흑인 출신의 에릭 홀더 전 법무부 부장관, 상무장관에 히스패닉계 정치 대부인 빌 리처드슨 뉴멕시코 주지사, 보훈부 장관에 일본계인 에릭 신세키 전 육군참모총장을 지명하는 등 성별·인종별 다양성을 추구한 점도 오바마 내각이기에 가능한 일이다.

그러나 오바마의 초반 행보가 성과를 내기 어려운 양상도 감지되고 있다. 초선 상원의원 출신으로 인맥과 경륜이 부족한 편인 오바마로서는 경험과 능력을 겸비한 각료들로부터 지혜를 빌려야 하지만, 동시에 스타 군단으로 채워진 경제·외교안보팀이 불협화음 없이 순항하기 어려운 데다 10~20여 년 전의 문제를 다루던 '클린턴 사단' 의존도가 지나치게 높은 점 역시 오바마가 추구해 온 미국 정치의 변화를 이끌어 내는 데 난관으로 작용할 수도 있다. 특히 오바마가 금융·재정 등 경제정책뿐 아니라 실물경제에 대한 경험이 거의 없는 상황에서 워싱턴의 노련한 정치권이 초기 민주당의 압도적인 의회 장악과 별개로 오바마의 개혁에 제동을 걸 경우 오바마로서는 쉽지 않은 상황이 전개될 수도 있다. 부시 행정부의 실정과 대선 및 의회 선거 패배로 실의에 빠진 공화당이 기력을 회복하고, 이미 비판적인 시선을 내비치고 있는 진보진영의 비판이 거세질 경우 경험이 부족한 오바마로서는 힘든 정치적 상황에 직면하게 될 가능성도 우려된다.

이라크나 아프가니스탄에서 진행중인 전쟁도 마찬가지다. 오바마는 이라크에서 전쟁 중인 병력을 철수시켜 아프가니스탄에서 알카에다와 접전을 벌이겠다고 공약했으나, 현실적으로 성공 가능성은 그렇게 높지 않은 편이다. 힘의 중심축을 잡아 온 미군이 갑자기 철수할 경우 이라크가 내전으로 인해 극도의 혼란 양상을 보일 가능성이 큰 데 따른 국제사회의 비난이 커지는 한편 아프가니스탄에서 알카에다와의 전쟁에서 쉽게 승리하기 어렵다는 점에서 오바마의 외교안보정책 역시 성공을 쉽게 점칠 수 없기 때문이다. 오바마의 개혁은 시작됐으나, 실제 개혁의 성패는 한 치 앞을 내다보기 힘든 오리무중의 상황인 셈이다.

미국 경제는 사상 초유의 위기를 맞고 있다. 그동안 제국을 든든하게 뒷받
치고 있는 것이다. 월가와 세계 경제 전문가들은 조기에 **경제를 안정**시키는 것이 필
가의 주요 **투자은행 5개 중 3개가 공중분해**돼 인수·합병되는 등 그동안 세기
않은 위기 신호로 세계 경제에 대한 불신의 원천이 되면서 그 **후폭풍**이

위기의 오바마 미국호,
어디로 갈 것인가

...던 미국 경제가 **월가발 금융위기**로 발생한 태풍으로 뿌리째 흔들...

...공감대 속에 그 이유와 해법 찾기에 골몰하고 있다. 세계 경제의 메카 역할을 해온 월...

...메카가 돼온 **월가의 자존심이 무참하게 무너**지고, 월가가 1930년대 대공황 못지...

지구촌 전체로 속속 확산되고 있다.

미국 경제, 과연 위기 극복할 것인가

          ...미국 경제는 사상 초유의
위기를 맞고 있다. 그동안 제국을 든든하게 뒷받침하고 있던 미국 경제
가 월가발 금융위기로 발생한 태풍으로 뿌리째 흔들리고 있는 것이다.

    월가와 세계 경제 전문가들은 조기에 경제를 안정시키는 것이 필요
하다는 공감대 속에 그 이유와 해법 찾기에 골몰하고 있다. 세계 경제
의 메카 역할을 해온 월가의 주요 투자은행 5개 중 3개가 공중분해돼
인수·합병되는 등 그동안 세계 경제의 메카가 돼온 월가의 자존심이
무참하게 무너지고, 월가가 1930년대 대공황 못지않은 위기 신호로 세
계 경제에 대한 불신의 원천이 되면서 그 후폭풍이 지구촌 전체로 속
속 확산되고 있다.

    특히 미국 금융기관에 대한 각종 규제 해제에 따른 자유방임적 상황
이 계속되면서 왜곡된 월가의 금융시스템은 세계 금융시스템을 송두

리째 뒤흔들면서 실물경제 부문으로까지 옮겨붙어 파산과 도산 사태가 도미노 현상처럼 이어지고 있다.

이에 따라 20세기 들어 세계 경제를 이끌면서 사상 최고의 호황을 구가하던 미국 경제는 현재 최악의 위기에 처해 있다. 미국인들은 '주택 가치 하락'과 '카드빚 상환 능력 상실', '실직 위기' 등에 대한 두려움에 떨고 있다.

오바마의 '신뉴딜 승부수' 경제위기 극복할 수 있을까

미국의 제44대 대통령을 맡게 된 오바마의 최대 고민은 경제위기 극복과 이라크 및 아프가니스탄 전쟁의 해결이다. 이 두 현안 중 하나라도 제대로 해결되지 않을 경우 '변화와 희망'이라는 화두는 사라지고, 도리어 위기와 절망에 빠진 미국에서 또 다른 실패를 겪는 어려움으로 미국민들의 신뢰를 조기에 잃는 결과를 초래할 수 있기 때문이다.

오바마는 34년래 최대 실직자가 발생하고 산업의 상징인 3대 자동차 회사가 부도 직전에 몰리는 경제위기에 대해 대선 승리 후 한 달여 만인 12월 6일 1950년대 드와이트 아이젠하워 대통령 이후 최대 규모의 인프라 투자를 통해 경제를 되살리기 위한 21세기 신뉴딜정책을 추진하겠다고 전격 선언했다.

오바마는 이날 주례 라디오 연설과 자신의 인수위 홈페이지에 올린 글을 통해 "대통령 취임 후 신뉴딜정책을 추진해 에너지 효율을 높인 공공 건물 건립과 새로운 도로와 교량 건설, 초고속 인터넷 통신망 확산 등을 통해 250만 개의 일자리를 지켜내거나 새로 만들어낼 것"이라며 "우리는 지금 행동이 필요하다"고 강력한 신뉴딜정책 추진 의지를 천명했다.

그는 "1950년대 연방 고속도로 시스템을 구축한 이후 단일 규모로는 최대 신규 투자를 통해 수백만 개의 일자리를 만들어낼 것"이라며 "투자를 하지 않으면 지원을 받을 수 없는 간단한 규칙을 만들겠다. 주 정부에서 도로와 교량 등에 신속한 투자를 하지 않으면 연방정부의 지원을 받을 수 없게 된다. 주 정부들이 인프라 투자에 적극적으로 나서 달라"고 요청했다.

그는 교육 환경 개선을 위한 집중투자 방침에 대해 "첨단 컴퓨터 교육 장비와 설비를 갖추고 에너지 효율성을 크게 높인 학교 시설물을 건립해 21세기 경제에서 경쟁력을 지닌 인재를 길러낼 수 있게 하겠다"며 "어린이들이 21세기 경제에서 경쟁력을 가질 수 있도록 도와주려면 21세기형 학교에 보내야 한다"고 말했다.

또한 초고속 인터넷망인 광대역통신(브로드밴드) 활용도의 대폭 증진 방침에 대해 "학교와 고속도로를 새롭게 만들면서 정보고속도로도 개선할 것"이라며 "인터넷을 만들어낸 국가인 미국에서 초고속 통신망 활용도가 세계 15위라는 사실을 더는 용납할 수 없다. 미국이 초고속통신망 활용 등에서 계속 뒤지도록 내버려두지 않겠다"고 강한 의지를 거듭 피력했다.

그는 "인터넷을 만든 국가에서 모든 어린이들은 온라인에 접근할 기회를 가져야 하고 대통령에 취임하면 그런 기회를 얻을 수 있도록 해야 한다. 그렇게 하는 것이 미국의 경쟁력을 세계에서 강화하는 것"이라며 "내년 1월 20일 대통령 취임 후 곧바로 이러한 신뉴딜정책 구상을 추진할 수 있게 의회의 협력을 기대하고 있다"고 말했다.

현재 미국이 처한 경제위기가 1930년대 대공황을 닮았다는 점에서 오바마는 '뉴딜정책'에 비견되는 '신뉴딜정책'을 오바마노믹스의 근간으로 제시하면서 최대 역점 과제로 일자리 창출을 들고 있다. 오바마는 당선 후 가진 라디오 연설을 통해 향후 3년 내 250만 개의 새로운 일자리를 만들어내겠다는 구상을 밝혔다. 경기부양책은 도로와 교량 재건설 등 사회 인프라 구축에 공공 지출을 확대하는 한편, 대체에너지와 연비 개선 자동차 개발에 간접지원 방식으로 5천억~7천억 달러 규모로 이뤄질 것으로 전망되고 있다.

그러나 이 같은 오바마의 의도나 노력과 달리 위기를 맞고 있는 미국 경제를 쉽게 치유하기는 쉽지 않은 상황이다. 당장 민주당 내에서 오바마의 경제위기에 대한 대처가 소극적이라는 불만의 목소리가 나오고 있다. 오바마는 그동안 경기부양책과 실업수당 확대 등 미국 경제의 추락을 막는 방안들에 대해 각종 발언을 쏟아냈지만, 정작 의회가 직면한 최고 난제인 자동차 산업 구제 방안과 7천억 달러에 이르는 긴급구제금융 자금을 어떻게 사용할지에 대해서는 별다른 대책을 내놓지 않았다.

이와 관련, 금융계에 대한 긴급구제금융과 위기에 처한 자동차 산업 구제 방안 마련에 관여해 온 하원 금융위원회 바니 프랭크 의장은 "오바마가 이전보다 더욱 공격적인 자세를 가져야 한다"며 "오바마가 경제 이슈들에서 보다 중대한 역할을 맡을 필요가 있다"고 오바마의 행보를 비판했다. 그는 "모기지 시장 붕괴와 자동차 산업 몰락 등 미국 경제가 중대한 위기에 처한 마당에 오바마는 '현재는 대통령이 한 명뿐'이라고만 말하고 있다"며 "오바마가 보다 적극적으로 경제위기에 대응해야 한다"고 주장했다.

상원 은행위원회 크리스토퍼 도드 의장도 "이미 사람들의 마음속에서 지금은 오바마의 집권기다. 우리가 대통령 취임일까지 기다릴 수는 없다고 생각한다"고 말했고, 칼 레빈슨 의원(미시간주)도 "대통령 당선인이 보다 적극적으로 개입한다면 매우 도움이 될 것이다. 그는 사람들을 결집할 수 있는 사람"이라고 말했다.

미국 경제에 대한 부정적인 관측도 잇따르고 있다. 전문가와 각 기관들은 내년 미국의 경제성장률을 0.4~1%대로 전망하고 있다. 대부분 기관들은 2009년 상반기 미국 경제가 바닥을 치면서 하반기부터 조금씩 나아질 전망이며, 빠른 회복세를 기대하기 힘든 만큼 전체적으로는 -1%대 성장세를 보일 것으로 전망하고 있다. LG경제연구원의 경우 2009년 미국의 경제성장률을 0.4%로 예상하고 이후에도 1%대의 낮은 성장세가 당분간 지속될 가능성이 높다고 제시했으며, 삼성경제연구소는 2008년 1.7%, 2009년 0.1%를 예측했다. 2009년 상반기까지 부진한 경기를 이어가다 하반기 이후 완만한 회복세를 보이겠지만 본격적인 경제 회복까지는 상당한 기간이 필요하다는 분석이다

국제통화기금(IMF) 등 국외 기관들도 미국의 경제성장률 전망치를 하향조정하는 분위기로, IMF는 미국의 내년 경제성장률이 -0.7%에 그칠 것이라고 예상했다. 장기적으로는 미국 경제의 회복 시기와 관계없이 미국 경제에 대한 신뢰 약화, 달러 약세, 재정적자 심화 등은 피하기

어려울 전망이다.

오바마 역시 이 같은 한계 상황을 잘 인식하고 있으며, 이에 따라 경기침체기를 맞아 대대적인 경기부양 정책을 사용하는 한편 성장 기반을 유지하기 위해 소비 기반을 확충하고 사회간접자본에 대한 대규모 투자를 확대할 것으로 전망되고 있다. 오바마는 ABC방송의 바버라 월터스와 가진 회견에서 "세상과 유리되지 않고 대중과 소통하는 대통령이 되고 싶다"며 "내가 갖고 있는 걱정거리 중 하나는 경제가 너무 취약해져 있다는 사실이다. 여러 가지 일로 밤늦게까지 잠을 이룰 수가 없다"고 고민의 일단을 솔직히 털어놓기도 했다.

민주당 특성상 대외 압박으로 인한 통상마찰 불가피

미국 대선에서 사상 첫 흑인 대통령이 탄생하고 민주당 정권이 행정부와 의회를 함께 장악한 만큼 경제위기 극복을 위한 오바마의 정책은 탄력을 받겠지만, 통상 분야에서 대외 압력을 강하게 압박해 온 민주당 정권의 특성을 고려할 때 통상마찰이 심화될 전망이다.

특히 재정적자와 함께 천문학적 규모의 무역적자를 해결하지 않고서는 미국 경제가 정상화되기 어렵다는 점과 함께 친노조 성향을 보여온 오바마와 민주당 정권의 특성상 노조 등의 목소리가 높아지면서 통상 분야에서 갈등이 심화될 가능성이 크다.

이처럼 오바마의 승리로 미국 통상정책의 기조 변화는 불가피한 상황이다. 특히 자동차·철강·농업 등 특정 피해 산업과 노동자 단체가 부시와 공화당 정부의 기존 자유무역 정책에 반대하는 대대적인 압력을 가할 것으로 전망된다. 각종 자유무역협정에 대한 반대와 함께 중국 등 비시장경제권에 대해 자본주의적 자유시장경제라는 미국식 기준에 입각한 통상압력이 강화되고, 노조와 민주당 의원 일부가 주장해 온 노동 및 환경 기준의 반영을 요구하는 목소리가 높아지면서 무역 불균형 시정 요구가 급증할 전망이다. 또 개발도상국 등의 경제성장에 불만을 갖고 있는 미국 업계의 무역 불균형 부문에 대한 요구가 커지면서 과거 미국이 전가의 보도처럼 휘둘러 온 반덤핑, 상계 관세, 슈퍼 301조 등의 제소도 증가할 가능성이 크다.

이에 대한 충분한 대비가 없다면 미국과 무역마찰, WTO 제소 등 분쟁 건수가 많은 한국의 경우 수출 기업들의 어려움이 가중될 것이다.

특히 한국은 현재 한·미 양국간 현안으로 미국과 한국 내에서도 비준을 두고 목소리가 엇갈리고 있는 한미FTA 비준 동의 가능성이 더욱 불투명해질 전망이다. 한국은 국회뿐만 아니라 전 정권과 2008년 2월 출범한 이명박 정권 초기부터 한미FTA 비준 동의를 놓고 여야간 치열한 힘겨루기가 벌어지고 있고, 대선 국면에 휘말린 미국 정부 역시 '이행법령'의 의회 제출과 동의가 사실상 불가능한 상황이 계속돼 왔다. 오바마는 대선 출마를 선언한 직후부터 부시 대통령에게 한미FTA 이행법령을 의회에 제출하지 말 것을 서한으로 공식 요청하는 등 공격적인 모습을 보여 왔다.

이에 따라 한국 내에서도 한미FTA 비준 동의에 상당한 진통이 불가피한 상황이다. 특히 오바마가 대선에서 승리함으로써 한미FTA 비준

동의 자체가 어려워질 가능성이 높아졌다. 과거 민주당 정부 시절 통상마찰이 늘어났다는 점을 고려할 때 한·미 간 통상마찰이 급증할 것에 대비, 정부와 기업의 치밀한 대책마련이 필요한 상황이다.

특히 그동안 한국 경제의 중심축이었던 대미 수출에 심각한 악영향을 미칠 수밖에 없다는 점에서, 미국 정부와 적극적인 협상 전략을 펴는 한편 중국과 유럽연합 등으로 수출 시장을 한층 다변화하는 전략을 추구해야 할 것이다.

한편 당장의 경제위기를 벗어나야 하는 오바마 행정부와 민주당이 장악한 의회가 미국 경제의 단기적이며 중기적인 위상 회복에 총력을 기울이면서 보호무역주의를 외치는 정치권과 기업 및 재계의 요구를 수용, 통상 관련 각종 규제를 강화하리라는 것은 불을 보듯 뻔하다. 이 역시 국제적 금융 쓰나미의 한파로 어려움을 겪고 있는 한국 경제에 큰 위기로 작용할 가능성이 높다.

이에 따라 한국은 한·미 간 통상마찰 증가에 따른 직·간접적인 피해를 최소화하기 위해 노력해야 한다. 미국이 자국 경제에 갈수록 큰 영향을 미치고 있는 중국에 대해 무역제재 등 공격적인 통상정책을 취할 경우, 미국과 중국 경제를 양대 수출시장으로 삼아온 한국 경제는 피해권역에서 벗어나기 어려울 수밖에 없다.

따라서 오바마 행정부와 한·미 간 원-원 하며 시너지 효과를 발휘할 수 있는 다양한 복안과 협상안을 제시하고, 한·중 및 한·EU FTA를 포함한 주요 경제블록 및 국가와의 FTA를 추진함으로써 국제적 위상을 높이는 한편, 한국 경제의 구조와 능력을 더욱 탄탄하게 하기 위한 내부 개혁에도 총력을 기울여야 할 것이다.

미국, 국제사회 신뢰와 리더십
회복할 것인가

...오바마는 미국 역사를 뒤흔든 신화를 창조하며 대통령 자리에 오르기는 했지만, 미국이 맞고 있는 위기가 워낙 크고 깊은 것이어서 쉽게 극복해 내기는 어려울 전망이다. 특히 오바마가 시민운동과 일리노이주에서의 상원의원 경험이 대부분이고 중앙정치는 4년간의 연방 상원의원 경험이 전부라는 점에서 워싱턴 정치권과의 협상 및 개혁 노력이 성과를 거두지 못할 경우 또 다른 위기 상황에 놓일 수 있다.

흑인을 포함한 소수인종을 배격하는 와스프(WASP)의 엘리트 특권 문화, 군산복합체와 유태 금융자본이 결합한 제국의 문화 등 워싱턴 정치서클의 폐쇄적인 정치역학 구도상 오바마의 정치 실험이 성공할 가능성은 미국인들의 열망에 비해 그렇게 크지 않을 가능성이 다분하다. 또 미국의 예외주의와 미국적 가치를 신봉하면서 동시에 과감한 군사력 사용과 유엔을 포함한 각종 국제기구의 기능과 역할을 불신하는 보수주의적 경향이 아직도 미국 내에서 힘을 잃지 않은 데다, 첫 흑인 대통령인 오바마의 취임 이후 기존의 유태인뿐 아니라 흑인·히스패닉·아시안 등 각계에서 분출될 자기 목소리로 인해 미국 사회가 갈등 양상을 보일 가능성도 배제할 수 없다.

그러나 오바마와 민주당이 분열된 미국 정치를 아우르는 통합의 리더십을 발휘할 경우, 낙관적인 전망도 가능하다. 특히 오바마가 그동안 진보 성향이면서도 실제 업무를 할 때는 보수층을 껴안는 중도 실용주의적 성향을 보여 왔다는 점에서 합리적이고 실용적인 리더십을 발휘할 경우, 8년간 부시 행정부 내내 파당적 갈등 양상을 보여 온 미국 정치가 안정을 되찾을 수 있을 것이라는 전망도 가능하다.

현재 미국의 위기는 로널드 레이건 행정부에서 시작돼 조지 W. 부시 행정부에서 최악의 상황에 놓이는 위기의 점증 국면으로 움직여 왔다. 레이건 정부는 기업과 정부의 소수 특권층을 위한 정책을 펴면서 기업 세금 감면, 복지 예산 삭감, 노동조합 파괴, 임금 삭감, 환경 규제 폐지, 민영화 등을 통해 사회의 모순을 심화시켰다. 또한 노동조합운동, 공민권운동, 반전운동, 여성해방운동, 동성애자해방운동과 같은 과거 저항운동의 유산을 공격하고, 세계 각지에서 전쟁을 일으키며 그레나다, 파나마, 쿠웨이트, 소말리아, 아이티, 리비아, 레바논, 코소보, 세르비아를 거쳐 아프가니스탄과 이라크를 폭격하고 침공하는 전쟁을 진행해 왔다.

이 과정에서 독단적이고 배타적인 세계 지배를 추구한 탓에 미국에 대한 세계의 불신은 그 어느 때보다 높고, 이를 뒷받침했던 경제력이 금융 분야에서 촉발된 위기로 약화되면서 미국의 지도력에 대한 우려가 미국 내에서도 갈수록 커지고 있다.

전쟁의 수렁에 빠진 미국
위기에서 탈출할 수 있을까

미국은 현재 딜레마에 빠져 있다. 이라크와 아프가니스탄에서 반군 세력의 강력한 저항으로 승리하지도, 철수하지도 못하는 상황에 놓여 있는 것이다. 미국은 6년째를 맞는 이라크 침공을 통해 사담 후세인 이라크 대통령을 체포하고 이라크의 주요 거점을 장악한 뒤 허수아비 정권을 세웠으나, 반군의 격렬한 저항으로 미군 사상자만 늘어나고 민간인에 대한 무차별 폭격에 따른 희생자 역시 급증하면서 중동 회교도들의 반감이 갈수록 커지고 있다.

만약 미군이 아무런 통제장치 없이 이라크와 아프가니스탄에서 철수한다면 미국은 이라크의 석유는 물론 중동 전체의 석유 통제권을 상실하게 될 것이며, 군사·경제적 위신 또한 심각하게 실추되는 상황을 맞을 수밖에 없다. 반면 미국이 패배를 인정할 경우 이슬람과 반전 시위대, 반자본주의 운동에 불을 붙이는 계기가 될 것이라는 점에서 오바마가 슬기로운 해법을 좀처럼 찾아내기 어려운 상황이다. 오바마의 이라크 조기 철군과 아프가니스탄 증파 공약 역시 큰 성과를 내기 어렵다는 것이 외교안보 전문가들의 진단이다.

이 같은 미국의 딜레마는 이미 경제위기를 통해 가시화하고 있다.

비판적 지식인인 조너선 닐은 『두 개의 미국』에서 "어떻게 부자들과 권력자들은 미국을 망쳤고, 이제 세계를 망치려 하는가"라며 미국에 경고를 하고 있다.

미국의 대표적인 저항 지성으로 불리는 노암 촘스키 MIT대 명예교수는 『촘스키, 우리가 모르는 미국 그리고 세계』에서 미국의 정책과 군사 행위가 세계 전역에 미친 영향을 폭로하고, 세계를 향한 미국의 오만방자함을 날카롭게 비판하면서, 오늘날 미국 정치계의 모순과 기만, 감춰진 음모를 짧은 논평들을 통해 고발했다. 이 책에서 촘스키는 미국의 뜻대로 움직이는 국가는 '선'으로 규정하고 그렇지 않은 국가는 '악'으로 규정하는 오만한 대외정책 때문에 세계는 점점 위험한 곳으로 변해 가고 있다며, 이를 극복하는 데 나설 것을 강조했다.

촘스키는 또 『촘스키, 실패한 국가 미국을 말하다』에서 "미국은 파탄 국가가 됐다. 파탄 국가는 자국민을 폭력과 파괴에서 보호할 수 없거나 보호할 의지가 없는 나라이며, 국내법과 국제법을 입맛에 따라 무시하는 나라이다. 겉으로는 민주주의의 형태를 띠더라도 파탄 국가는 민주적 제도에서 실질적인 요체를 상실해서 심각한 '민주성의 결핍'에 시달린다"고 통렬하게 미국을 비판하며 "미국 국민은 정부의 뜻에 동의하지 않는다. 국민 여론과 정부 정책의 첨예한 분열이 자행되는 것을 봐도 미국을 '파탄 국가'로 규정할 수 있는 한 근거"라고 미국의 행태를 질타했다.

그는 "이렇게 '미국 바깥'의 문제에는 누가 말릴 새도 없이 발벗고 나서면서, 정작 유엔 헌장과 현재 국제법의 토대인 제네바협약 및 교토의정서를 비롯한 국제규범에서 예외적 존재로 남으려는 워싱턴의 모순된 실체, 세계 국민을 상대로 '무법'을 휘두르던 미국 '정부'가 그 체제를 구축하기 위해 미국 선거제도 자체와 진정한 정치 대안을 애초부터 차단하고, 의미 있는 민주주의를 억누르기 위해서 어떻게 교묘하게 짜여 있는가"라며 "'파탄 국가' 미국은 그들의 판단에 비합법적인 정부는 전복시켰고, 그들의 이익에 위협된다고 생각되는 나라는 침략했다. 또 그들에게 저항하는 나라에는 무자비한 제재를 가했다. 그런 과정에서 미국 자체의 민주제도도 심각한 위기를 맞았다. 미국의 정책과 관례가 세계를 핵 재앙과 환경 재앙의 벼랑 끝으로 몰아갔다. 자신을 정직하게 들여다보는 일은 누구에게나 어렵지만, 한편 가장 중요한 일이기도 하다. 진부한 소리지만 가장 기본적인 도덕적 원리 중 하나가 보편성의 원칙이다. 우리가 남에게 적용한 기준을 우리 자신에게도 똑같이 적용해야 한다는 원칙이다. ……양심껏 그렇게 할 수 있다면 '파탄 국가'의 특징을 내 나라에서 찾아내는 일은 그다지 어렵지 않다"며 미국 내부에서 이를 바꾸고 고치기 위한 노력을 기울여야 한다고 역설했다.

역시 비판적 지식인인 하워드 진은 『미국, 변화인가 몰락인가』에서 "오늘날 이라크에서 끊임없이 벌어지고 있는 명백한 재앙, 혼돈, 폭력과 예측 불가능한 모종의 사태 중에서 우리는 하나를 선택해야 한다. 일본 군국주의가 없어졌듯이 히틀러와 무솔리니는 사라졌지만, 파시즘·군사주의·인종차별은 여전히 세계 도처에 존재하고 꾸준히 지속되고 있다. 모든 전쟁은, 심지어 악에 대항하는 전쟁일지라도, 절대로 뭔가를 성취하거나 문제를 해결하지 못하며, 그 와중에 엄청난 수의 사람들만 죽게 된다"고 미국이 진행중인 전쟁을 비판했다. 그는 "모든 전쟁은 항상 민간인을 겨냥한, 더구나 아이들을 겨냥한 전쟁으로, 어떤 정치적 목표도 이를 정당화할 수 없기 때문에 우리 시대 인류가 직면한 도전은 폭정과 침략의 문제를 풀되, 그것을 전쟁 없이 해결해야 한다"고 주장했다.

찰머스 존슨 역시 미국의 향후 행로에 대해 우려하고 있다. 존슨은 『미국, 변화인가 몰락인가』에서 "부시 행정부는 원했던 모든 것을 이데올로기적으로 성취했고, 군사주의가 눈에 띄게 진전되면서 지배계급을 살찌웠고, 권력분립을 가능한 한 아주 철저하게 파괴했다"며 "미국은 사태 통제력을 잃어버리고 파산할 수 있다. 별안간 미국은 이방인들의 온정에 의존하면서 동냥을 구하게 될 것이다. 어느 때든 미국에 돈을 빌려준 중국과 일본이 돈을 빌려주지 않겠다고 결정하면 이자율은 미친 듯이 올라가고 주식 거래는 붕괴할 것이며, 그런 불황은 미국에서 꽤 오랫동안 계속될 것"이라고 우려했다.

이 같은 우려는 이미 현실화하고 있고, 비판적 지식인들의 미국에 대한 비판의 목소리는 세계 곳곳에서 연일 터져나오고 있다.

오바마 당선으로 미국의 모순 결코 해결되지 않아

이 같은 세계 지성들의 경고가 아니라도 미국은 이미 국력의 퇴조를 경험하고 있으며, 9·11 테러 사건 등을 통해 미국에 닥친 위기를 끊임없이 느끼며 불안감에 시달리고 있다.

특히 미국 정부가 무수한 민간인 피해를 낸 이라크와 아프가니스탄 침공 등 군사력 우위의 안보정책과 미국에게만 유리한 세계화와 신자유주의를 강요하는 일방주의적 대외정책을 펴면서, 미국에 대한 세계인들의 불신이 커지는 것은 물론 미국민들의 자국 정부에 대한 불신 수위 또한 높아지고 있다.

조셉 나이 하버드대 케네디스쿨 학장은 『국민은 왜 정부를 믿지 않는가』에서 "정부에 대한 신뢰가 땅에 떨어졌다"며 1964년 미국민의 4분의 3이 연방정부가 하는 일을 대체로 옳다고 평가했으나 1995년에는 15%만이 그렇게 느낄 정도로 불신이 급증했다고 지적했다. 그는 정부가 무능해서 믿을 수 없다고 여기면 납세와 준법의식이 극도로 악화하고, 이 경우 정부의 기능은 저하되고 정부가 무능해지면 국민의 불신과 불만이 커지는 악순환이 이어질 것이라고 전망했다. 또 한 체제가 국민의 깊은 불신과 소외감 때문에 단단히 발목을 잡혀 문제를 해결할 수 없는 지경에 빠지는 사태를 우려하면서, 정확한 현실인식을 바탕으로 정부 운영의 새 모델을 제시해야 한다고 지적했다.

그러나 미국 사회는 이 같은 위기 상황에서 벗어나는 것이 매우 어려운 악순환을 겪고 있다. 브루킹스연구소 연구원이었던 폴 라이트 뉴욕대 교수는 『대통령의 어젠더』를 통해 최근 대통령은 사실상 '승산 없는 대통령직'을 맡을 수밖에 없는 상황이라며, 철학과 비전을 가진 준비된 대통령만이 성공 가능성을 높일 수 있다고 지적했다.

이는 갈수록 복잡해지는 의회에서의 치열한 경쟁, 정당의 힘이 약화됨에 따라 의회 권력이 분산되면서 나타난 정책 법안에 대한 대통령의 잠재적 영향력 감소, 의회와 대중매체의 감시가 강화된 상태에서 정책을 수행해야 하는 대통령의 곤혹스러운 처지, 선거구에 얽매이지 않은 광범위한 지역과 세대에 걸친 까다로운 어젠더로 인해 대통령이 성공할 가능성이 갈수록 적어지고 있다는 것이다. 오바마 역시 이같은 정치 상황에서 자유롭지 않다.

미국에 대한 세계의 불신과 사상 최악의 평가를 받고 있는 부시 행정부에 대한 부정 심리로 인해 일부에서는 오바마의 당선으로 세계가 인종차별이 줄어들고 더욱 안전하고 서로 협력하는 평화로운 세상으로 바뀔 것이라는 희망을 제기하고 있다.

그러나 이 같은 시각은 현실을 고려하지 않은 환상이자 큰 오산이 될 가능성이 크다. 변화와 희망을 이야기하는 오바마도 미국의 국익을 극대화하기 위해 세계 경영에 나서는, 미국 정부를 대표하는 최고 지도자이기 때문이다. 특히 오바마가 설파하는 변화와 희망의 주체가 미국 국민이지, 세계인이 아니라는 냉정한 인식 아래 오바마의 향후 정치적 행보를 봐야만 미국의 움직임을 정확하게 파악할 수 있다. 향후 미국의 지배세력과 워싱턴의 정치서클은 미국의 기득권을 유지하는 동시에 미국의 이익을 관철하는 방식으로 국정을 펼 것을 오바마에게 요구할 것이고, 미국의 정치체제를 혁명적으로 변화시킬 수 없는 오바마는 타협주의적 정책을 펼 수밖에 없는 것이 워싱턴의 냉혹한 정치 원리다.

조녀선 닐은 『두 개의 미국』에서 이 같은 상황에 대해 "오바마 현상은 두 가지로 이해할 수 있다. 첫 번째는 미국인들이 지금 얼마나 넌더리가 나 있는지 보여주며, 양극화와 분노가 부시 대통령에게 집중되면서 부시는 골칫거리로, 오바마는 해결사로 생각하게 됐다. 둘째, 변화에 대한 열망과 심각한 분노가 오바마 지지로 결집됐으며, 모든 사람들이 지금이 역사적으로 중요한 순간임을 인식하고 있다"고 진단한다. 그는 이어 "그러나 오바마 역시 대기업의 후보로, 그의 경제자문단은 월가 출신이고, 외교정책 자문단은 민주당과 제국주의 전통 출신의 인사다. 오바마는 이라크 전쟁 초기에 전쟁에 반대하는 목소리를 냈으나 상원에 전쟁자금 조달 법안이 상정됐을 때 반대하지 않았으며, 아프가니스탄에 더 많은 병력을 보내야 한다고 주장했다"고 지적한다.

그는 "오바마는 분명 오른쪽으로 이동하고 있으며, 흔히 이것을 선거 전술 차원으로 설명하고 있다. 그는 미국의 지배계급과 타협하고 있다"며 "오바마의 대선 승리는 모순이다. 오바마가 열렬한 지지를 받는 이유는 수많은 사람들이 변화를 간절히 원하기 때문이다. 그러나 오바마의 당선은 미국 제국주의가 세계 패권을 유지할 수 있는 최선의 대안으로, 오바마는 최소한의 변화만을 실현하려 할 것이며, 선거 이후 옳은 일을 할 가능성이 훨씬 낮아졌다"고 우려한다.

이 같은 우려 속에 오바마의 승리에 따른 민주당 정권의 출범과 함께 쇠락해 가던 미국이 다시 지도력 회복에 나서면서 20세기를 거쳐 21세기 초까지 미국 유일 패권적 양상을 보여온 세계 질서는 근본적 변화를 모색하지 않을 수 없는 상황에 놓이게 됐다.

특히 오바마가 대선 과정에서 공약했던 이라크 철군과 북한 등 적대 국가와의 직접 대화를 통한 현안 해결 공약 등을 고려할 때, 부시 행정부의 일방주의 외교정책에서 벗어나 국제 공조를 중시하는 등 미국 대외정책에 큰 변화가 일어날 전망이다. 이는 세계 질서의 재편과 변화를 일정 부분 가져올 것이다. 특히 네오콘의 이념 지향적 대외정책으로 굴곡을 겪었던 부시 행정부와는 차별화된 국제협력주의적 대외정책을 펴나갈 것으로 전망된다. 한편 한반도의 경우는 미국이 균형자 역할을 하면서 동북아 및 한반도 주변의 질서 변화를 주도하려는 기존의 움직임이 더욱 강화될 가능성이 크다.

오바마가 외교안보 분야에 대한 경험이 거의 전무하다는 점에서 차기 미국 정부의 외교안보팀은 경험과 전문성을 갖춘 부통령 바이든의 영향력 아래 놓일 가능성이 높으며, 팀 진용은 협상을 중시하는 실용주의자들로 짜여질 전망이다. 특히 바이든 부통령은 역시 외교 분야에 영향력이 큰 동료 민주당 소속의 존 케리 상원의원을 포함한 민주당 내의 외교 브레인들과 함께 새로운 전략 수립에 나서는 한편, 공화당의 리처드 루가와 척 헤이글 상원의원 등과의 원만한 관계를 바탕으로 초당적인 협력정책을 펴면서 막강한 영향력을 발휘할 전망이다.

인종문제에 희망의 빛 비춰 준
오바마의 대통령 당선

오바마가 민주당 대선 후보가 되고 이어 대통령에 당선돼 백악관에 입성하는 것은 그 자체로 미국의 역사가 근현대사를 통해 직면했던 가장 어려운 난제였던 인종간 갈등 해결에 희망의 빛을 비춰 준 역사적 사건이다. 이는 온갖 모순이 내재돼 있는 미국 사회가 문제 해결에 나설 수 있는 계기를 제공하는 한편, 그동안 세계화를 통해 심화돼 온 국제사회의 사회적 문제 해결에 첫발을 내디뎠다는 역사적 의미가 있는 것으로 해석할 수 있다. 또한 개혁과 진보 성향의 40대 흑인 대통령의 등장이라는 형식 논리와 함께 그동안 미국 사회 내에서도 금기시돼 온 문제점들을 공론화하고, 이에 대한 새로운 해결책을 내놓고자 하는 큰 전환점을 찾게 됐다는 점에서 미국 사회에 긍정적 영향을 미칠 것으로 보인다.

물론 우려도 만만치 않다. 미국 사회의 인종간 불평등은 삶의 곳곳에 내재돼 있다. 인종차별에 따른 사회적 갈등이 곳곳에서 터져나오고 있고, 일부 흑인들은 오바마가 대선 유세 과정에서 당선을 위해 인종 문제에 대한 언급을 피한 것에 노골적으로 불만을 나타내 왔다. 미 연방수사국(FBI)에 따르면 2007년 발생한 '증오 범죄' 7600여 건의 범행 동기 가운데 인종 문제가 가장 많았던 것도 이 같은 미국의 사회 상황을 잘 드러내 주는 것이다.

실제 워싱턴의 싱크탱크인 정책연구소(IPS)의 데드릭 무하마드 연구원은 "미국은 여전히 인종과 계층 차별이 가장 심한 산업 국가 중 하나로, 오바마가 대통령이 되더라도 이 문제를 해결하긴 어려울 것"이라고 지적했다. 샌디에이고주립대와 시카고대 연구팀도 선거에서 인종과 국적은 후보들이 생각하는 것보다 훨씬 더 큰 역할을 하며, 흑인 후보는 백인보다 훨씬 적게 미국인으로 여긴다는 연구 결과를 내놓았다.

스탠퍼드대학 여론조사에서는 흑인 후보 지지 의사를 밝히다가도 투표장에선 백인 후보를 지지하는 '브래들리 효과' 탓에 오바마가 실제 선거에서 6%의 표를 잃을 것으로 조사됐다. 아이오와 코커스에서 거물 힐러리를 제친 직후인 지난 1월 14일 〈뉴욕타임스〉 여론조사에서도 흑인 응답자의 47%는 여전히 흑인 대통령 탄생에 회의적 반응을 보였다. 오바마 스스로도 2008년 3월 연설을 통해 "나는 단 한 번의 선거와 단 한 명의 후보, 특히 나처럼 완벽하지 못한 후보 한 명으로 우리가 인종차별을 뛰어넘을 것이라고 믿을 만큼 순진하지 않다"고 말하며, 미국 사회의 광범위한 인종차별을 심각하게 지적했다.

그럼에도 불구하고 오바마에 대한 미국인들의 기대는 상당히 높은 편이다. 신중하면서도 과감한 발언을 통해 미국인들의 단합을 이끌어내는 정치인으로서의 호소력은 선거 과정에서 충분히 입증됐다. 그가 젊은이뿐 아니라 갈수록 위기의식이 높아지고 있는 중년과 노년의 미국인들의 목소리에 귀를 기울이고 소수인종을 포함해 소외된 사람들과 적극적으로 소통하려 했던, 열린 삶의 자세로 미루어 국제사회에서도 그동안 꽉 닫혀 있던 미국의 문을 열고 지구촌 곳곳과 대화와 소통에 나설 지도자의 자질을 갖췄다는 평가가 잇따르고 있다.

특히 그가 인도네시아와 케냐는 물론 미국 본토와 성격이 다른 하와이에서 태어나 생활했고, 이후 시카고와 보스턴 등에서 생활하면서 미국 사회의 주류·비주류와 모두 어울린 경험을 가진 점은 다인종 사회로 총체적인 문제점을 노정하고 있는 미국 사회를 이끌 그의 경험과 지도력에 대한 기대를 높이고 있다. 그동안 미국의 전통적인 엘리트 집안에서 배출돼 온 역대 대통령과 달리 아프리카·아시아인들과 어울린 다중(多重) 문화적 경험을 갖고 있다는 점에서 과거의 대통령들이 갖지 못한 새로운 희망을 향한 비전, 창조적이며 창의력이 넘치는 아이디어, 미국 유일이 아닌 미국과 함께 할 것을 강조하는 이니셔티브 등은 국제사회에서 미국의 위상을 높일 수 있을 것이라는 기대를 갖게 한다.

이에 따라 새로운 외교안보정책 역시 과거처럼 적국을 전제로 미국의 지도력을 높이기보다 도덕적 정당성을 갖춘 적극적인 관여(engage-ment) 외교를 펼 가능성이 높다.

이는 오바마가 과거 냉전 시대에 미국이 상대했던 옛 소련에 비해 지금 미국이 상정하는 가상의 적인 중국과 알카에다를 포함한 테러 조직, 기독교 문명과 충돌해 온 이슬람 문화권, 핵 위협을 가진 북한과 이란 등 적성국들의 위협은 미국의 안보에 치명적인 위협이 아니므로 대화와 국제협력을 통해 충분히 해결할 수 있다고 본다는 점에서 새로운 외교의 시대가 열릴 가능성이 높다. 과거 미국의 역사적 승리를 전제로 제국의 역할을 강조하는 일방주의 외교정책의 '부시 독트린'이 종말을 고하고, 국제적 협력을 통해 세계사적 문제와 역사적 변환의 시기에 맞서는 유연한 현실주의적 외교정책 중심의 '오바마 독트린'이 새롭게 정립될 전망이다.

이처럼 오바마 행정부와 백악관 참모진이 과거와 같은 봉쇄나 대결 위주의 하는 현실주의 정치이념에서 탈피해 개입과 협상을 중시하는 실용주의자들로 채워질 경우, 그동안 이라크 침공 등으로 인해 추락해 온 미국의 밝지 않은 미래는 21세기의 다양한 국가들과 협력 체제로 나갈 수 있다는 기대감을 갖게 한다.

특히 과거 클린턴 행정부는 제네바 북미 기본합의 이행 등 외교안보 정책을 집행하는 데 있어 공화당의 강력한 견제를 받았고, 부시 행정부도 민주당의 견제로 이라크 전쟁을 수행하는 데 어려움을 겪었으나, 오바마 행정부는 행정부와 의회를 모두 장악한 탓에 강력한 실행력과 지도력을 발휘할 전망이다.

오바마는 그동안 자신의 정치 경험이 일천하다는 지적에 대해 "워싱턴 방식을 배울 시간이 많지 않았다는 것은 알지만, 워싱턴 방식이 바뀌어야 한다는 것을 알 만큼의 시간은 워싱턴에 있었다. 미국이 그동안 직면한 도전들에 대처하지 못하는 것은 건전한 정책이나 합리적인 계획이 없어서가 아니었다. 우리를 막는 것은 지도력의 실패였다"며 워싱턴을 바꾸겠다는 자신감을 드러내곤 했다. 그는 대통령에 당선되면 "미국 경제를 디지털 시대에 맞게 재편하고, 교육 투자를 늘리며, 노동자들이 정당한 급여를 받고 충분한 퇴직금을 확보할 수 있도록 하며, 저렴한 건강보험으로 보험 혜택을 늘리고, 외국 석유에 대한 에너지 의존도를 줄이고, 테러리즘과 싸우되 전 지구적 동맹을 구축할 것이다. 특히 미국의 빈곤을 종식시키는 세대가 되자"고 기회가 될 때마다 자신의 비전을 제시했다.

오바마가 가야 할 길은 출구 안 보이는 '험난한 여정'

오바마가 다뤄야 할 미국의 현안은 1930년대 대공황과 비교될 정도로 해결이 쉽지 않은 난제 중의 난제로 꼽힌다. 미국 월가발 경제위기는 가야 할 방향조차 찾지 못한 채 잇따른 위기 신호를 보내고 있고, 쌍둥이 적자 행진과 높은 실업률 및 기업 도산 위기 소식이 잇따르면서 2009년에 대한 암울한 전망 속에 위기 상황이 증폭되고 있다. 자동차 업체들의 도산 위기 속에 1945년 2차대전 종전 이후 최악의 상황으로 치닫고 있는 실업률은 가장 큰 악성 변수다.

12월 들어 뱅크 오브 아메리카를 비롯한 대기업 19곳이 8만여 명의 감원 계획을 발표했으며, 이에 따라 12월 현재 6.7%인 미국의 실업률은 2009년 말에 8.5%까지 높아질 것으로 전망되는 가운데 자동차 빅 3가 파산할 경우 실업률이 10%를 넘을 수 있다는 최악의 시나리오도 나오고 있다.

이에 따라 오바마는 당초 2년간 5000억~6000억 달러를 투입하려던 신뉴딜정책의 규모를 1조 달러 이상으로 대폭 확대할 계획을 세우고 있다. 오바마는 2009년 일단 6000억 달러를 투입하고, 이듬해인 2010년 3000억~6000억 달러를 추가 투입하는 초대형 프로젝트를 검토하고 있으나, 그 성과 여부는 미지수다.

한편 이 같은 경제위기 속에 터진 일리노이 주지사의 '매관매직' 스캔들도 오바마를 곤경에 빠뜨리고 있다. 이 스캔들에 램 이매뉴얼 백악관 비서실장 내정자가 관여한 것으로 드러나고 오바마의 핵심 측근인 '시카고 사단'의 상당수가 연관됐다는 의혹이 제기되면서 커진 파장으로 첫발도 내딛지 못한 오바마의 행보를 가로막고 있는 것이다.

〈뉴욕타임스〉는 이매뉴얼 비서실장 내정자가 오바마 대통령 당선자의 상원의원직을 이어받을 후임자 선정 과정에서 결정권자인 라드 블라고예비치 일리노이 주지사에게 후보 명단을 제공한 것으로 나타났다고 보도했다. 특히 이매뉴얼이 전달한 명단에는 오바마의 최측근인 밸러리 재럿 백악관 선임고문 내정자, 리사 매디건 주 검찰총장, 잰 샤코스키 하원의원, 댄 하인스 은행감사관 등 오바마의 측근들이 다수 포함되어 있다.

블라고예비치 주지사가 재선 선거자금을 조성하기 위해 상원의원 매직을 시도한 혐의로 지난 12월 9일 연방검찰에 기소된 가운데 오바마는 자신은 무관하다고 밝혔으나 의혹과 논란은 갈수록 증폭되고 있다.

〈시카고 트리뷴〉은 익명의 제보자 말을 인용해 "이매뉴얼 내정자가 대선을 사흘 앞둔 11월 1일부터 블라고예비치 주지사의 측근으로 주지사와 함께 부패 혐의로 기소된 존 해리스 전 주지사 비서실장과 접촉해 후임자 문제를 논의했다"고 보도했다.

현재 일리노이주 연방 하원의원인 이매뉴얼은 오바마 당선자의 최측근이면서 차기 행정부의 실세로 주목받고 있는 만큼 그가 비리에 연루된 것으로 드러나면 오바마 당선자까지 적지 않은 타격을 받을 전망이다. 특히 대통령 비서실장이 백악관을 진두지휘하면서 의회 등과의 업무를 담당하는 중책을 맡고 있고, 비서실장의 역할 여부에 따라 사실상 대통령 업무의 성패가 좌우되는 만큼 오바마로서는 곤혹스러울 수밖에 없는 상황이다. 오바마측은 이매뉴얼이 후보 명단을 제출한 것은 관행에 따른 것이며 어떠한 대가도 바라지 않았다고 주장하고 있으나, 이매뉴얼이 그동안 천문학적 정치자금을 다뤘고 이 과정에서 무리한 방법을 동원하는 일이 잦았다는 점에서 자칫 엉뚱한 방향으로 사건이 확대될 가능성도 배제할 수 없다.

경제위기가 날로 확산되면서 해결 기미를 보이지 않고 있고, 이라크와 이란 등 외교안보 현안도 수렁에서 전혀 헤어나지 못하는 가운데 차기 행정부의 운용에서도 어려움을 겪을 경우 오바마로서는 상당한 어려움을 겪을 수밖에 없다. 특히 국무장관 내정자인 힐러리 클린턴 등 민주당 내 경쟁자들과 반발 강도가 거세지는 공화당, 미국 일방주의를 벗어나 공조와 협조를 통해 국제 현안 해결에 나설 것을 압박하는 국제기구 등과 어떻게 조율하고 타협과 조정 속에 성과를 낼 수 있을지가 향후 오바마 행정부의 성패를 좌우할 전망이다.

장밋빛 희망은 금물…
한미관계 협력과 갈등 반복 예상

오바마의 대통령 당선으로 한·미 간에는 협력과 갈등 양상이 반복될 가능성이 높아졌다. 한·미 관계는 두 나라의 역학 관계로 볼 때 한국이 수동적이고 피동적인 입장에 놓여 있다. 특히 이명박 정부가 미국에 대해 전폭적인 협조와 협력을 다짐해 왔다는 점에서 큰 위기 요소가 발생하지는 않을 것으로 전망된다.

그러나 2007년 이명박 대통령의 당선 후 막후 비선 라인까지 봉쇄되면서 꽉 막히게 된 남북 관계는 수시로 어려움을 겪게 될 가능성이 크다. 북한이 직접 대화에 나서려는 오바마 행정부와 보조를 맞춰 국제사회와 적절한 수준의 대화와 협력을 함으로써 통미봉남이 현실화하고, 대북 강경책을 지속해 온 한국 정부가 동북아시아 지형에서 대북관계에 지렛대를 행사하지 못하는 상황이 전개될 가능성이 크기 때문이다. 특히 북한은 미국과 중국 간에 줄다리기를 하는 균형 외교와 국제사회에 대한 협력을 통해 최대한 이득을 추구할 가능성이 크며, 이같은 북한의 전술 전략적 시도는 현실화할 가능성이 높다.

이러한 지정학적 상황을 고려할 때 오바마 행정부와 북한의 행보에 따라 한국 정부는 대북 문제에서 아무런 지렛대를 갖지 못한 채 소외되는 통미배남·통미봉남의 상황 속에서, 미국의 역할이 줄어듦에 따라 국제평화유지군(PKO) 활동 등 국제사회에 대한 기여를 높이라는 요구에만 시달릴 수 있다는 우려도 나오고 있다.

또 민주당의 보호무역주의 성향으로 인해 한·미 간에 무역마찰이 증대할 가능성과 함께, 한미FTA를 둘러싼 갈등도 미국 의회의 움직임에 따라 뜻밖의 위기를 맞을 가능성이 있다.

뿐만 아니라 오바마가 이라크 조기철군과 동시에 아프가니스탄 전투의 승리를 내세우며 동맹의 협조를 강조하고 있다는 점에서, 우리 정부에게 아프간 재파병을 요구하고 나설 경우 전쟁 당사자도 아닌 한국 사회에서 다시 파병을 둘러싼 논란이 점화될 가능성이 크다.

특히 이명박 정부 들어 국민에게는 법 준수를 강조하며 공권력을 수시로 동원하는 등 목소리를 높이면서도, 국제법을 수시로 어기고 타국을 무시하는 일방주의적 행태를 보이는 미국에 대해서는 제 목소리를 전혀 내지 못하는 사대주의 성향이 높아졌다는 점에서 향후 한국 외교는 언제 터질지 모르는 지뢰밭이 곳곳에 놓여 있다고 해도 과언이 아니다.

더구나 미국 대통령으로서 자국의 국익을 최우선으로 하는 오바마의 철학과 비전에 대한 상세한 분석 없이 오바마 열풍에 빠져드는 등, 냉혹한 국제사회의 역학과 외교 관계에 무지한 모습도 곳곳에서 보여 한층 우려를 낳고 있다. 국제사회에서 비난받는 일방주의 외교를 펼친 부시 행정부, 그것도 레임덕도 아닌 사실상 정권 뇌사 상태인 '브로큰 덕(Broken Duck)'이나 '데드덕'에 빠진 부시 대통령과의 캠프데이비드 정상회담을 따내기 위해 쇠고기 협상에서 국민들의 안전을 포기하면서까지 올인하는 등 한반도의 국익과 민주주의의 근본 가치에 무관심한 외교 행태로 말미암아 느꼈던 국민들의 실망감은 여전히 크다.

이는 인권과 민주주의의 가치를 존중하면서도 국익을 최우선으로 하는 오바마의 비전과 철학에 비춰 볼 때, 한국의 외교안보정책이 참으로 안이하고 무지한 정파적 이기주의에 빠져 있을뿐더러 이에 대한 자성과 비판조차 결여되어 있다는 점에서 오바마 시대를 맞는 미국 외교와 때로는 호흡을 맞추고 때로는 대결해야 할 한국 외교의 역량과 철학을 우려하지 않을 수 없다.

미국이 아시아에서 한미동맹보다 미일동맹을 우선순위에 놓고 있고, 특히 진보 성향의 오바마 행정부가 이념과 성격이 다른 이명박 정부와 향후 의례적이고 형식적인 관계를 맺을 가능성이 높아 한반도의 미래에 대한 불안감은 더욱 커지고 있다.

특히 의회 활동을 중시하는 오바마 행정부에서 의회의 행정부 감독권과 감시권, 의회 고유의 재정 권한, 행정부에 대한 외교 사안 보고 요청권 등의 현실화를 통한 의회의 정책 참여가 늘고, 오바마 역시 초당파적 합의와 대화를 통한 외교정책을 선호할 것이라는 점에서 한국 정부의 이념지향적 외교정책 추구는 잦은 갈등과 외교적 패배를 초래할 가능성이 크다.

따라서 외교안보정책의 대전환이 필요한 시점이라고 할 수 있다. 한미동맹에 대한 맹목적 신뢰가 아닌 동북아 질서 및 한반도 미래에 관한 논리적이고 비전 있는 외교안보 구상으로 무장하고, 국제사회에 대한 사명감, 남북관계에 대한 전략과 통일을 향한 차분한 준비 등을 통해 미국에 대해 적극적이고 내실 있는 협상과 요구를 할 수 있는 실력을 갖춰야만 한다.

오바마가 부르짖어 온 변화와 희망을 향한 미국 사회의 실험은 이제 본격적인 시험대에 들어섰다. 특히 미국 사회 내에서 정치적 무관심을 보여 온 젊은층의 참여가 폭발적이었던 점으로 미루어, 그동안 워싱턴 정치에 대한 냉소주의와 회의주의에 빠져 있던 미국인들의 폭넓은 정치 참여를 지속적으로 이끌어낼 수 있다면 미국 사회에 새로운 바람을 불러일으킬 수 있을 것이라는 희망 섞인 전망이 나오고 있다. 오바마는 가장 존경하는 인물로 에이브러햄 링컨을 들면서 "링컨 대통령은 우리에게 말의 힘, 신념의 힘을 가르쳐 주고 있다. 우리는 하나"라면서 미국의 단합을 강조하고 있다.

이 같은 오바마 현상은 정부 스스로가 편가르기, 지역가르기, 이념가르기에 나서면서 국민의 목소리를 외면함에 따라 다시 과거지향적 분열의 시대를 겪고 있는 한국 사회가 반드시 교훈으로 삼아야 할 21세기 미국의 풍경, 47세의 흑인 오바마가 이끌어낸 세계사적 풍경이다.

■상원 농업·영양 및 삼림 위원회

- 학교 영양 및 체육교육 기준을 제정하는 법안 : 제안일 2007년 9월 18일
- 부상 군인 및 군무원들의 재활 치료 중 품위를 확보하는 법안 : 제안일 2007년 2월 28일
- 인격장애 등으로 면직된 군인 및 군무원을 적절히 관리하는 법안 : 2007년 7월 29일
- 이라크전 참전군인, 군무원, 보훈대상자 및 가족의 신체적·정신적 건강과 사회 적응에 대한 범국가적 연구 활동을 마련하는 법안 : 2007년 5월 2일
- 연방계약 등에 의해 민간 보안 기능을 수행하는 자에 대해 의회 감독을 강화하고 책임을 부여하는 법안 : 2007년 2월 16일
- 1934년 증권거래법을 개정하는 법안으로, 이사회 보상에 대해 관련 주주에게 자문투표권을 주는 법안 : 제안일 2007년 4월 20일
- 위험 상황의 보훈 대상자 및 보훈 가족들이 노숙자로 전락하지 않도록 보훈부 및 주택도시개발부의 시범 프로그램을 승인하는 법안 : 2007년 11월 8일
- 이란의 에너지 부문에 2천만 달러 이상 투자 기업에게 매각을 지시하거나 투자하지

못하도록 주정부와 지방정부에게 권한을 부여하는 법안 : 2007년 5월 17일
- 최저소득 보훈대상자 주택 지원을 제공하는 법안 : 2006년 6월 7일, 2007년 4월
  10일
- 사기, 리스크, 악용 및 저개발 등을 조장하는 부동산 담보거래를 중단시키는 법안 :
  2006년 2월 14일, 2007년 4월 25일

■상원 통상·과학 및 교통 위원회

- 선거 관련 정보 교환 및 방송을 방해하거나 억제할 목적으로 전기통신장치 이용을
  금지하는 1934년 통신법을 개정하는 법안 : 2006년 12월 7일
- 제49편의 연방항공국 인사관리 시스템 변경과 관련한 40122조의 조정 및 시행 요
  건을 수정하는 법안 : 2006년 1월 26일
- 소비자제품안전위원회에서 납 함유 어린이용품을 금지 대상 유해물로 분류하도록 하
  는 법안 : 2005년 11월 17일, 2007년 5월 3일
- 자동차 등의 연료 경제성 기준 증진 법안 : 2007년 3월 6일
- 납 함유 어린이용품의 주간 상거래 도입 등을 금지하는 법안 : 2007년 10월 3일
- 이윤 창출 석유회사들의 최근 이익의 1%를 E-85 연료펌프 설치에 사용하도록 하는
  법안 : 2006년 5월 23일
- 핵분열 제품에서 허용치 초과 누출이 있는 경우 해당 사용권자로 하여금 반드시 원
  자력위원회와 소재지 주 및 카운티에 통지하도록 하는 1954년 원자력에너지법을 개
  정하는 법안 : 2006년 3월 1일
- 재생 가능한 등유 기준 등을 정하는 대기청정법 개정 법안 : 2005년 10월 25일,
  2007년 10월 18일
- 휘발유에서 재생 가능한 물질을 높이도록 하는 대기청정법 개정법안 : 제안일 2007년
  10월 18일
- 국내 판매 수송용 연료에서 방출되는 온실가스를 줄이기 위한 대기청정법 개정법안
  : 제안일 2007년 5월 7일
- 오염 방지 탐지 및 대응 관련 규정을 재승인하고 연장하는 식수안전법 개정법안 : 제

안일 2005년 7월 19일
- 어린이 전용시설의 납 검출 수준 등을 감소시키기 위한 독성물질관리법 개정법안 :
  2006년 9월 28일, 2007년 7월 18일
- 염소 및 가성소 등의 제조에서 수은 사용을 단계적으로 폐지하는 독성물질관리법 개
  정법안 : 2006년 7월 11일
- 원자력규제위원회에서 개개 연료봉과 세그먼트 사용에 대한 추적, 관리 및 보고를
  위한 가이드라인과 절차를 제정하도록 하는 법안 : 제안일 2005년 6월 8일
- 대체 경유 기준을 제정하는 법안 : 제안일 2006년 6월 21일
- 국방부 및 에너지부의 기초 수은에 대한 판매·유통·양도 및 수출을 금지하는 법안
  : 제안일 2006년 6월 29일
- 원소성 수은의 판매·유통·양도 및 수출을 금지하는 법안 : 제안일 2007년 3월 15일
- 방사능 물질 누출시 운영자가 반드시 원자력규제위원회 및 해당 주와 카운티에 통지
  하게 하는 법안 : 제안일 2007년 10월 24일

■상원 재정위원회

- 빈곤 가정 임시지원 프로그램 아래 있는 두 부모 가정에 대하여 별도 근로 배분율을
  삭제하는 제4편 파트 A 사회보장법 개정법안 : 제안일 2006년 2월 14일
- 천연가스나 액화천연가스 연료 사용 차량 매입 보조금을 인상하는 1986년 국세법
  개정과 안전성·책임성·적응성 및 효율성 있는 교통평등법 개정법안 : 제안일
  2008년 9월 17일
- 세무신고 관련자가 제3자에게 세무신고 정보를 제공하지 못하도록 금지하는 1986년
  국세법 개정법안 : 제안일 2006년 3월 30일
- 허리케인 카트리나 피해자들에게 필요자금을 제공하고 지역경제 부양을 위해 2005년
  근로소득보전세제(EITC) 및 부양 자녀 세금보조금 선지급을 규정하는 1986년 국세
  법 개정법안 : 제안일 2005년 9월 26일
- 의료보험에 따른 병원품질신고카드 발의제도를 제정함으로써 병원 의료서비스 품질
  평가 및 신고를 규정하는 미국 연방법전 제18편 중 사회보장법 개정법안 : 제안일

2006년 3월 2일, 2007년 7월 19일
- 특정 에폭시 주물 혼합물에 대한 부담금 유예를 일시적으로 연장하는 법안 : 2006년 5월 25일
- 전 국민이 유효하고 신뢰성 있고 정확한 분자 유전자 테스트에 접근하여 적절히 활용함으로써 개개인을 위한 맞춤형 의료 안전망을 확보하는 법안 : 2006년 8월 3일
- 자동차 등의 연료 경제성 기준 증진법안 : 제안일 2007년 3월 6일, 2007년 7월 19일
- 대체연료 및 신기술 사용을 통한 미국의 석유 의존도를 감소시킴으로써 국가안보와 경제안정을 촉진하는 법안 : 제안일 2006년 3월 16일, 2007년 1월 4일
- 2005년 8월 28일 당시 허리케인 카트리나 재난 지역에 거주했던 가구에 대한 환급 보조금을 강화하는 방안 : 제안일 2006년 2월 8일
- 에너지 안보 및 온실가스 방출 감소를 위해 신규 및 기존 충전 시설의 복합연료 사용 차량(FFV) 충전 용량을 규정하는 법안 : 제안일 2005년 4월 27일
- 허리케인 카트리나 피해복구 등을 규정하는 법안 : 제안일 2006년 2월 16일
- 석유 의존도를 줄이기 위해 자동차 업계에 에너지 고효율 차량 개발에 대한 인센티브 제공 법안 : 제안일 2005년 11월 17일, 2007년 4월 18일
- 피고용자 및 도급인을 적합하게 구분하기 위한 절차를 규정하는 법안 : 제안일 2007년 9월 12일
- 대학에 기반을 둔 서민 진료소에 대한 약품 가격 보조 및 할인행위 보호를 위한 법안 : 제안일 2007년 11월 13일
- 2005년 에너지정책법의 일부 조항 폐지 및 로열티 면제를 중지하고, 1996년 내국세법 개정을 통하여 석유 및 가스산업에 대한 세금 인센티브를 폐지하는 법안 : 제안일 2007년 1월 4일
- 2,4-DB산과 2,4-DB디메틸라민 소금 북과금 일시유예 법안 : 제안일 2006년 5월 26일
- 합성옥신 제초지인 MCPA, 소금 및 에스테르 부과금 일시 유예 법안 : 제안일 2006년 5월 25일
- 브로모시닐 옥토노아테 부과금 일시유예 법안 : 제안일 2006년 5월 25일
- 특정 세바식산 물질 부과금 일시유예 법안 : 제안일 2006년 5월 25일
- 제초제 조성물에 대한 부과금 일시유예 법안 : 제안일 2006년 5월 26일

- 식물 생장 호르몬인 지베렐린산 부과금 일시유예 법안 : 제안일 2006년 5월 25일
- MCPB 및 MCPB 황산나트륨 부과금 일시유예 법안 : 제안일 2006년 5월 25일
- 메트설프론 메틸 부과금 일시유예 법안 : 제안일 2006년 5월 26일
- N6-벤질라데닌 부과금 일시유예 법안 : 제안일 2006년 5월 25일
- RSD 1235 부과금 일시유예 법안 : 제안일 2006년 5월 25일
- 트리페닐틴 하이드로사이드 부과금 일시유예 법안 : 제안일 2006년 5월 25일

■상원 외교위원회

- 핵테러 방지, 핵군수품 감축, 핵무기 관련 자재 및 기술 확산 중지, 핵 관련 기술의
  책임 있고 평화로운 사용을 위한 국제협력 활동에서 미국의 지속적 리더십을 규정하
  는 법안 : 제안일 2007년 8월 2일
- 세계 빈곤 감소, 세계적 극빈 상태 제거 및 하루 1달러 미만으로 연명하는 이들의 비
  율을 1990년부터 2015년 사이에 절반으로 줄인다는 밀레니엄 발전 목표 달성 촉진
  을 위한 미국 외교정책 종합전략을 대통령으로 하여금 개발 시행하도록 하는 법안 :
  제안일 2007년 12월 7일
- 이라크에 대한 미국의 정책을 명확히 규정하는 법안 : 제안일 2007년 1월 30일
- 짐바브웨 정부의 시민사회 구성원 및 활동가들의 평화운동에 대한 폭력조치를 규탄
  하는 공동결의안 : 제안일 2007년 3월 29일
- 이라크에 대한 군사력 사용 등 기존에 채택된 결의나 법률 등이 이란에 대한 무력
  사용을 승인하는 것이 아님을 분명히 하는 합동결의안 : 제안일 2007년 11월 1일
- 콩고민주공화국 구호, 안보 및 민주주의를 촉진하는 법안 : 제안일 2005년 12월 16일

■상원 보건 · 교육 · 노동 및 연금 위원회

- 주 교육기관, 지방 교육기관, 학교에서 학교 자원의 폭넓은 적극적 행동 지원 등을
  위한 조기관여 서비스 시행을 확대하도록 하는 내용의 1965년 초 · 중등 교육법 개

정법안 : 제안일 2007년 9월 27일
- 저소득 아프리카계 미국인 학생들의 고등교육 지원 프로그램 승인을 내용으로 하는 1965년 교육법 개정법안 : 제안일 2007년 5월 24일
- 고등교육 개선 등을 내용으로 하는 1965년 고등교육법 개정법안 : 제안일 2005년 4월 5일
- 응급처치 지역 시스템 시연 프로그램 설치 및 응급의료 연구 지원 등을 내용으로 하는 공공의료서비스법 개정법안 : 제안일 2007년 7월 25일
- 사산 또는 영아 돌연사 관련 공공의료행위를 강화하는 공공의료서비스법 개정법안 : 제안일 2008년 6월 17일
- 에이즈 및 기타 질병 전염 방지를 위한 멸균제 개발 촉진 관련 공공의료서비스법 개정법안(S. 823, 110회기) : 제안일 2007년 3월 8일
- 조류독감을 포함한 인플루엔자 전염 대비 등에 관한 공공의료서비스법 개정법안 : 제안일 2005년 4월 28일
- 지방교육기관 혁신지구 설치를 위한 지원 프로그램 교부금을 승인하는 법안 : 제안일 2006년 3월 16일, 2007년 1월 4일
- 여름학교 교부금 지원을 통해 학생들에게 하절기 학습기회를 제공하는 재원 승인 법안 : 제안일 2005년 12월 20일, 2007년 1월 4일
- 국립과학재단 기후변화 교육 프로그램 설치 승인 법안 : 제안일 2007년 5월 14일
- 교육부장관으로 하여금 과학·기술·공학 및 수학 연구 장학금과 연구지원비 및 기타 재정지원 프로그램에 대한 공공 웹사이트를 설치·운영하도록 하는 법안 : 제안일 2007년 11월 16일, 2007년 12월 6일
- 교원 양성을 위한 교습 프로그램 설치 법안 : 제안일 2007년 6월 7일
- 소수인종, 소수민족 또는 이민자 사회 10대들의 원치 않는 임신과 성행위로 전염되는 질병 방지를 위한 지원 등을 규정하는 법안 : 제안일 2007년 7월 16일
- 건강한 지역사회 촉진 법안 : 제안일 2005년 11월 17일, 2007년 3월 29일
- 임무 수행 중 발생한 질병이나 상해로부터 회복중인 군인 및 군무원을 간병하는 가족들에 대해 일정한 취업 보호를 규정한 법안 : 제안일 2007년 7월 26일
- 식품으로 인한 질병 감시 및 식품안전성 유지 능력의 강화를 규정한 법안 : 제안일 2008년 7월 29일

- 국가의 과학·기술·공학 및 수학 교육 제안들의 통합조정을 규정한 법안 : 제안일 2008년 5월 21일
- 의료 응급상황 및 자연재해 발생시 적절한 의료관리 인력동원을 지원하는 활동 및 프로그램 설치를 규정한 법안 : 제안일 2005년 9월 8일
- 주 정부의 중등교육 과정 지원 및 학업성취도 향상을 위하여 주 및 교육구의 정책프로그램을 개선하고 효율적인 중등교육 모델을 개발, 시행하도록 지원하는 법안 : 제안일 2007년 10월 24일
- 연방기관의 건강영향평가 지원 및 지역사회 의료·환경 수준 개선을 위한 법안 : 제안일 2006년 4월 4일, 2007년 3월 29일
- 질병 진단의 정확성 개선, 약품 안전성 증진 및 독창적 진료행위 구분을 위하여 유전자 연구 활동의 확대·촉진을 통해 개인별 맞춤형 의료안전망을 확보하는 법안 : 제안일 2007년 3월 23일
- '겸상적혈구 질환 인식의 달'의 목적 및 목표를 지원하는 공동결의안 : 제안일 2007년 9월 17일
- 장애인을 포함한 모든 국민들에게 미국 시민으로서 사회의 능동적 참여적 구성원이 될 권리와 책임을 강조하면서, 장애인 긍지의 날 지정을 지지하는 결의안 : 제안일 2008년 7월 25일

■ 상원 국토안보·정부문제위원회

- 일리노이주 소재 우편시설을 '캐더린 던햄 우체국 빌딩'으로 지정하는 방안 : 제안일 2006년 7월 27일
- 국토안보부 국가 긴급상황시 가족 위치 알림 시스템 설치 법안 : 제안일 2005년 9월 7일
- 응급시에 특별조치가 필요한 자들의 대피 확보에 관한 법안 : 제안일 2005년 9월 12일
- 의회 공직청렴처 및 의회 윤리집행위원회 설치 법안 : 제안일 2006년 2월 8일
- 계약 또는 정부 지원 대상자가 중대한 세금 체납이 없음을 해당 관청에 서면으로 증

명하지 않는 한, 간이 조달 기준을 초과하는 계약 및 정부 지원을 금지하는 법안 :
제안일 2007년 12월 19일
- 효율성 향상 및 비용 절감을 위하여 미국연방법전(U.S.C.) 제5편 제89장에 따른 연
방직원 보건후생 프로그램 정보기술(IT) 사용 촉진을 위한 법안 : 제안일 2006년 2월
6일
- 로사 파크 기념우표 발행 법안 : 제안일 2005년 12월 20일, 2007년 6월 27일
- 연방 지출 관련 투명성 및 책임 강화 법안 : 제안일 2008년 6월 3일
- 로사 루이스 맥컬리 팍스 기념우표 발행에 대한 공동결의안 : 제안일 2007년 9월
12일

■상원 법사위원회

- 미국 시민이 되도록 합법적으로 허가된 외국인 지원 등에 관한 법안 : 제안일 2007년
3월 7일
- 연방선거 부정행위 금지에 관한 법안 : 제안일 2007년 1월 31일
- 농무부의 인종차별 관련 민사소송상 단체 구성원 기준을 충족하고, 해당 결정이 거부
되었던 청구인에 대한 결정처리 절차를 규정하는 법안 : 제안일 2007년 8월 3일
- 연방정부와의 계약시 계약자 및 계약 인력에 대한 책임부과 등을 규정한 법안 : 제안
일 2007년 10월 4일
- 유태인 대학살 중 수많은 사람들을 구한 용기 있는 여성인 이레나 센들러 추모를 위
한 공동결의안 : 제안일 2008년 7월 29일
- 유기화학 분야 선구자이자 국립과학연구원(NAS)에 초빙된 최초이자 유일한 아프리
카계 미국인 화학자 줄리언 퍼시를 추모하기 위한 공동결의안(S.CON.RES.5, 110회
기) : 제안일 2007년 1월 31일
- 노예해방기념일의 역사적 중요성을 강조하고 과거의 이해와 미래 도전의 해결방법으
로서 역사가 평가돼야 한다는 공동결의안 : 제안일 2005년 6월 15일
- 2007년 7월 12일을 '여름학교의 날'로 지정하는 결의안 : 제안일 2007년 7월 11일
- 오하이오 클리블랜드 시장 선출 40주년을 맞아 최초의 아프리카계 미국인으로서 시장

으로 선출된 칼 스톡스의 업적을 기념하는 결의안 : 제안일 2007년 11월 15일

■상원 규칙과 행정위원회

- 미등록 로비스트들의 기부금을 신고하도록 1971년 연방선거운동법을 개정하는 법안
  : 제안일 2007년 9월 7일
- 주에서 실시되는 연방선거 관리를 위해서 유권자 서비스와 투표 결과에 대한 유권자
  의 접근성 등을 측정·비교·개선하기 위해 2002년 미국투표지원법을 개정하는 법
  안 : 제안일 2007년 3월 1일
- 연방선거시 기만행위 금지법안 : 제안일 2005년 11월 8일, 2006년 11월 16일
- 소유자 표시 과정의 투명성·완결성을 규정하는 법안 : 제안일 2006년 2월 8일
- 협의회의 공개 심의와 협의회 보고서 내용 및 기타 모든 입법 내용을 완전 공개하도
  록 하는 법안 : 제안일 2007년 1월 18일
- 투표권 행사를 위해 사진 부착 신분증 확인을 요건으로 정하고 있는 모든 조치는 거
  부돼야 한다는 공동결의안 : 제안일 2005년 9월 20일

■상원 보훈문제위원회

- 군인 및 세계 테러전쟁 보훈대상자 등에 대해 혜택을 주고 서비스를 개선하며, 테러
  전쟁 영향보고를 위해 미국연방법전 제10편과 제38편을 개정하는 법안 : 제안일
  2006년 9월 28일
- 보훈병원의 보건의료 서비스 품질을 보고하도록 하는 병원품질보고카드제 신설에 관
  한 미국연방법전 제38편 개정법안 : 제안일 2006년 3월 2일, 2007년 2월 27일
- 군인 및 세계 테러전쟁 보훈대상자 등에 대해 혜택을 주고 서비스를 개선하며 테러
  전쟁 영향 보고를 위해 미국연방법전 제38편을 개정하는 법안 : 제안일 2005년 6월
  7일, 2007년 1월 4일

■기타

- 길버트 얼 패터슨 주교 추모에 관한 결의안 : 제안일 2007년 3월 28일
- '자유를 위한 여름'으로 알려진 1964년 여름, 투표권자 등록을 하고 시민권을 확보
  하기 위해 미국 민주주의의 이름으로 활동한 필라델피아, 미시시피의 시민권 운동가
  앤드류 굿맨, 제임스 채니, 마이클 슈베너 서거 44주년을 기념하기 위한 결의안 : 제
  안일 2008년 6월 24일
- 노예해방기념일의 역사적 중요성을 인식시키고, 과거의 이해 및 미래도전의 해결 방
  법으로서 역사가 평가돼야 한다는 결의안 : 제안일 2006년 6월 19일
- 2005년 월드시리즈에서 우승한 시카고 화이트삭스팀 축하를 위한 결의안
  (S.RES.291, 109회기) : 제안일 2005년 10월 27일

참고문헌

1. Barack Obama, *Dreams from My Father : A Story of Race and Inheritance*, Crown, 2007.
2. Barack Obama, *The Audacity of Hope : Thoughts on Reclaiming the American Dream*, Vintage, 2008.
3. Barack Obama, *Change We Can Believe In : Barack Obama's Plan to Renew America's Promise*, Three Rivers Press, 2008.
4. Nikki Grimes and Bryan Collier, *Barack Obama : Son of Promise, Child of Hope*, Simon & Schuster Children's Publishing, 2008.
5. Barack Obama, *The Essential Barack Obama : The Grammy Award-Winning Recordings*, Random House Audio, 2008.
6. David Freddoso, *The Case Against Barack Obama : The Unlikely Rise and Unexamined Agenda of the Media's Favorite Candidate*, Regnery Publishing, 2008.
7. Roberta Edwards and Ken Call, *Barack Obama : An American Story, Grosset & Dunlap*, 2007.
8. Steve Dougherty, *Hopes and Dreams : The Story of Barack Obama : Revised And Updated*, Black Dog & Leventhal Publishers, 2008.
9. The Editors of Life Magazine, *The American Journey of Barack Obama*, Little, Brown and Company, 2008.
10. Pete Souza, *The Rise of Barack Obama by Photography and Text*, Triumph Books, 2008.
11. Barack Obama and Lisa Rogak, *Barack Obama in His Own Words*, PublicAffairs, 2007.

12. Jonah Winter and Ag Ford, *Barack*, Collins, 2008.

13. Joann F. Price, *Barack Obama : A Biography*, Greenwood Press, 2008.

14. Jerome R. Corsi, *The Obama Nation : Leftist Politics and the Cult of Personality*, Threshold Editions, 2008.

15. Garen Thomas, *Yes We Can : A Biography of Barack Obama*, Feiwel & Friends, 2008.

16. John K. Wilson, *Barack Obama : This Improbable Quest*, Paradigm Publishers, 2007.

17. David Mendell, *Obama : From Promise to Power*, Harper, 2008.

18. Marlene Targ Brill, *Barack Obama : Working to Make a Difference*, Millbrook Press, 2006.

19. Robert Kuttner, *Obama's Challenge : America's Economic Crisis and the Power of a Transformative Presidency*, Chelsea Green Publishing, 2005.

20. W. Frederick Zimmerman, *Should Barack Obama Be President? DREAMS FROM MY FATHER, AUDACITY OF HOPE, ... Obama in '08?*, Nimble Books LLC, 2008.

21. Sol Ivan, *Barack Obama's Secret Plan to Lose the War, Kill the Economy, and Ruin America Forever : An Unauthorized Appreciation*, CreateSpace, 2008.

22. 2009 Barack Obama wall calendar : Words of Hope and Inspiration, Sourcebooks, Inc., 2008.

23. Heather Lehr Wagner, *Barack Obama*(Black Americans of Achieveme nt : Legacy Edition), Checkmark Books, 2008.

24. Barack Obama, *In His Own Words : BARACK OBAMA —THE AMERICAN PROMISE : 500+pages.* The Speeches 2007+2008, CreateSpace, 2008.

25. Jeff Mariotte, *Presidential Material Barack Obama*, IDW Publishing, 2008.

26. Steve Bierfeldt, *Francisco Gonzalez, and Brendan Steinhauser, Who is the REAL Barack Obama? : For the rising generation ; by the rising generation*, AuthorHouse, 2008.

27. Stu Glauberman and Jerry Burris, *The Dream Begins : How Hawaii Shaped Barack Obama*, Watermark Publishing, 2008.

28. Stephen Mansfield, The *Faith of Barack Obama*, Thomas Nelson, 2008.

29. 버락 오바마, 이경식 옮김, 『내 아버지로부터의 꿈』, 랜덤하우스코리아, 2007.

30. 버락 오바마, 홍수원 옮김, 『담대한 희망』, 랜덤하우스코리아, 2007.

31. 데이비드 멘델, 윤태일 옮김, 『오바마-약속에서 권력으로』, 한국과미국, 2008.

32. 김종현, 『검은 케네디 오바마의 리더십 10계명』, 일송북, 2008.

33. 윌리엄 마이클 데이비스, 쎄라 앤 트리샤 옮김, 『버락 오바마 새로운 꿈과 희망』, 푸른날개, 2008.

34. 스티브 도허티, 김혜영 옮김, 『버락 오바마의 삶 : 꿈과 희망』, 송정문화사, 2008.

35. 버락 오바마, 임재서 옮김, 『사람의 마음을 얻는 말-오바마를 만든 기적의 스피치』, 중앙북스, 2008.

36. 조셉 S. 나이, 박준원 옮김, 『국민은 왜 정부를 믿지 않는가』, 굿인포메이션, 2001.

37. 민만식 외, 『현대 미국 정치의 쟁점과 과제』, 전예원, 1996.

38. 캐슬린 홀 재미슨, 원혜영 옮김, 『대통령 만들기』, 백산서당, 2002.

39. 탐 엥겔하트, 강우성 옮김, 『미국, 변화인가 몰락인가』, 창비, 2008.

40. 토머스 패터슨, 미국정치연구회 옮김, 『미디어와 미국 선거』, 오름, 1999.

41. 조너선 닐, 문현아 옮김, 『두 개의 미국』, 책갈피, 2008.

42. 찰스 프리처드, 김연철 옮김, 『실패한 외교』, 사계절, 2008.

43. 이그나시오 라모네 외, 『미국, 그 마지막 제국 아메리카』, 휴머니스트, 2003.

44. 토머스 패터슨, 미국정치연구회 옮김, 『미디어와 미국 선거 : 이미지 정치의 명암』, 오름, 1999.

45. 미국정치연구회, 『부시 재집권과 미국의 분열 : 2004년 미국 대통령선거』, 오름, 2005.
46. 로렌스 에반스 외, 미국정치연구회 옮김, 『위기의 미국 의회 : 개혁정치의 허와 실』, 오름, 2002.
47. 최명, 『현대 미국 정치의 이해』, 서울대학교 출판부, 2001.
48. 케네스 잔다, 제프리 베리, 제리 골드만, 미국정치연구회 옮김, 『현대 미국 정치의 새로운 도전』, 한울아카데미, 2004.

신문·방송

뉴욕타임스(http://www.nytimes.com/)
워싱턴포스트(http://www.washingtonpost.com/)
월스트리트저널(http://online.wsj.com/public/us)
시카고트리뷴(http://www.chicagotribune.com/)
CNN방송(http://edition.cnn.com/)
블룸버그통신(http://www.bloomberg.com/)
로이터통신(http://www.reuters.com/)
폭스뉴스(http://www.foxnews.com/)
BBC방송(http://news.bbc.co.uk/)
가디언(http://www.guardian.co.uk/)
르몽드(http://www.lemonde.fr/)
뉴시스(http://www.newsis.com/)
연합뉴스(http://www.yonhapnews.co.kr/)
조선일보(http://www.chosun.com/)
중앙일보(http://www.joins.com/)
동아일보(http://www.donga.com/)
문화일보(http://www.munhwa.com/)
한국일보(http://www.hankooki.com/)

경향신문(http://www.khan.co.kr/)
한겨레신문(http://www.hani.co.kr/)
서울신문(http://www.seoul.co.kr/)
세계일보(http://www.segye.com/)
국민일보(http://www.kukinews.com/)
미국 민주당(https://www.democrats.org/)
미국 공화당(http://www.gop.com/)
미국 백악관(http://www.whitehouse.gov/)
위키피디아(http://en.wikipedia.org/wiki/Main_Page)
버락 오바마 홈페이지(http://www.barackobama.com/)
존 매케인 홈페이지(http://www.johnmccain.com/)
공화당 전국위원회(www.rnc.org/)
미국 민주당 2008년 대선 전당대회 홈페이지
(http://www.denverconvention2008.com/)
위키피디아(http://en.wikipedia.org/wiki/)

오바마 2.0
오바마의 철학·정책·사람들

초판 찍은날 : 2009년 1월 5일
초판 펴낸날 : 2008년 1월 10일

지은이 김홍국
펴낸이 최윤정
펴낸곳 도서출판 나무와숲

등 록 22-1277
주 소 서울특별시 송파구 방이동 22 대우유토피아 1304호
전 화 02)3474-1114
팩 스 02)3474-1113
e-mail : namusup@chol.com

값 12,000원
ISBN   978-89-93632-00-2   03300